特殊儿童个别化教育：
理论、计划、实施

第3版

张文京　严小琴　编著

重庆大学出版社

内容提要

本书分为理论、计划、实施三篇。理论篇从个别化教育历史溯源，对个别化教育计划、课程的教育学和心理学基础、课程理论、教育诊断、教育评量等重要核心概念进行了论述与实作介绍。计划篇对个别化教育教学依流程进行详细指引，包括教育诊断、评量、测验、调整、个别化教育计划拟订、教学活动设计、再评量等各环节。实施篇对个别化教育在融合教育、相关服务和学校、家庭、社会的多元运用进行实践说明。本书适合用作特殊教育专业大学生、研究生的教材，也可作为特殊教育学校教师及家长、研究人员、管理者、对个别化教育感兴趣的人士的参考用书。

图书在版编目（CIP）数据

特殊儿童个别化教育：理论、计划、实施／张文京，严小琴编著. —3版. --重庆：重庆大学出版社，2021.7（2025.1重印）
ISBN 978-7-5689-1930-2

Ⅰ.①特…　Ⅱ.①张…②严…　Ⅲ.①儿童教育—特殊教育—研究　Ⅳ.①G76

中国版本图书馆CIP数据核字（2021）第148146号

特殊儿童个别化教育：理论、计划、实施　第3版
TESHU ERTONG GEBIEHUA JIAOYU: LILUN JIHUA SHISHI

张文京　严小琴　编著
策划编辑：陈　曦
责任编辑：陈　曦　　版式设计：张　晗
责任校对：张红梅　　责任印刷：张　策

*

重庆大学出版社出版发行
出版人：陈晓阳
社址：重庆市沙坪坝区大学城西路21号
邮编：401331
电话：（023）88617190　88617185（中小学）
传真：（023）88617186　88617166
网址：http://www.cqup.com.cn
邮箱：fxk@cqup.com.cn（营销中心）
全国新华书店经销
重庆正文印务有限公司印刷

*

开本：787mm×1092mm　1/16　印张：18.25　字数：347千
2015年8月第1版　2021年7月第3版　2025年1月第14次印刷
印数：51 001—56 000
ISBN 978-7-5689-1930-2　定价：60.00元

第 3 版编写说明

细心的读者可能已经看到《特殊儿童个别化教育：理论、计划、实施》第 3 版的封面上有"新形态教材"的标志，这表示本书已经配套了数字资源。

这本书的数字资源是一个操作性的实训平台。老读者们都知道本书讲述了个别化教育计划的从理论到实施的过程，是一本非常具实践性的操作手册。书的主要内容以一个个案为线索，讲述并示范如何从收集信息，到教育诊断，然后拟订个别化教育计划，实施教学。这些过程中包含了大量的评估报告、分析过程，也就意味着有大量的文书和统计工作要做。文书和统计工作复杂而烦琐是许多读者在使用本书的过程中反馈的主要困扰之一。

为了更方便读者使用（特别是一线教师，他们需要立竿见影的方便），新版本配套了数字平台"特殊儿童教学云平台"（以下简称"云平台"）。云平台对于高校中的准教师们来说更具有实际意义。在云平台的辅助下，他们在学习个别化教育课程理论知识的同时，就可以实际操作云平台，实现理论和实践的衔接，真正做到学以致用。

云平台提供个别化教学的基本思路，能自动统计数据、形成文字，生成各种评估结果报告，作为使用者进行数据分析的基础；同时也保留了读者自行编辑评估结果报告的功能。设计云平台的初衷是利用技术的快捷助力特教老师，但并不是鼓励由数字技术代替教师的智慧。也请读者们在使用本书时，秉持着这个原则，让技术来助力，而不是代替教师的工作。

在本书第 3 版中如何找到和使用云平台？

专栏　你会看到在"计划"篇里，相应的环节增加了专栏，以及一个二维码，先有一小段说明性文字介绍这个环节对应的云平台功能，扫描二维码后，就可以进入到这个功能环节，开始按照书中正文介绍的方法进行操作。

附录　在本书的最后，增加了一个附录，更为整体和系统地介绍了本书配套的数字平台。除了正文中相应环节的功能，还有学校管理员的功能。

一书一码　需要特别说明的是，首次登录的时候，会需要注册，验证码在封底处刮开获取。本书采取"一书一码"的验证方式，仅供本书读者本人使用，使用时间为一个学期。

再版序　第 2 版的调整

张文京　严小琴
2020 年 5 月于
重庆师范大学
特殊教育系

结构进行了调整　新版更加有针对性地专注于个别化教育。全书分为四篇，即理论篇、计划篇、实施篇、推进篇，书中呈现前三篇，第四篇以线上资源的形式展示了目前国内各安置形式中个别化教育的实施现状；新版对旧版的第三、四、五、六章作了删减与调整，合并成新版的第三章（特殊儿童个别化教育课程理论与成长）；原书的第七、八、九章的内容合并，成为新的"教育诊断"章节。在个别化教育计划实施层面，流程中增加了"班级个别化教育运作"环节，为的是让教学设计更接地气、落到实处，其中的"有支持""需要教具"等提示语，都被赋予了实际的指导价值，而不是个别化教育计划中的虚浮点缀。

案例有更新　在本书使用的过程中，作者团队也在不断地验证和修正教育教学。六年多来，我们的案例有了更新，案例的呈现方式也有所改变，教师们更有经验，我们的实践和思考也会体现在新版本中。新版让读者能更清晰地知道如何进行评量、分析，一步一步做好个别化教育计划，并且付诸教学。

资源有拓展　现代科技越来越支持在线阅读，在线阅读也带给读者极大的便利。在撰写本书的过程中，我们搜集了很多资料，也积累了很多素材，这些无法全都在书中呈现，但是对有的教师来说，这些是拓展资源，我们放在了重庆大学出版社的网站上（www.cqup.com.cn），供读者在线取阅。也可扫描封底二维码（更多服务）进入相应页面获取。

版式更加分明　本书的一大特色就在于，行文是紧密结合案例来讲解的。特别是在第二部分，有一个完整的案例贯穿个别化教育计划实施的始终。为了让读者更好地区分案例和说明文字，第2版采取了双色排版。

因应新时代专业的发展，重庆师范大学教育科学学院特殊教育系成立了教育康复中心，并设置专业整合的实验班。在本书的修订过程中，我们结合了特殊教育师资培养和特殊教育一线工作的需求及现有工作的调整，对评量的个案及其结果的分析、个别化教育计划的拟订、从个案的个别化教育计划至班级教学的实施进行了修订与补充。由于笔者专业水平所限及修订时间仓促，本书的不当之处，还请读者批评指正。

序　言

张文京　严小琴
2014 年 2 月于
重庆师范大学
特殊教育系

个别化教育在我国特殊教育中经历了从介绍、存疑、熟悉到形成共识四个阶段。今天，它已成为特殊教育自觉、主动的迫切需求，主要原因在于，近年来特殊教育学校的学生由轻度居多转为中重度居多，我国特殊教育除服务量的扩展外，特殊教育理论与实践均面对有效性、高品质服务的专业化诉求。特殊教育课程改革的推进、国家"十二五"中长期教育发展规划、国家特殊教育课程改革方案、《残疾人教育条例（征求意见稿）》、教育部《教育教师专业标准》等均从政策法规层面给特殊教育个别化服务以导向和保障。

本书共三篇，第一篇为理论篇，讲述特殊儿童个别化教育理论；第二篇为实践篇，讲述特殊儿童个别化教育计划与实践；第三篇为推进篇，讲述特殊儿童个别化教育推进。

理论篇从个别化教育历史溯源，对个别化教育、个别化教育计划、个别化支持计划、课程的教育学和心理学基础、课程理论、课程编制、课程发展、教育诊断、教育评量等重要核心概念进行了论述与实作介绍。

实践篇对个别化教育教学依流程进行详细指引，含教育诊断、评量、测验、调整、个别化教育计划拟订、教学总计划、功课表、教学活动设计、再评量等各环节，并有对个别化教育在融合教育、相关服务和学校、家庭、社会的多元运用的实践说明。

推进篇从教育行政管理、特殊教育学校、辅读班、融合教育到师资培训机构和高等特殊教育专业建设，以案例模式多点位反映个别化教育推进概况。

本书的两位作者为重庆师范大学特殊教育专业教师，主讲特殊儿童个别化教育、特殊儿童个别化教学活动设计，进行专业核心课程群建设，并担任重庆师范大学特殊儿童实验学校管理工作。两位作者是本书的主要撰稿人，此外本书融合教育、教康整合相关服务等章节，有其他老师的参编，还有对一线机构、学校和老师教育教学成果的选用。本书是我们20多年来，前后传承的个别化教育从理论到实践的思考，是在2005年出版的《特殊儿童个别化教育与教学》一书基础上的进一步丰富，增加了近10年个别化教育的新成果。

本书凝聚了特殊教育同行们的共同努力，是集体智慧的结晶。

在此，我们感谢重庆师范大学特殊儿童智能发展研究中心的教师们，20多年来，他们做出了上千份个别化教育计划并实施，培养特殊儿童近千名。

感谢重庆师范大学高等特殊教育专业的大学生、研究生，他们将大学课堂中的个别化教育教学与儿童智能发展研究中心的个别化教育教学相结合，从理论到实践，再由实践到理论。在20余载的教与学中，教学相长、相促共进，个别化教育已成为特殊教育重要的专业能力，已融进特殊教育教师养成性培养中。

感谢重庆师范大学特殊教育专业的各位教师及同事们，共同以个别化为核心建构了贯通特殊人群，涵盖学前、学龄、职业教育、转衔教育，从家庭、学校、社会的广阔度上，整合建设了特殊儿童个别化教育实施层面的课程、教育诊断评量、个别化教育计划、教学活动设计与实施、班级管理、特殊儿童卫生与养护、科技辅具、特殊儿童相关服务共20余门课组成的专业核心课程群。课程群既各自独立又相互联系，在个别化引领下形成理论联系实际的教学模式。尤其是近10年来启动的个别化支持计划、支持系统、教康整合、教育与相关服务跨专业团队建设，已成为我们专业成长的新追求。感谢各位教师的倾力投入，在动作治疗、语言治疗、作业治疗、艺术治疗、科技辅具、心理辅导、应用行为分析、融合教育研究上走上了新台阶，带来了质的跃升。

感谢重庆江津向阳儿童发展中心在个别化教育与教学之路上的启发与创造，我们常年携手、交流、促进，不断发现问题，不断进步，尤其是历时18年的特殊教育骨干教师工作营，锤炼出的个别化教育教师培养模式，培养的教师遍及全国各地。通过骨干教师工作营，来自全国各地的教师将个别化教育与教学在本地区、本校加以实施，给我们以极大的鼓励。

感谢重庆市长寿双龙中心校、渡舟中心校两乡镇辅读班的几位教师。他们十多年前经较为系统的个别化教育与教学培训后，回校认真实作，将教育诊断、课程评量、个别化教育计划结合当地生活的小春播种、田间管理、秋收等单元教学和一日活动班级管理一起展开，经过几年个别化教育教学的农村培智班学生毕业后，有的结婚生子，有的在家承包水塘养鱼或在打米站工作，有的外出打工。美国著名特殊教育专家夏洛克教授参观两校后说："在这里，我看到了最好的个别化适应性教育。"今天翻看当年两班教师手绘的全套适应性课程评量侧面图及手写的个别化教学设计教案，仍心怀感动。

感谢中国残联领导的"中国—瑞典碘缺乏相关智力残疾预防与康复合作项目"。作为中方专家，我们参与其间进行康复训练12年。该项目在我国贫困农村地区，如山西原平、陕西洛南、甘肃靖远等14个县的康复员及家长培训中进行了课程系统目标、个别化康复计划拟订、生态化教康整合培训，并在机构、学校、社区、家庭结合的康复训练中实施，收到不错的效果。

在农村学校和贫困地区推行个别化教育、康复的经历告诉我们：个别化教育不只是发达国家和发达地区的专利，而是广大特殊儿童及家庭的需求。重要的是要形成一套个别化教育、康复的专业技术，对个别化教育态度、知识、能力的专门人员培训并有持续性支持。农村学校、贫困地区的个别化教育与康复，增强了我们推行个别化教育的依据和信心。

感谢北京海淀培智学校、北京宣武培智学校、杭州杨绫子学校、杭州特殊教育师资培训中心、上海卢湾区培智学校、广东顺德特殊教育学校、天津特殊教育师资培训中心、山西特殊教育师资培训中心、吉林特殊教育教师培训中心、北京特殊教育师资培训中心、四川省新津一小资源中心和融合教育中心、新津教师进修校。多年来，我们就个别化教育与教学进行了交流与互动，从中获得了不少的经验与感悟。

本书提出了多类课程目标体系、调查、评量表和个别化教育教学计划、教学案例，以供读者参考、选用，在使用时请注明出处，以示尊重。

本书可作为特殊教育工作者、特殊教育学校教师及家长，特殊教育专业及教育专业大学生、研究生、研究人员、管理者，关心和对个别化教育感兴趣的人士的参考用书。

特殊儿童个别化教育表现了教育的均衡发展，表现了教育的公正与尊重，是追求真教育的教育行动。有幸的是我们能顺应教育、特殊教育发展大趋势，能担任特殊教育之责并贡献自己的一份力量。本书是我们对个别化教育教学理论和实践研究的记录，不当之处望各位读者批评指正。

本书是重庆市特殊儿童心理诊断与教育技术重点实验室研究成果，本书的出版得到了重庆师范大学的支持，得到申仁洪教授教育部卓越教师培养计划改革项目"复合型卓越特殊教育教师培养改革与实践"（教师厅〔2014〕5 号）的项目科研平台经费支持，得到向友余教授的大力支持，在此表示感谢；感谢王祖宏、喻少芳老师为本书出版进行的联络、协调工作，研究生陈建军、于晓辉、杨淋先、肖君凤、翁盛做了书稿打印、编校等工作，同时，对重庆大学出版社给予本书的理解和大力支持、热情周到的工作态度、认真负责的工作精神表示深深谢意。

掩卷放眼，江上舟船仍往来，滔滔波浪不舍昼夜；园里林木正挺拔，郁郁枝叶，拂云沐雨。今生有幸能成为面对人自身的特殊教育专业队伍的一员，时机正好，我们已踏上特殊教育神舟上天，蛟龙下海的寻梦之旅。

我国著名实业家、社区建设前行者、民生轮船公司创始人卢作孚先生有言：

"愿人人都是园艺家，世界会变成花园一样。"

特送给同行诸君互勉、共进！

目 录

个别化教育计划目录

理论

第一章／
特殊儿童个别化教育概述

> **本章摘要：** 本章对特殊儿童个别化教育发展历史作了概括性的回顾，且对个别化教育、个别化教育计划及其与个别化支持计划的关系、个别化教育在我国特殊教育领域的发展作了介绍。

第一节　特殊儿童个别化教育历史探源

一、中国个别化教育思想

孔子是我国伟大的教育家，他在 2 000 多年前就提出了"因材施教"这一重要教学原则。他注重了解学生个性，指出子路有治兵之才，冉求有做邑宰之才，公西华有外交之才。他说："柴也愚，参也鲁，师也辟，由也喭。"在教育时按学生不同情况因材施教，如同样问仁、问学、问孝，孔子对每个学生的答复都有针对性。重视学生的个性发展，使学生成就各不相同，有的长于德行，有的长于言语，有的长于政事，有的长于文学（《论语·先进》）。南宋朱熹把孔子的教学经验概括为"孔丘教人，各因其材"。此后，"因材施教"被后人视为孔子的重要教学法之一，并在后人的学习中得到发展。

孟子，战国中期山东邹县人，自称"乃所愿，则学孔子也"。他的教育思想和教育活动无论在当时还是于后世都有深远影响，他在教学法上继承孔子的因材施教并有发展，他说："君子之所以教者五：有如时雨化之者，有成德者，有达财者，有答问者，有私淑艾者。此五者，君子之所以教也。"（《孟子·尽心上》）孟子为了适应不同程度、资质的学生，教育教学法也各异。

《学记》是我国古代一篇著名的教育论文，反映的是私学纷起时的教学思想，对私学教育经验、教育制度、目标、课程、教学论、方法都有论述。其中作者分析教与学的矛盾后，指出教师对学生应"知其心"，了解学生心理特征、学习态度、倾向，才能"长善而救其失"，针对其优缺点，因材施教、发展其长。

张载是北宋著名的哲学家、理学先驱。张载的宇宙论、人性论都有自己独到的见解。他的一个重要思想是"民胞物与"，他说："民，吾同胞，物吾与也。"（《西铭》）他认为，既然大家同根而生，每个人与万物都是相依为命的，应彼此爱护，对鳏寡孤独、残疾等不幸的人，好比是我们哀苦无告的亲兄弟，应予以特别的关怀与照顾。在教育问题上，他主张："教人至难，必尽人之材，乃不误人。观可及处，然后告之。"（《礼记说》）张载认为《论语》上孔子对"问同而答异者"是因人之才性或观人之所问意思言语及所居之位"而有不同教答"（《正蒙·中正篇》）。张载主张要因人施教、因材施教，要了解受教育者。

王阳明承程朱理学，提出"致良知，明人伦"的教育目的，继承道学家陆象山"心即理"，有了"致良知"知行合一的心学体系。王守仁说："与人论学，亦须随人分限所及。"他主张教学随成长程度逐渐增高，因人施教。"人的资质不同，施教不可躐等。中人以下的人，便与他说性、说命，他也不省得，也须慢慢琢磨他起来。"指教学要按人的资质、能力与才能，慢慢施行。他又说，如良医治病，并不都有一定方剂。不问是何症候，使人都吃一服药就不行。教学与治病一样，要因人施教。他反对用一个模型去束缚学生，主张注意发展人的不同个性。

王夫之是我国清代杰出的思想家、教育家。他认为教育能否处理得当，关系国家兴衰。他强调学习、教育对形成人个性的重要性，主张时雨春风的教育。他认为教育像大熔炉，可以使人转化为善："教是大炉，冶与其洁。"（《读四书大全说》）王夫之提出"教以教人之学"，他认为："夫智仁各成其德，则其情殊也，具体异也，其效亦分也……故教者顺其性之所以深造之，各如其量而可矣。"他认为一个人有长处也有偏处，既要因材施教，又须考虑学生的接受能力。他说："曲尽人材，知之悉也……顺其所易，矫其所难，成其美，变其恶，教非一也。"教学要根据学生可接受性而教就其"可受之机"。他讲因材施教不是说一成不变之材，而是考虑到发展才性，要考虑诸多方面。教学要因势利导、补偏救弊、引导向上、矫正缺点，真理只有一个，但教人却因人而异（《四书训义》）。

颜元提出了对程朱派、陆王派的批评，对训诂考证学也提出了批判。颜元十分重视教育，认为兴学校是一项重要措施。颜元认为，各人禀赋不同，而教育功夫同样重要，要注意差异。他说："人之性质各异，当就其性质之所近，心志之所愿，才力之所能以为学。"

洪仁玕于 1859 年在《资政新篇》中提出"兴跛盲聋哑院，有财者自携资斧，无财者善人乐助，请长教以鼓乐诗书杂技，不致为废人也"，看到了特殊人群的教育需求。

辛亥革命前后，张謇于 1916 年创办中国人自己最早的特殊学校之一 ——南通盲哑校；1909 年，王我藏主张学校内设"低能儿特殊班"；1914 年，潘文安主张设"心育园"，辅导行为不良儿童；1921 年，邰爽秋主张校内设"个别辅导班"和"智慧检验班"；1921 年，江苏省立第三师范附小设"特殊学级"，目的在于适应个别差异，发展潜能；1922 年，北洋政府《学校系统改革案》中提出，对于精神上或身体上有缺陷者，应施以相当之特种教育，对天才教育得变通年期及教程，使优异之智能尽量发展，从法令上肯定了特殊教育（朴永馨《特殊教育学》）。陶行知谈到创办育才学校，在于培养人才之幼苗，使得有特殊才能者不至于枯萎。学生在集体生活中，要按他的特殊才能，给予某种特殊教育。要从陶行知先生的可变动法则来理解这一切，强调育才不是培养小专家，不是培养学生做人上人，不是丢掉普及教育而来干这特殊的教育，只是生活教育运动中的一件新发展的工作（陶行知《育才学校创办旨趣》）。

二、外国个别化教育思想

公元前 3 世纪，演说家昆体良看到天赋才能的差异。他主张精确地观察学生能力差异，弄清能力倾向的重要。他认为：天赋才能种类多得难以置信，而心灵类型的多种多样不亚于身体的多种多样，聪明的教师将识辨这些天赋才能的特征并选择适合于他们的学科，甚至调节教学以适应低能者并顺其天性训练他们。

文艺复兴带来人文主义教育。维韦斯作为北欧人文主义典型代表伊拉斯谟教育观的继承人，强调教育主要是一个由学习者的本性所决定的学习过程。他特别关心学生个性，规定教师应当每年四次个别交换关于每个学生心理特点的情况，并决定最适合于他的学科。正是要使教育适应学生特殊需要的同一愿望，使他成为考虑智力缺陷、聋、哑和盲童问题的先驱。

当新知识及与其相伴的社会生活观念为法国人接受时，文艺复兴、人文主义思想带来教育领域的改革和论争，其中，蒙田认为，没有一种完全适合于一切学生的教学法，试图用一样的课程和一样的训练方法去教育许多具不同才能和不同品质的人，除少数例外，几乎注定要失败。儿童心理倾向如此不确定，而他们的真本性、习惯如此易变，以至于教师只能希望通过重视他们的特殊能力而获成功。

17世纪欧洲各地展示了教育事业的发展前景。捷克杰出教育家夸美纽斯在教学法和教学内容的探索上成绩卓著。他认识到教育是每一个人的权利，强调说："不仅富人和有权势的家庭的孩子，而是所有的儿童，不分男女，不论出身贵贱、家境贫富，无论住在城镇和乡村都应送进学校。"夸美纽斯同时还认识到，只有考虑到学生本性，教育才能产生应有效果。"教师是自然的仆人而不是主人"，教学必须适应儿童而不是儿童去适应教学。

17世纪法国哲学家笛卡尔的自由精神，体现了对生活和教育更广泛的认识。笛卡尔本人不是教育家，但他是使教育思想自由化的一个巨大力量。库斯特尔研究笛卡尔的哲学思想，他清楚认识到，教师必须考虑儿童心理差异的原理，"要是一个医生不了解病人身体情况，他就不能开出适当处方；要是一个农民不知土壤性质，他就不该播种；那么毫无疑问，教师也必须了解他所要发展的不同智力的类型"。这里，他进一步用相当现代的方式探讨儿童的不同智力类型和各类型的教学方法。

17世纪最后10年，一本引人注目的教育著作《教育漫话》带来了新时期，其作者是英国人约翰·洛克。他认为，学校弊多利少，"只有把学生看成一个个体的人，才能正确进行教育"。每个人的心理都像其面孔一样，各有特点，"如果不考虑到这一点，就不可能有教育"。他认为："无论一个教师怎样努力有本领，他教上50或100个学生，除了他们集聚在学校的时间以外，他是绝对没有办法照顾到的；除了书本以外，教师是没有希望把学生教出好成绩来的。学生的心理和礼貌的形成需不断注意，并且还得个别教导才行。"

18世纪的启蒙运动产生了以新制度代替正在崩溃的旧制度的理想，带来了新希望，其天才代表人物是让·雅克·卢梭。卢梭在政治上发现的伟大真理是"人的价值就是人"。他对教育有持久兴趣，卢梭所著《爱弥儿》是18世纪极重要的教育著作。早期，卢梭追溯人类的不平等在很大程度上是由于环境和教育，他强调个性先天的自由、自动原则。以后，他逐步取得了可使社会同自然一致的观点，并承认在这种条件下理想教育才可能。他继续说："在这种情况下，心灵的自然发展是由社会生活所促进，但方法没改变。"真正的教育只不过是儿童原始本性的发展，但教育所改变的原始本性是什么呢？卢梭认为，教育必须从研究儿童开始，教育者必须首先研究人类的一般特点——这些特点表现为各种各样的素质、爱好，此外还有两性差异。在他看来，两性的本性从最初就有本质的不同，因此他们的教育必应有相应的差别。其次，卢梭认为应考虑年龄的差异。他认为每个年龄都有其特点，并把学龄期分为四个阶段，试图说明每个阶段作为规定适当教育的第一步。最后，是个性的差异。卢梭认为，每个人的心理有他自己的形式，必须按他的形式去指导他；而且为了教师努力有所成就，必须通过这种形式而不能通过其他形式。同时，卢梭认为家庭位于自然、社会之间，比其他任何地方都好，在这里儿童能以最少的约束发展其个人能力并为取得在伟大人类世界中的地位做准备。

瑞士人裴斯泰洛奇在卢梭思想的影响下，从事教育实践与研究。他自己办学校、写教育小说并接受卢梭的观点：在现存社会环境中教育主要是关心个别儿童。他理解到人类整体发展和个体发展两者之间的密切关系，赋予个体教育过程以新的意义和价值。他能超越卢梭个人主义进而引出儿童依赖社会的更加适用的概念，这种概念是激发个人心理发展的更适当的概念。他认为，对教师来说，尤其要重视的不是儿童必须懂得适应成人的东西，而是儿童所能懂得的东西。他承认要教给儿童的东西，只有在他们意识和智力所能及的范围内才能变成他的能力。按照这一原则，检查任何课程是否得当，就在于它能否唤起学生的自我活动能力。

法国医生依塔德受教育家洛克、卢梭等人的教育思想影响，对12岁的野孩子维克多这位在法国阿维龙森林里发现的、与野兽一起长大的小男孩进行教育，贯彻了人的发展受自然与社会生活影响，需通过理想的教育促进其本性的发展的观点。他为维克多拟订了一个为时5年的训练计划，从训练内容到训练环境均精心设计，从感官训练入手，结合医疗进行。依塔德开创了智力障碍儿童个别化教育的先河，他为维克多所订的个别教育计划给后来者以极大的启示。

爱德华·谢根是依塔德的学生，法国人。他在教育智力障碍儿童方面创造了辉煌的成绩，被誉为"白痴的福音"。他认为，感觉和运动训练在早期教育中是最重要的。特别是在一种适当兼顾个性的教育中尤其是这样，他的巨著是《白痴》。他认为，活动教育在前，知识教育在后，最后教育进入意志和自我道德训练。他坚持认为整体存在于各部分之中，结果酝酿在开始中。1840年，他在巴黎创办了世界上第一所智力障碍训练学校。他的教育计划、训练方法系统、全面、科学地影响了19世纪的整个特殊教育界。

法国人比奈自1895年以来，对区别天生智力差的儿童与后天由于不良环境或缺乏照顾而引起智力落后的儿童很感兴趣。他与西蒙合作，发展多方面测验，对制订心理年龄（智龄）标准作出贡献。比奈—西蒙或斯坦弗—比奈测验的区别技术代替了以往的识别方法。智力测验能检测出智力落后儿童，推动了智力障碍教育的发展，引起了社会对智力障碍教育的关注。

20世纪最初10年承接上一个世纪，教育的力量如赫胥黎和斯宾塞宣扬的那样产生了很大影响，教育理论家赫尔巴特和福禄贝尔的理论也发挥了重大作用，紧接着有了许多教育的改革和立法。我们看到了对心理欠缺儿童的注意，人们了解到教育、环境、营养与这些欠缺不能分开。蒙台梭利从事智力障碍儿童及正常幼儿教育，在1899—1901年管理一所缺陷儿童学校。后来，她在《幼儿之家》上发表了保护儿童的见解，认为心理缺陷儿童和精神病患主要是教育而不是医学问题，教育训练比医疗更有效。她受政府委托，在罗马建立一所特殊儿童学校，共收智力障碍儿童22名，亲自主持教育训练和实验研究。蒙台梭利彻底研究了依塔德和谢根的教育思想，并应用于临床教育实践中。她抄完了谢根约600页的法文书，认为"谢根的声音像从荒野传来的先驱者的呼声，使我精神振奋，意识到我所从事的工作必将成为改革学校教育的巨大力量"。蒙台梭利总结了自己在罗马进行的关于缺陷儿童的实验，又做了两年缺陷儿童临床教学工作。在依塔德、谢根著作指导下制作各种教具并深切感到"重要的不是靠教材而是靠我对他们呼唤的声音，唤醒孩子、鼓励孩子使用这些教材。我在工作中遵循两点：一是深深尊重他们；二是接受他们，强调调动儿童内在潜力"。她又说："必须对精神起作用这一信念，有如一把打开秘密的钥匙，使我解开了谢根精辟分析一系列教学实验的秘密。"蒙台梭利认识到"要使智力障碍儿童成长为智力正常人的方法是，应该从幼儿时期帮助他发展，给他以适合形成正常人全部个性的一种健康教育"。后来，她把教育智力障碍儿童的方法用到正常儿童的幼儿教育中，大获成功。蒙台梭利教育理论和教学法在世界各国广为流行。她一生著作颇丰，代表作有《蒙台梭利教学方法》和《高级蒙台梭利教学方法》。

维果茨基是苏联早期的杰出心理学家，才华横溢，研究领域广阔，进行了关于儿童发展关键期的研究，总结有关于残疾儿童发展中的第一性、第二性和派生性缺陷理论。儿童发展实现水平的最近发展区理论，对儿童个别化教育很有意义。维果茨基认为："只有当儿童在自己发展中达到一定成熟程度时一定的教学才可能进行，而传统教学只以儿童现有水平为依据，这只是教学最低界。"他提出，引起大家注意，除最低教育界限外还有最高教学界限，即教学最佳期，这是由最近发展区决定的。所谓最近发展区指教学本质不在于训练、强化已形成的内部心理机能，而在于激发形成目前还不存在的心理机能。维果茨基最近发展区可解释为："由独立解决问题所决定的实际发展水平和通过成人指导或与能力较强同伴合作而解决问题所决定的潜在水平发展之间的距离。"维果茨基还提出"教学必须走在发展的前面，促进学生发展，这样的教学才是好的教学"这样一个著名命题。

三、历史探源的目的

我们对中国、外国，由远而近地对有关个别化教育思想的发展作了一个极概括的历史回顾。这里包含了从古至今知名、不知名的思想家、哲学家、教育心理学家、医生、教师的实践与努力，他们揭示的是教育的必然和教育自身的规律。个别化教育发展到 21 世纪，吸收了或正吸收着我们并不陌生的巴甫洛夫条件反射学说，鲁利亚神经心理学，赞可夫、维果茨基关于特殊儿童个别训练的心理与教育理论，皮亚杰儿童心理发展与教育理论，精神分析学派、行为学派、认知心理学派、人本主义心理学派等各类学习理论的丰富营养。我们正站在巨人的肩上，广收博采、探索创新。

在特殊教育课程改革的当下，个别化教育教学已进入国家课程设置方案、特殊教育教师专业标准和残疾人教育条例当中。广大特殊教育学校也已开展个别化教育与教学。我们希望个别化教育在特殊教育中，在先辈们耕耘播种的这块土地上成长、开花、结果。

第二节　个别化教育及个别化教育计划

一、普遍意义上的个别化教育与教学

19 世纪以来，为适应学生个别差异，克服团体教学限制，出现了各种个别化教学原理。

（一）有代表性的个别化教学原理与模式

在探索个别化教育中，较有名的有兰卡斯特导生制、道尔顿制、文纳特卡制、莫礼生的单元教学计划等。随着教育革新，融合早期教育原理出现了多种个别化教学模式，如布鲁姆的精熟学习模式、凯勒的个人化教学模式、个别辅导教育模式等。

（二）个别化教学模式[1]

1. 个别规定教学

个别规定教学根据测验对学生进行教育诊断，其后根据学生个人需要开展学习课题，通过学习后测验，进行必要辅导和个别指导，再测。如果通过，进入新课题，其教学流程同前。

2. 个别指导教学

个别指导教学允许每个学生按各自学习风格、速度、兴趣进行学习。个别指导教学着重由学生参与学习上的各种决定，而个别规定教学多由教师来决定。

3. 程序教学

程序教学又称使用教学机器教学，是因应学生个别差异进行指导的方式。教学中首先明确学习目标，而后依目标编制一定顺序的目标序列，分为单线型与分叉型两种，经程序化的目标进入电脑。其性能为对学习行为的控制、评价，均能辅助教师教、学生学。

二、特殊教育中的个别化教育及个别化教育计划

（一）个别化教育

个别化教育尊重每位儿童的学习起点、学习能力，有不同的学习目标、要求，允许儿童按照自己学习速度前进。因而，采用多种教学方法灵活编选教材，进行教学活动设计与实施，将儿童个别化教育计划目标纳入，以满足儿童的教育需求。

美国《全体残疾儿童教育法案》简介

1973 年美国的《康复法案》（即 PL93—112 法）有助于唤起公众对数百计万计的残疾青少年及成人的关注。1975 年 11 月美国颁布了《全体残疾儿童教育法案》（即 PL94—142 法，简称"教育法案"），这是一项最重要的立法，称为"残疾人的人权法案"。法案主要涉及以下七个方面。

第一，零拒绝。即所有残疾儿童均有受教育的权利。只有摒弃残疾儿童不可教、不值得教的观念，并创造残疾儿童接受教育条件，如合格教师、适当的教材、环境、专业能力，才能真正做到"零拒绝"。

第二，不具歧视的评量。对非白人儿童不能因文化、种族、语言、交流方式而在评估中受到歧视和不公正对待。

---

[1] 钟启泉. 现代课程论 [M]. 台北：五南图书出版公司，1997.

第三，个别化教育方案。法案指出残疾儿童所受到的教育必须符合该儿童的特殊教育需求。法案认为只要有恰当的教育计划，所有儿童都能从教育中受益，所有儿童都是可以教育的。法案规定：必须为每一个残疾儿童制订一项个别化的教育计划即 IEP（Individualized Education Program），是这一法案的核心。

第四，最少受限制的环境。最少受限制的教育环境是美国特殊教育立法中一个很重要的观念，强调尽可能接近正常化的教育环境。（图1-1）倒三角形顶端指残疾程度越重，安置形式的限制越多；越至底边，则越趋于正常化。

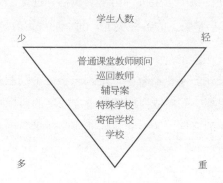

图 1-1　可供选择教育环境示意图

第五，家长参与。法案保障了残疾儿童家长充分参与对子女诊断、制订个别化教育计划以及评估过程的权利，并规定家长有权对学校决定提出问题，有权事先得到学校为学生采取各种措施的书面通知及要求学校对措施作解释。在校方与家长意见不一致时有权要求官员开听证会，由法院裁决。学校对孩子的决定只有在家长签字后才有效。

第六，申诉程序。这是家长、残疾儿童在接受教育中维护自己权利时具体实施的保障。

第七，提供各种相关服务及各项辅助器材。此要求促使个别化教育服务更为具体化、更务实，共含如下内容：①语言病理和听力学方面的检查、治疗；②心理服务；③物理治疗；④职能治疗；⑤娱乐性措施；⑥咨询服务；⑦早期鉴定；⑧医药服务；⑨父母咨询服务与家长训练；⑩学校健康服务；⑪社会工作服务；⑫交通；⑬艺术治疗。

以上介绍了美国的《全体残疾儿童教育法案》，意在对残疾人教育，对个别化教育的核心、内容、基本观点有一个较为明确的认识。2002年，美国教育部根据其国内外形势，制定出《美国教育部2002—2007年战略规划》，提出了六大教育发展目标，提出创建有成就感的文化氛围和"不让一个儿童掉队"的计划，并把所有联邦教育计划建立在负责任、灵活、增加学生父母选择权以及有效原则基础上。这是个别化教育的再深入，更强调了整体教育的个别化。

（二）个别化教育的意义在于对儿童个性的尊重

个别化教育植根在对儿童个性的尊重上。变教材、教师中心的教育为以儿童为中心，真切关照每个儿童个性发展的新教育。

1. 个别化教育的服务对象

个别化教育对象，概括而言，是有特殊教育需求的儿童。具体而言，就是针对每个有特殊教育需求的儿童个体，一个个体就是一个教育对象，通过个别化教育计划的拟订和实施，完成对每个个体的教育服务。

2. 建立在对个体全面、系统、科学了解基础上的个别化教育

个别化教育必须对每个儿童有全面、系统、科学的了解。这是教育的依据，包括对儿童家庭，儿童生活的环境、社会，儿童生长发育各种情况，身心发展特点水平、兴趣的了解，优弱势把握等。越是精准的分解，越能保证后续教育服务质量。

3. 充分理解每个儿童，允许其按各自学习速度前进的个别化教育

建立在全面了解儿童基础上的个别化教育，允许儿童按自己的学习速度前进。教育教学全程均将儿童个别化教育计划目标纳入，以满足儿童的教育要求。

4. 具操作性、系统性的个别化教育

个别化教育表现的对儿童个性的尊重不是停留在口头上的一句话、一纸宣言，也不是笼统、表面的一时性教学行为，而是务实的、具操作性且系统严谨、完整的教育教学过程。

用各种测评、观察、个案研讨会使教育诊断得以落实。个别化教育计划的拟订，教育总计划、各类分计划、教学活动设计与实施使个别化教育计划得以落实。班级管理、教育环境的创设利用，使个别化教育的人、事、物得以落实。正是在每一个教学环节上均作出精准的实际操作，且又有系统、完整的教育格局，个别化教育表现出对儿童个性的尊重才是真实、有效、有意义的。个别化教育计划贯穿学前、学龄、职业教育、成人生活的全生涯历程中。

（三）个别化教育计划概要

随着对特殊教育的重视与教学实践的深入，个别化教育被广泛采用，不仅是特殊教育的基本原则和方法，而且在有的国家成为特殊教育的法律。其中，为每一个残疾儿童制订个别化教育计划实际上是这种法案的核心。

1. 个别化教育计划所指

个别化教育计划是为了落实个别化教学编拟的、为某位学生提供的、最适合其发展、给予最恰当教育服务的文件，是该学生在一定期限内的学习内容。一般情况下 0~3 岁儿童 3 个月一个计划、3~6 岁儿童半年一个计划，年龄大一点的一年一个计划。执行计划中、执行计划后，均需评量。个别化教育计划拟订需教师、家长、医生等参与，实施者往往是教师、家长，有的目标还需其他社会或专业人员，如语言治疗人员、物理治疗人员、医生等参与。

2. 个别化教育计划的作用

①个别化教育计划是个别化教育能够实施的总设计，是使特殊儿童获得合适教育服务的保证。

②个别化教育计划是教师、学校对某儿童实施教育的承诺，这一承诺会受到家长、学校、社会的监督和检查。

③个别化教育计划沟通了教师、家长、社工人员与儿童，沟通了儿童的学校生活、家庭生活、社会生活，让各类参与教育的人员能相互交流、相互配合，在明确目标导引下从不同角度实施个别化教育。

④个别化教育计划是教师在这一阶段内作计划、设计教学活动、安排教学环境、实施教学活动的重要依据，也是对儿童作教育评量的重要依据。

3. 个别化教育计划的构成要素

①个别化教育计划的依据。个别化教育计划主要依据教育诊断结果及课程拟订。而教育诊断主要解决该生的教育起点、教育原因探索，并列出教育教学方案。课程是教育诊断的重要依据，同时提供教学内容、目标。

②个别化教育计划参拟人员。个别化教育计划参拟人员含教师、家长、各类测评人员，如医生、心理学家、教育学工作者，必要时儿童本人也可参与共同拟订，主要执笔人是教师。

③完整的个别化教育计划项目包括：学生姓名、年龄、性别、年级；该个别化教育计划的执行起止日期、拟订日期、设计人；未来安置：该生下一阶段正常化的最大可能性；本计划执行期安置的各项内容、时间、主要负责人；长期目标，按不同领域分布目标，较为抽象、概括，有指引性的时间为一学期；短期目标，是达成长期目标细致、具体的步骤和内容，是完成长期目标的保障；各短期目标中的教学策略，指这一教学目标最适合的教学情境。例如，"学生能点 10 以内的数"的教学策略可在生活场景中进行，"学生能认读环境中的字"可在单元活动中或生活情景中进行。

此外，评量含等级评量（依制订的评量标准）结果和评量日期。备注各长期、短期目标，专对该项目状况、执行人等情况作说明。

（四）个别化教育计划（IEP）操作程序

1. 特殊儿童教育总程序

欲开展特殊儿童教育，一般按如下程序操作：

质疑 → 筛选 → 鉴定 → 安置 → 接案 → 教育诊断 → 拟订 IEP → 教学 → 再评量。

2. 个别化教育的起始阶段

在这一总程序中，质疑、筛选、鉴定、安置是起始阶段。这段工作由家长、教师、医生、心理学者、教育学者及学校行政和地方政府人员等组成的联合小组通过尽可能全面的协作，调查完成。

主要通过个案调查（教师问卷、家长问卷）了解该儿童基本情况、调查学历和学业成绩、调查儿童病史，进行智力、社会生活能力测查，确定该儿童是何类特殊儿童，是何程度的特殊儿童，并依其能力、居住地、障碍情况安置于最适合的需要及发展的环境中（或家庭教育监护或随班就读，或入辅读班或进特殊儿童学校）。

以上工作在入学前完成，虽非直接教育，但在整个个别化教育总程序中属于鉴定诊断，是必不可少的环节。

3. 教学过程（IEP 操作程序）

IEP 计划的操作程序实际上就是教学的全过程，操作程序如下：

接案 → 教育诊断 → 拟订 IEP → 设计教学活动 → 实施教学 → 评量修正教学。

①接案。

面谈：鉴定后家长同意孩子入学，即与家长面谈，了解儿童家庭情况及儿童
　　　成长、发展等情况。

试读：新生有 1 ~ 2 周的试读，让学生适应新环境并观察其身心状况。

编组：根据儿童发展等测验及观察，依年龄、程度编组，或作灵活编组（依
　　　活动需要）。

②教育诊断。对学生作全面的测评，包括生长发展史、儿童基本情况、生理发展、智力适应力及视、听、动作发展及形成原因分析，得出教育诊断结果、学生优弱点、教育建议等。

③拟订 IEP。依教育诊断结果拟订个别化教育计划的长、短期目标及教学策略、协助人员与环境等。

④按 IEP 进行教学活动设计。如选择教学内容、目标，决定教学顺序，编选教材，采用教学法，安排教学环境等。

⑤实施教学，进行教学活动设计，运用教学法、教学策略，由相关人员完成教学目标的活动。

⑥教学评量。教学活动后对教学过程、结果的评议，关系到新的教学活动的开始。

（五）个别化教育形式

在谈到个别化教育是满足每个儿童教育需求的教育服务时，人们很容易想到个别化应当是"一对一"的教学，因而认为在班级教学中很难办到，所以得出个别化教学难以实施的结论。特殊儿童个别化教育以满足每个儿童教育需求为前提，在实施中可采取多种教育形式。

①"一对一"的个别化教育。针对一些专门的目标或儿童在其他类型活动中无法完成的目标或适合"一对一"形式的目标。

②在小组活动中进行个别化教学。教师可以组织一个活动，但允许儿童在这一活动中每人有不同起点，儿童在此活动中目标可以不一样。例如，一位儿童要学常见蔬菜分类，另一位儿童重在人际交往。教师在设计教学、实施教学中，注意了目标的配入。

③在团体活动中进行个别化教学，方法同上。

④在家庭中配合个别化教育计划的拟订与实施。

以上各种不同的个别化教育形式并用，可以从不同角度来共同完成 IEP。

第三节　支持与个别化支持计划

一、支持

为提升特殊儿童及家庭的生活品质，面对并超越障碍，促进特殊儿童形成相关能力，过上更独立、更统合的生活，而提供的介入式（有组织、有目的、有计划）服务。由人、事、物三要素构成，人最为重要，物为人所造、所用，事因人而兴而进而止。支持有帮助、协助、增力的作用。美国智力落后协会（AAIDD）2010年第 11 版对于支持的解释为："指提升、发展、教育、兴趣和福祉并加强个人功能的资源和策略。"

二、支持的目的

为特殊儿童提供支持的目的分别从支持对象、支持提供者和对社会的影响几个方面来分析。

1. 对于支持辅助对象

狭义的支持辅助对象指有特殊教育需求的儿童。广义的支持辅助对象指特殊儿童及其家庭和亲人，当然，特殊儿童家庭和亲人本身也是支持系统的一员，是自然支持的主力军。

支持对于支持对象的目的主要有发展自我能力，提高生活品质，产生个人成果，满足障碍者需求等多方面。

2. 对于提供支持者

进行专业化建设，提供有效性服务，让障碍者及其家庭受益，支持与受支持者双方共进，支持整合团队建设以及团队成员进步、成长。

3. 对于社会

增进社会服务功能，有了支持和支持系统的概念，尤其是面对障碍者，整合团队的服务使社区服务在原有基础上有了量与质的增进和扩充，是现代社会发展的趋势。支持成为现代社会和社区建设的重要标尺。对障碍者的支持服务是现代社会成长和成熟的敏感指标，是社会和谐的明证。一个让障碍者能够且乐于进入的社区才是美好的充满关心和关爱的社区。障碍者不是负担，是宝贵的社会资源和财富，所有的公民彼此相互交流，平等、公平、共享、共进。

三、支持的特点

支持是双向性、广泛性的，是助人的策略，力图通过他助到自助。支持是可变的，是生态化、动态性的，支持需提供个别化支持服务。

四、支持的原则

以障碍者的需求为依据，支持建立在评量的基础上。支持有度的把握，从时间长度、次数、场合、来源、干扰度方面来说，有间歇性支持、有限支持、广泛性和全面性支持。支持重视证据本位实践，关注支持的有效性和个人成果获益。支持组成跨专业整合团队从而形成支持系统。

五、个别化支持计划

（一）个别化教育计划中的个别化支持计划

对于特殊儿童的个别化教育，个别化教育计划的拟订与实施作为特殊教育的基本原则和方法，表现了对特殊儿童的尊重，是公平、公正教育的具体体现。在个别化教育教学中加入个别化支持系统，伴随一份个别化支持计划，是个别化教育有效性和品质提升的重要举措。

（二）个别化教育计划与个别化支持计划的关系

1. 相同点

个别化教育计划与个别化支持计划均是针对特殊需求人群的个案服务。

2. 区别

个别化教育计划是促进儿童的自我内部成长，是儿童本身应做的。个别化支持计划侧重根据儿童支持需求提供外部的资源和策略，帮助特殊儿童成长，是特殊儿童期待环境能提供的帮助。

3. 关系

个别化支持服务计划是为特殊儿童个别化教育计划服务的，反映的是客观帮助促进主动成长的关系。在个别化教育计划的基础上形成个别化支持计划。换言之，个别化支持计划是为了支持个别化教育计划的完成。

以往特殊教育多看特殊儿童怎么做，现在除看学生怎么做，还看环境，看老师、康复人员、家长，即支持系统怎样协助特殊儿童做。当个别化教育和个别化支持计划共同运作时，主观与客观环境的调整，支持促进个人的活动与参与，就有了最佳实践证据。

以下是 AAIDD 适应行为和支持需求量比较。（表 1-1）

表 1-1　AAIDD 适应行为与支持需求量比较表

特　质	适应行为量表	支持需求量表
用途	诊断智能障碍，并且确认相同的教育和训练目标，这些目标可列为个别化教育/训练计划	决定个人在不同生活领域的支持需求（即支持需求侧面图），并且与其他智能障碍者作对应；发展个别化支持计划
题项主轴	为了在社会上成功发挥功能，所需一系列适应行为或技能	当个人参与社会时，个人从事的一系列生活活动
回答选项	个人在适应技能的熟练或是精确程度	为了参与生活活动，个人额外需要的支持强度和形态
其他附加题项	有些量表包含问题行为的指标	所需要的支持强度以维持/改善医疗的情形，并且预防因挑战行为所造成的负面或是损害成果

六、多元化支持需求

（一）不同环境支持需求

特殊儿童处在不同的环境里，有相同的需求，但也存在很多不同的需求。（见AAIDD2010 年 11 版）

①个人需求。个人需求主要包含权利、参与、自我决策、生理福祉、物质福祉、社会融合、情绪福祉、个人发展。

②家庭环境中的需求。家庭互动、教育、情绪福祉、个人发展、生理福祉、财务福祉、社区参与、障碍相关支持。

③学校环境中的需求。同学互动、师生互动、教育、学习、情绪、生理、个人发展、学校及班级参与、障碍相关支持。

④社区环境中的需求。社区环境中的需求包括社会经济地位、健康、主观的福祉。

（二）不同成长阶段的支持需求

处在不同发展阶段的特殊需求人群都有支持需求，各阶段又有不相同的支持需求。

1. 学前阶段

此阶段着重与发展相关的支持需求，有生理的也有心理的。此时特殊需求人群处在人生关键期和奠基期，既有全人成长，又存在某阶段的重要优先项目，如学前脑瘫儿童的动作训练、语言障碍儿童的语言训练等。因此，在个别化教育计划中和个别化支持计划中，遵循儿童发展规律，医教结合、保教结合、多学科多团队合作，以家庭为核心，关注介入的正确性，调动儿童主动成长。

2. 学龄阶段

此阶段即义务教育阶段，个别化教育计划和个别化支持计划侧重于家庭、学校、社会适应能力培养，以提供人际沟通、知识技能学习支持。面对情绪、行为问题，有心理辅导和自我成长的支持，同时提供相关服务支持。

3. 职业阶段

此阶段包含对工作的能力、工作态度、工作知识等学习的支持；对职业选择、就业辅导、维权、财务、健康、医疗、住房、休闲等支持；对协调人际关系的支持。

七、支持过程

支持过程主要有以下几个步骤：评估（找到支持需求）→拟订个别化支持计划→实施互动→再评估→修正→结果。

八、支持的基本品质

支持的本质是对人的支持，因而存在支持者和受支持者双方，其品质包含以下内容。

①真诚：双方保持以诚相待的态度，可以信赖，能保守隐秘，有诚信，可以相托相交。

②尊重：双方相互尊重，支持提供者对受支持者的需求、相互关系、生活习惯、生活环境的尊重。

③平等：双方平等是支持的基调，应避免居高临下、恩赐式的施与受，而要分享权利、共度困难、共享成功。

④专业：支持需有专业的服务，比如教育专业、康复专业、社会学专业、心理学专业等。多学科、跨专业的整合专业进入，才能保证服务品质和服务范围，以及服务的可持续发展。

⑤负责：支持专业性强，工作面广，头绪繁多。负责任成为支持工作开展、支持品质的保障。

⑥沟通：这是支持者与受支持者之间的沟通，是支持团队之间与受支持者之间的沟通。沟通达成人与人的相互倾听、坦诚相见，信息的传递，知识、能力、态度的获得与合作。

⑦合作：支持的过程是合作的过程，支持的结果是合作的结果，合作并共同进步成就了支持的有效性。

第四节　个别化教育在我国特殊教育中的发展

一、对个别化教育的介绍——耳闻层面

个别化教育作为特殊教育领域的名词、概念被我国该领域工作者耳闻，主要

通过特殊教育杂志、学术活动、专业交流、教师培训等通道，多属介绍性质，或提及本概念，或在介绍某国家、某地区特殊教育时言及个别化教育的开展情况。其主要通过特殊教育学术界或教育行政机构针对特殊教育学校或机构进行的培训、学习来完成。处于介绍阶段的个别化教育是概论式、文献综述式、对个别化教育的介绍。

1. 产生的积极影响

耳闻个别化教育让我国特殊教育界，尤其是实践界知道了"个别化教育""个别化教育计划"等名词、概念，知道了在特殊教育中，个别化教育在国际社会是原则、方法，还有针对个别化教育计划拟订的国家教育立法。

2. 产生的疑问

特殊教育理论界认为个别化教育是国际社会，尤其是发达国家的选择，不符合中国国情；认为我国特殊教育学校、特殊教育教师很难具备进行个别化教育的认识和能力，我国特殊儿童和家庭未有此要求。

在特殊教育实践领域，特殊教育学校领导和教师未见到我国完整实施个别化教育的实例，国家并未有对个别化教育的法律、法规拟订，固有的特殊教育学校和班级运作未作个别化仍可应对。所以很多特殊教育学校认为，为每个个案拟订并实施个别化教育计划会增加原本就很繁重的工作量。

二、对个别化教育的熟悉、认同——耳熟层面

我国特殊儿童个别化教育有一个由耳闻到耳熟的过程。

1. 个别化教育认同的原因

介绍推进力度加大。个别化教育在介绍层面上有较大力度的推进，除论文外，专著的出版、学术交流、专业合作、师资培训等方面也加大了力度。

扩大个别化教育教学的交流。随着与我国台湾地区、香港特区特殊教育交流，与国外特殊教育交流的增强，个别化教育有了从观念、理论、实践的理解。

特殊教育课程改革的展开，推进了特殊教育理论和实践的思考，特殊教育的有效性和特殊教育的专业困境突围都成为课程改革的主要目标。

师资培训中个别化教育教学的进入。在全国各级各类师资培训中，个别化教育被列为重要内容。

2. 产生的积极影响

个别化教育教学在我国特殊教育界已成为共识，特殊教育界已树立个别化教

育的无可争议的地位。个别化教育与教学观影响到国家、地方特殊教育法规、政策制定的思路，促进了特殊教育的理论思考。个别化教育理论实践结合的研究在高校特殊教育专业成为专项项目，并在本科研究生教育中开设个别化教育课程。部分特殊教育一线学校开始个别化教育计划拟订与实施。

3. 出现的问题

个别化教育的实施缺乏系统、整合、落实到各环节的实际操作指导。

三、我国特殊教育呼唤个别化——急切需求层面

（一）原因及背景

1. 特殊教育学校学生对象的改变

近十多年，我国特殊教育学校（公办特殊教育学校）的学生对象逐渐发生着改变，随着早期医疗、卫生、健康保健、早期干预等工作的成功开展，目前我国盲校、聋校生源越来越少。因经过早期干预的聋儿、盲童已进入融合教育当中，随之而来盲校、聋校出现了撤并的情况，现我国有省办盲校、市办聋校、区县办培智学校的提议。

近年来，部分盲、聋校撤并，部分原盲、聋校转型扩展为"特殊教育学校"。同时，早期以招收轻度障碍为主的特殊学校，现已招不到轻度障碍儿童，转而只有面对中重度身心障碍儿童。

2. 中重度障碍儿童的教育需个别化教育应对

轻度障碍儿童的教育与普通儿童教育差异较小，所以传统教育内容、方法、策略在盲、聋、培智教育中有较为稳定的教学模式。面对中重度障碍儿童，还沿用传统教育的一套就遇到了困难，提供个别化教育服务成为针对大差异的因应。

3. 国家有关特殊教育个别化教育的政策法规

国家"十二五"中长期教育发展规划中对特殊教育的准确定位，使我国特殊教育首次取得与学前教育、民族教育、职业教育完全平等、公正的地位，可称为中国特殊教育里程碑事件。我国特殊教育义务教育课程设置方案和课程标准的拟订、残疾人教育条例制定、特殊教育教师专业标准公布促使我国特殊教育学校和融合教育开始拟订个别化教育计划、实施个别化教育，使个别化教育进入政策法规当中。

4. 特殊儿童个别化教育时逢大好发展机遇

当前是我国特殊教育发展的好时机，国家规定凡人口30万的地区建一所特殊教育学校。全国已有2 000多所特殊教育公办学校；如雨后春笋般建立的特殊

儿童教育民间机构无数；举办高等特殊教育专业的大专院校已达 60 余所；国家给予特殊教育的经费、场地、物资、人员支持力度均是前所未有的。个别化教育在特殊教育一线学校，在高等特殊教育专业有很好的成长、实施空间和条件。

（二）产生的积极影响

特殊教育在我国的大发展，使个别化教育成为可能。个别化教育参与到我国特殊教育大发展中。

特殊儿童个别化教育不断完善。个别化教育走过耳闻和耳熟层面，进入实际操作层面。经结构化与系统化提炼，注入特殊教育服务品质和有效性活力。个别化教育现已进入规定性、强制性的阶段。

个别化教育成就特殊教育专业建设。特殊教育作为新兴专业，其专业化是根本。个别化教育的理论和整体的全流程知识及能力，在特殊教育专业化进程中具有重要意义，是构建特殊教育体系核心与关键能力。

个别化教育在特殊教育中的地位提高。个别化教育在特殊教育领域呼声很高，是特殊教育一线及理论界关注的热点，且逐步成为特殊教育教师必备的专业能力，在教师成长中备受关注。

个别化教育理论及实践特殊教育队伍已建立。我国个别化教育在特殊教育领域的研究与实践已在公办学校、民间机构，在各年段教育，在家庭、学校、社区教育中运作多年，形成了相关的教学模式、课程、计划、教学设计、教学资源、教学环境，并进行了多年的个别化教师培养多元探究。

（三）存在问题

对个别化教育的理解与认识不足。学校领导、学校教师认为个别化教育要改变已有的教学程式，需有新的学习和改变。对个别化教育不理解、不接纳，因此没有主动行为动机。

个别化教育浮于表面，缺乏品质。个别化教育仅从概念上去做，给出一堂课、处理一个行为问题，浮于表层经验点上，零散且无完整系统，效果、品质欠佳。

缺乏个别化教育的操作性与系统性运作。对个别化整体的系统构建、对个别化每个环节的具体实作是问题存在的关键点和难点。

个别化支持系统的缺乏。个别化支持系统及其持续性运作是当前个别化教育实施中要解决的问题。

实际运作个别化教育教学的特殊教育校、班不足。全国真正踏实操作个别化教育教学的学校及班级数量不足，品质也需提高。

（四）推进特殊儿童个别化教育的建议

1. 由上至下推进个别的教育

严格遵循国家相关的政策法规，各地教育行政管理部门将个别化教育纳入地方特殊教育政策法规当中，对个别化教育的督促管理下达至特殊教育学校，学校通过校领导班子和全校各部门启动个别化教育。

2. 落实培训，推动个别化教育工作的进度

特殊教育学校对全校教师全员进行个别化教育培训，发展并组建全校骨干教师个别化教育培训团队，教师培训长期、持续且系统化，边培训、边操作，培训深入各环节，每个环节必须经手、能实际操作。

特别强调对特殊教育学校和地区的教练级个别化教师深化培养，强调骨干教师发挥指导作用。

各班、各校、各地区将个别化教育纳入重要的教育评估指标，有要求，有督促，有支持和帮助，有鼓励和批评。

师资培训机构推出多元化、有规划、目标明确的个别化教育培训。

思考与实践

1. 谈谈个别化教育教学在特殊教育中的意义。

2. 谈谈个别化教育计划操作程序并说明。

3. 为什么特殊儿童个别化教育需建立支持辅助系统？

第二章 /
个别化教育心理学基础与社会学基础

> **本章摘要**：本章对特殊儿童个别化教育的心理学、社会学基础有较为详尽的分析，并有对个别化教育环境建设的论述。

第一节　特殊儿童个别化教育的心理学基础

一、特殊儿童身心特点

社会化进程中，由生理的人、心理的人构成了一个完整的人。特殊儿童作为有特殊教育需求的群体，其智力、适应力及整个身心发展都有自身的特点与规律，深入地研究有利于我们了解、理解这群人，支持和帮助他们。

接受教育是特殊儿童自身需要和应当享有的权利。对特殊儿童提供有效的个别化教育服务则是现代社会和现代教育应负的责任。

只有建立在了解特殊儿童身心特点、形成和发展规律上的个别化教育才可能合理有效。而个别化教育的课程、教育诊断，个别化教育计划、教材、教学法、教学活动设计与实施等均应从特殊儿童身心特点的实践出发。所以，个别化教育起始就应有对特殊儿童群体的身心特点的概括了解。

（一）聋童的身心特点

感知觉特点：聋童在感知事物时的特点主要表现在知觉信息加工不完整、视觉的优势地位以及缺陷补偿三个方面。

注意特点：聋童的注意最早发现为条件性的定向反射，比如注意人脸。半岁后，随着身心发展，注意范围扩大，周围的许多事物只要与视觉有关就能引起他的注意，但一岁内的注意都是无意注意。3 岁后的幼儿期，随着聋童的活动和游戏增多、生活范围扩大，有意注意开始形成。但与正常儿童相比，他们的无意注意和有意注意形成与发展都比较缓慢。

记忆特点：3岁以前，聋童的记忆基本属于无意记忆，3岁以后记忆水平明显提高。听障儿童的想象记忆优于词汇记忆。

思维特点：聋童思维内容具体，多以形象性的内容为对象。聋童多半是通过列举概念的方法来阐明概念，而不是通过概念的内涵来解释概念。所以，在思维过程中容易发生概念扩大或者概念缩小的错误。此外，聋童难于理解和运用抽象词汇与意义不明确的虚词。

（二）盲童的身心特点

盲是由于视感官的损伤与缺陷所致，分为盲和低视力，使儿童的活动产生困难，对身心发展造成障碍，障碍出现早晚与障碍程度对视觉缺陷者影响不一样。一般而言，视觉障碍儿童在认知、情绪与社会适应、学业成就方面出现与普通儿童不同的特征。

1. 认知特征

知觉。盲童与低视力儿童由于视觉的缺失，故而听觉和触觉成为他们感知客观事物的主要途径。因此，盲童的听觉在发展中表现非常灵敏。盲童可以通过听觉进行空间定位，利用声音判断方向，通过听觉来了解和熟悉生活和学习环境。盲童的触觉也十分敏锐。通过训练，盲童不仅能学会六点盲字，还可以认识到物体。触觉也能帮助盲童形成正确的概念和发展思维。盲童与低视力儿童在空间知觉、形状知觉和知觉与动作的统合等方面较明眼儿童差。

注意与记忆。在认知发展上，视觉障碍儿童较明眼儿童有一定滞后，但听、触觉方面的注意力却表现很好。由于视觉经验的匮乏，视觉表象难以形成，导致低龄视觉障碍儿童表现出以机械记忆为主的特点，对物体再认的成绩也远低于明眼儿童。但随着年龄的增长，这种差异将逐渐减少，并趋于消失。

学习能力。视力受损或伤残必然会影响个体的学习能力，但影响程度却是因人而异的。就视觉障碍儿童的学习能力问题，国内外学者的研究结论大致归纳如下：视力的缺陷并不明显影响智力，视觉障碍儿童并不一定比普通儿童智力低下；视觉障碍儿童在概念形成上常有较大困难；视觉障碍儿童的学业成绩通常较普通儿童差。

语言。语言的习得主要是通过听觉而不是视觉，就视觉障碍本身而言，并不影响儿童语言的发展。但在语言的发展上仍存在弱点，一方面，视觉障碍儿童在说话时的姿势、体态等次要方面表现出异样；另一方面，视觉障碍儿童，尤其是盲童，在语言表达上使用的词汇缺乏感性基础，缺少视觉形象，常出现词与视觉形象相互脱节，不能准确把握一些视觉词汇的内涵的现象。

2. 情绪特征与社会适应

视觉障碍儿童由于视力缺陷，处于黑暗之中，生活自理也需要付出比普通儿童更多的努力才能学会。因此，常处于焦虑与挫折的消极情绪状态中。同时，因无法看到行为的后果，视觉障碍儿童常显得被动、依赖与无助。加之无法通过视觉信息来进行有效的模仿、学习，无法运用肢体语言与别人沟通，就大大影响了其正常的人际关系的发展。

（三）智力障碍儿童的特点

智力障碍儿童整体身心表现为多种身心活动样样都有，但是整体发展晚、慢、差，具体如下。

1. 注意力特点

①注意力难以集中，难以实现需要较长时间专注的活动。

②智力障碍儿童注意的范围比一般人狭窄。

③智力障碍学生注意分配差，复杂的注意分配困难。

2. 记忆特点

①识记过程缓慢，保持不牢固，再现不精确。

②短时记忆有困难。

③不善于运用记忆策略。

④记忆材料缺乏目的性。

3. 语言发展迟缓

语言障碍是智力障碍学生中最常见的问题之一，有报告称70%以上的智力障碍学生有语言方面的问题。多数智力障碍学生语言发展迟缓，水平低。此外，不少智力障碍儿童还存在构音、声音和语畅方面的障碍。智力障碍学生语言障碍的严重程度随智力落后程度的加重而越加显著。

4. 思维水平低下

思维障碍是智力障碍儿童的典型特征。由于智力障碍儿童生活经验有限，对事物的印象十分贫乏，尤其是语言发展水平低，直接影响了其思维的发展。

思维的具体性是智力障碍儿童思维的基本缺陷，他们的思维长期停留在直观形象阶段，受到具体形象或表象的束缚，不能理解形象背后的本质的共同特征，只能根据事物表面特征加以具体描述。

思维缺乏目的性和灵活性。思维的不灵活性主要表现在他们已经形成的心理定势不易改变，习惯了的行为方式难以进行修正，遇到新问题习惯用类似的方法来解决，思维方法刻板、僵化，缺少变通性。

思维缺乏批判性和独立性。一方面智力障碍儿童不善于独立思考问题，难以发现和提出问题，缺乏自我评价的能力；另一方面他们容易受暗示，缺少主见。

5. 缺乏主动性

缺乏主动性常常表现出容易冲动，自我控制能力差，易受暗示，脾气固执，失败期待高于成功期待，动机不足，求知欲欠缺。

二、特殊儿童身心发展规律

（一）特殊儿童与一般儿童身心发展的共同性

我们从"人"出发，说明了特殊儿童享有的教育平等权利。我们还应看到，与正常儿童一样。特殊儿童首先是人中的一群，是儿童中的一群，教育起点与终点都是"人"。他们的特殊指的是部分身心障碍，有特殊教育需求。我们切不可将"特殊"夸大至极端，时时处处均认为他们与众不同，认为凡是我们具备的他们都不具备，或者至少弱于我们，因此轻慢、低估、误解、忽视他们。成功的个别化教育建立在对他们有正确认知的基础上。我们谈及特殊儿童的特殊性、个别差异时请记住：所有的个性都包含在共性当中，离开共性的个性并不存在。

1. 特殊儿童与正常儿童有相同的身体结构和心理发展基本规律

在身体结构上，他们同样有眼、耳、鼻、舌、身，有神经系统、内分泌系统，有肌肉、骨骼。在心理活动上，他们同样感知着周围的人、事、物，并通过自己的头脑判断、理解、认识着自己与外部世界。他们具有的需要与一般儿童的需求一样，需要吃、住、行，需要教师的爱、父母的爱、同学的爱，他们需要别人理解、需要别人尊重，他们同样会为成功而欢乐、为失败而沮丧；他们喜欢鲜花、小草，美丽的大自然、欢快的音乐、有趣的游戏；他们喜爱用歌声、绘画来表现自己；他们也会控制自己上课不讲话，争取一朵小红花，或者把自己心爱的东西送给小朋友。即使他们的视觉、听觉、语言、动作、大脑有障碍，但他们身心形成与发展仍按正常儿童发展的基本规律进行。如鲁宾斯坦所说："心理发展是儿童年龄阶段的一个特点，它可以突破任何身体的严重疾病。"当拟订 IEP 进行教育训练时，训练内容和序列、阶段排列均以正常儿童身心发展为参考，对特殊儿童的教育态度应同对普通儿童的完全一致。

2. 特殊儿童身心发展受到的影响

和普通儿童一样，在分析特殊儿童的身心形成和发展时，应从心理与脑、心理与实践、心理与客观事物三个方面考虑。影响特殊儿童个性形成的仍然是遗传、环境和教育三因素的影响。家庭、社区、环境对特殊儿童个性的影响、良好的教育服务等对特殊儿童身心发展的决定性作用，既为无数事实证明，又是特殊儿童教育中需有明确认识的问题。

IEP 教学的实施应该是大目标一致，各方相互协调、合力的系统工作，除学校、班级教育外，还有家庭教育和社区教育。针对每个儿童需要的个别化教育要为儿童提供下列内容：

①适于其成长发展的班级、学校教育。从教育安置到教学过程、教学环境，既要顺乎自然的教育规律，又需精心设计安排、管理。特殊儿童融合教育安置形式就是为了让这部分特殊儿童置于常态儿童群体中，给予最少受限制环境，使之得到适当发展。

②不可或缺的家庭教育在特殊儿童的教育大系统中占有重要位置。家庭的环境、家长的教养态度、养育方式、家庭成员相互的关系，无不影响着儿童的身心成长。家长与教师携手、家庭教育和学校教育步调一致才能获胜。提高家长素质，教给家长教育的方法，推动家长参与的主动性是特殊教育的任务之一。

③社区教育构成了特殊教育的又一重要方面。与邻里的交往，对社区环境的认识、利用、适应，与人平等交流，休闲、娱乐、劳动的能力，安全、卫生习惯的获得等，是特殊儿童最终立足的根本。我们的社会是特殊儿童与一般人共建、共享的社会，社会教育也是特殊教育最关键的一环。

了解影响特殊儿童身心发展的三因素，在他们成长过程中把握住学校、家庭、社会三个方面，特殊儿童平等参与社会生活终将成为现实。

3. 普通教育与特殊教育沟通

由于特殊儿童与普通儿童共性的存在，普通教育与特殊教育之间并没有无法逾越的鸿沟。特殊教育运用了普通教育诸多方面的经验，如开放式教育、动静结合的教学、情境教学等；特殊教育又给了普通教育诸多借鉴，如个别化教育、生活为核心的教育等。在普通教育与特殊教育的教育理论和实践日益深入的时候，两者之间的界限将会日趋模糊。目前提出的融合教育表明了人们对普通教育和特殊教育的新认识，这将引导普通教育与特殊教育在更高水准上融合，这一问题还会从社会、教育进步方面论及。

（二）特殊儿童身心发展的整体性

人的基本心理活动是由认识活动与意向活动构成，认识活动（包括感知、思维）是对客观外界的反映，认识活动反映了事物的本质、特点和规律，称为反映活动。意向活动（包括动机、需要、兴趣、注意、情绪、意志、人生观、世界观等）表明了人们对客观事物的态度，是人们的意愿所向，称为对待活动。认识活动指引着意向活动，使人们的态度更深入、更有目的性、更主动；意向活动主导着认识活动，主导着反映客观事物的方向、强度、效果；认识活动与意向活动构成了心理活动的整体，两者相辅相成，既相互促进，又相互制约。

特殊儿童或有感知缺陷，或抽象概括能力差。他们身上表现出的缺陷，促使教育从感知、动作、思维、语言训练入手，抓住了起指引作用的认识活动，抓住了重点。这在实践、理论论证中已反复强调。在此还应注意的是，意向活动在心理活动中所起的主导、关键、第一位的作用。只有当一个人有了认识事物的需要或兴趣，有了"我想做""我要做"的想法时，才可能积极、主动地感知思维。一个根本不愿学习的学生不可能学习好，同样，对根本不想了解的事物就不能很好地认识。特殊儿童认识活动的缺陷表现在速度、强度、范围、深度的综合反应上落后于普通儿童，极易影响他们的意向活动的主动性。我们在分析特殊儿童心理特征时谈到了下列内容："知觉过程主动性消失""思维主动性、目的性不够，批判性差，思维调节作用薄弱""意志主动性不足，不可遏止的冲动"，这些谈的都是意志主动性问题，即特殊儿童的内部驱动力问题。谢根说："如果智力障碍儿童有愿望了，他就能做很多事，知道很多东西，但不幸的恰恰是这种动机十分薄弱……什么也不想，这是心理上愿望的损害。"我们看到的是"不感兴趣""不需要""少感情""不自制""不愿思考""不愿感知"，这样的惰性影响了原来就处于低质状态的认识活动。要想使特殊儿童整个心理活动处于激发态，关键应激发其主动性——让意向活动发动、发展起来。特殊教育专家谈到了启智教育十个要注意的方面。第一是"发展智力障碍儿童的积极性、独立性和对自己力量的信心"；第二是"形成智力障碍儿童的情感"。放在首位的两点，强调了意向活动的主动性的重要。智力障碍儿童教育中意向活动主动性激发既难又重要。只有看到认识活动与意向活动的相互关系，用整体观把握在个别化教育中认识活动与意向活动同步培养，不仅能满足于技能技巧的传授，更能将意向活动、生活工作态度（如守时、守约、敬业、敬人等）培养放在突出位置，教育才会有实效，特殊儿童才会在社会竞争中保住一席之地。

特殊儿童各种心理的形成和发展是一个不可分割的整体。在对特殊儿童进行感知、动作训练的同时，要注意、记忆、情绪、思维、意志等参与，各种心理活动相互渗透、相互影响。在感知、动作训练时也培养了注意、记忆、思维、情绪、意志等。感知、动作训练的好坏可能与训练本身有关，也可能与注意、记忆有关。可以说各心理活动之间，一荣俱荣、一损俱损，牵一发而动全身。

各种心理活动存在于每个个体身上，因此，个人的能力、性格等个性特征及自身的心理发展水平将会对心理活动发生明显的影响。

特殊儿童今天的心理是建立在昨天的心理的基础之上。明天的心理又与今天的心理息息相关，昨天、今天、明天构成了特殊儿童心理形成、发展连续的整体。对特殊儿童昨天的了解和回顾是为了今天的教育培养，今天的教育培养则预示了儿童明天的成长发展。个别化教育应该去了解儿童的昨天，把握今天，展望明天。

特殊儿童缺陷与潜力共存构成身心发展的整体。特殊儿童的感官障碍、智力障碍为其缺陷所在。当然，有的儿童同时还存在着其他缺陷，如动作障碍、情绪行为障碍等。

特殊教育一度在学生障碍、缺陷上停留过多，后改为充分看到能力、发现优势，启动克服障碍的推力，探究其所会所能。在基本观念上，将指责特殊儿童障碍和缺陷变作发挥长处，将简单地对特殊儿童作群体比较转向为对特殊儿童个体内部能力的实现，这是发挥特殊儿童潜能的关键。现再经反思形成了潜能与障碍共存的全人教育观。在经历障碍与潜能关系了解的当下，正确把握潜能与障碍共存的规律性特点而有智慧地因应，教学双方在实践中共同分析障碍，面对障碍并发掘潜能，特殊儿童在此过程中经历困难、挫折，体会自信和希望，从而拥有进取、丰富、充满生命活力的完美人生。

在个别化教育过程中，树立儿童缺陷与潜力共存的整体观，既能面对每个个体缺陷的现实，又能拟出充分发掘每个个体的潜力长处的教育计划。这样的个别化教学将最接近每个儿童的实际。教学目标不空泛，不高不可及，也不滞后，最终成就有效的教育，树立、促进教师与学生的信心。

如果无视缺陷存在或对缺陷估计过低，或只局限于对障碍、短处的补偿而忽视了对学生潜力、长处的开掘，甚而压抑了学生的发展、导致教育的失败，都是不对的。在教育教学中应看到缺陷、勇于应对缺陷，但又不一味地强调缺陷；同时，看到特殊儿童的长处、优点，采取主动、实事求是的积极态度与行动。

（三）特殊儿童的特殊性

特殊儿童是人类社会的一部分，由于感官或大脑损伤，"盲""聋""智力障碍"是他们的特征。他们有着特殊的需求，我们应该为其提供特殊帮助，以满足其需要。

1. 心理压力

缺陷障碍影响了特殊儿童心理的发展，更为严重的是社会化进程当中遭遇的压力比正常人大得多，也频繁得多。他们被当作特殊的一群而列入"另册"，有意无意当中"参与权"减少了，经常地被否定、批评，极少受到肯定、赞扬，有多次失败的经历、极少成功的尝试，承受奚落和居高临下的恩赐而缺少平等交流，更少有帮助他人的体验。社会设置的障碍以比感官和大脑的缺陷大得多的影响，一方面，强化了他们原本就存在的感知、动作、思维、语言、情绪、注意、记忆、意志等缺陷，产生了"越骂越笨"的情况，促使现有状况恶化；另一方面，使他们正在形成和发展的心理活动受阻，影响心理的正常发展，屡遭挫折之后容易自卑。为补偿失败，有的特殊儿童表现出狂妄自大，或通过乱喊乱叫等攻击行为来引起别人注意，表明自己的存在，发泄心中的压抑；有的则以退避、萎缩等态度应对压力。特殊儿童存在发生率高的异常行为，究其原因多与社会压力有关。

如何减轻特殊儿童身上过于沉重的压力，怎样教育特殊儿童去应对压力，是个别化教育的重点与难点。个别化教育中强调让特殊儿童获得成功，运用积极行为支持，提倡教师的爱心、耐心，都是对学生压力疏解的方法或原则。

2. 心理发展慢、晚、差

特殊儿童心理发展速度较正常儿童慢，部分心理出现晚于正常儿童，特殊儿童发展状况普遍低于正常儿童。大多数轻度智力障碍学生能够掌握一些基础的学业技能，中度智力障碍儿童学前阶段会表现出明显的发育迟缓，重度和极重度智力障碍的个体通常在一出生或出生不久就能够被鉴定出来。而且，这种差异会随着他们年龄的增长而变得愈发明显。所以有人说，智力障碍儿童心理发展是正常儿童心理发展的慢镜头，个别化教育需面对特殊儿童心理发展晚、慢、差的特点，在教学起点、教学速度、教学安排、教学方法、内容、教学目标上作相应的布置。

因此，教育的目标定位从特殊儿童身心特点出发；特殊教育课程、教材、教学、活动强调适应性、功能性，以生活为核心，唯学生自理、独立生活，具生活能力是尊；特殊教育过程多采用小步子，多循环、多重复教学。

3. 高差异性

人与人不同，你和我、他与她各有其特点。正是这些差异、不同，这些特色分出了你、我、他，组合了你们、我们、他们，融会成复杂纷纭、五光十色的丰富人群和人类社会。

有特殊教育需求的人群组与整个人群有差异，有特殊教育需求的人群组中盲、聋、肢体障碍、智力障碍各组群间也有差异，大组群、小组群间有差异，同组群中个体与个体有差异，各个体内部也有差异。

（1）特殊儿童与普通儿童的差异

特殊儿童与普通儿童之间在身心发展速度和水平上存在差异，这点是有目共睹的。

（2）特殊群体与个体间的差异

我们在论述特殊儿童群体的身心特点时，特殊儿童个体则可能表现出与群体范例很不相同的特征。比如，智力障碍者一般不会有广泛的社会交往，但某位智力障碍儿童与同伴相处则可能很好，个体的特征也并非群体范例所列举的特征总和。往往在特殊个体身上仅能表现出群体范例的一些方面。

（3）特殊儿童个体与个体之间的差异

出现时间有早晚。一些特殊儿童在学前即表现特殊性症状，有的儿童则在入学后才表现出特殊症状。

持续时间有长短。一般特殊儿童只在入学后被鉴定，大多在入学前、离校后不再有此标记。而部分障碍者标记占一生大部分时间，小部分的障碍者标记则终其一生。

障碍程度不同。特殊儿童障碍程度不一，从支持强度、频度、持续时间上就说明了程度的不同。

障碍表现不同。有的特殊儿童语言表述可以但拙于算术；有的语言发展、社会适应很差，但绘画尚佳。

行为表现不同。有的特殊儿童表现安静、稳定；有的兴奋、激动，无节制；有的消极被动、精神不振。

心理发展水平不同。有的特殊儿童心理发展较快，有的特殊儿童心理发展较慢。通过教育、训练，部分特殊儿童可以达到生活基本自理，能承担一般家务劳动；而有的特殊儿童则达不到。

学习能力、需协助程度有差异。每个特殊儿童进入学校班级，即进入学习状态，儿童在学习状态中的差异是个别化教育必须清楚明了的。在学习的速度上有快慢之分，同样的问题，也许甲生重复10次可以基本通过，而乙生重复10次却完全不能通过。学习阶段上，对某一问题有的学生可能处于学习阶段，有的在精熟阶段，有的已达运用阶段，所以要求个别化教学的教法有异。

学生学习特质上，各位学生的认知层面不一样。比如：某生一定要有具体物才能学习，教学中就只有将实物放在面前才能进行，若给半具体或抽象的教学就不能奏效。学生的学习特质还表现在认知态式上，即适于在开放式教学中还是结构式教学中，适合于独立学习还是较依赖的学习，需要教材运用和教学活动做具体准备与安排了。

学习态度与行为表现有相似的地方，这些行为表现主要指在学习状态下的行为，主要有活动量、注意力、学习动机、模仿力、自律性、听从指示、独立性、坚持性、合群性、学习速度、特殊行为等。学生各自有自己的学习态度，教师需要对学生学习态度进行观察和评量，以利于个别化教育当中组织活动。

学习中学生需协助的程度不同，同样的技能学习有的需全协助，有的只需部分协助，有的则不需协助。

（4）特殊儿童个体内部发展中的差异

具体的特殊儿童个体身上，障碍往往不是单一的，而是多重的。茅于燕调查了301名智力障碍儿童，一般人都有一种以上障碍，最多的一人有8种。

特殊儿童个体自身心理发展也可出现不平衡。某一阶段可能进步较大，另一阶段可能发展减慢甚至停滞不前或后退。每位特殊儿童个体在不同发展阶段可能有不同的需求、不同的心理水平，在不同的环境，表现出很大的差异，比如：在家庭或学校的不同条件下，或在游戏、考试、愉快、生病等情况下。

特殊儿童个体自身在理解力、说话能力、注意力、空间关系能力、动机或自我控制等方面不可能一样，表现出发展的不平衡和达到的水平不一致。

如上所述，个别差异的显著存在是特殊儿童的很大特点，其形成原因很复杂，有生理的、心理的，内部的、外部的，社会的、实践的，各种因素复杂交错、共同影响，因此在个别化教育实施时要尽量全面、多角度考虑。

首先，应避免简单归因。比如感官障碍、大脑的障碍是特殊儿童身心障碍的原因（称为第一性障碍，这一障碍的形成有生物、社会诸多因素影响），由于感官、大脑的障碍而产生的感知、思维、记忆、注意、情绪意志、个性障碍称为第二性或叫派生性障碍，感官、大脑损伤这一因，结出的特殊儿童整个心理活动障碍之果是毋庸置疑的。但在具体分析某种心理活动障碍时，都简单归因于感官、大脑损伤就过于简单化。"知觉主动性差"除了因语言表达有障碍外，还应从家庭环境、态度、学校教育、社区影响、人际交往等诸多方面分析，离第一性障碍越远端的缺陷越能经教育改善。

其次，要联系其他心理活动，多作假设论证。当分析特殊儿童某一心理障碍时不能孤立看待，应该看到与其他心理活动的关系。比如，柯克说："语言差，不知多少是认知的原因，多少是认知的结果。"由此看来一因可以多果，一果可以多因，有时也有互为因果的可能。又如，某特殊儿童记忆力差，原因何在？柯克提出四种可能：

- 因为从一开始就不能注意事物或概念且不能理解需记忆对象吗？
- 因为语言障碍而不能在短时记忆中保持信息吗（语言障碍妨碍了新概念与以前储存的信息之间的联系）？
- 因为不能使信息从短时记忆向长时记忆输送吗？
- 因为提取信息的方法无效，无法取出存储在记忆中的正确信息吗？

最后通过研究得出结论是，不注意事物和概念，无法将短时记忆向长时记忆转化，似乎是最重要原因。只有弄清儿童身心特点的形成原因，并结合儿童特点才可能提供有依据的教育服务。

特殊儿童个别差异很大，各有自己的特点，所谓大一统教学，如统一目标、统一计划、统一教材、统一教学速度、统一教学方法、统一考试题目，对特殊儿童很不适宜。而尊重特殊儿童特点的个别化教育服务为特殊教育所必需。

第二节　特殊儿童个别化教育的社会学基础

一、人类社会的进步与思考

（一）人类文明进步的明证

人类曾有过"……让那个不准养活任何一个残疾儿童的法律生效，将衰弱和畸形的儿童扔到附近深渊中去……"的残暴；也曾有过将残障人士关在家里禁止他们参加社会生活，不承认他们是完全能力的人，将残障人士排斥在社会之外的愚昧。

欧洲文艺复兴与资本主义萌芽以后，人们发现"为了消除天生的愚蠢需要教育"，逐渐有了特殊教育。人类进步了，但是对残疾人、特殊人群的教育还是一种教育机构及教育者凌驾于受教育者之上的救济式、恩赐式的不平等教育。

第二次世界大战以后，人类深刻地反思，提出残疾人平等参与社会生活的主张。对残障者的态度转变（消灭—忽视—救济—接纳—平等），镌刻着人类走过的轨迹，是人类的领悟。今天，世界上人口最多的中国怎样对待残疾人？

中国的回答是：平等、参与。中国人谋求平等发展，在特殊教育领域追求特殊需求人群的真平等，实施个别化教育说明中国与全世界、全人类的同步发展，是人类社会走向文明进步的证明。

（二）常态社会

1. 常态社会需要某种平衡

在特殊教育中有人提到"一个没有残疾人平等参与的社区是残疾的社区"，这一观点颇有见地。我们对特殊儿童与正常儿童的共性已有论及，此处着重从常态社会本身的发展来谈。

常态社会小而言之指每个个体生活的家庭、社区、学校及其在这些环境中与人、事、物的关系和活动，是大社会环境中的具体生存环境。我们每个人实实在在地生活于其中。特殊儿童正是作为某家庭、某社区、某学校中的一员，每天和我们（父母、亲人、邻里、朋友、同学、老师、社区工作人员等）一起在社会环境中生活着、发展着。这是对特殊儿童说来更有影响、更直接的环境。

人们强调特殊儿童需要社会的理解、支持、接纳。其实作为社会也需要特殊儿童，这样才能达成社会平衡。有了特殊儿童并能使特殊儿童满意、平等参与的社会才称得上是一个正常状态的健全社会。可以说正常状态的健全社会是正常人与残障者共同描绘的，谁也不可或缺。

2. 常态社会应具备的价值观

常态社会的所有社会成员，应该是相互尊重、相互支持的，每个社会成员都有生存、发展的理由和方式，权利与价值，都要有正常的生活。

现代人很关注给予和获得、付出和回馈。在对待特殊儿童的问题上，一般认为是我们在给予特殊儿童帮助、支持，是我们在为他们服务。我们只有付出而未见回馈，至少是给予特殊儿童甚多，而从特殊儿童那里得到的甚少，所以有特殊教育是高投入低收获的事业的说法。

这是从功利性的物质利益层面解释特殊教育的给予与获得。但这里需进一步谈到的是现代文明社会应该有的精神层面的价值观，而这点常被普通人忽略，即我们的给予、付出是在与特殊儿童的互动中进行，我们在给予的同时也在获得。我们获得了来自孩子们的情感，体验着他们交流时的率真、直白、坦诚；我们会因此而思考人生、生活，会将孩子们当作一面镜子来修正或理解自己，从而更珍惜生命、热爱生活。一位启智教育工作者说道："在与智力障碍儿童的互动中获益的是我们自己，看似我在教他们，实则他们在教我，他们让我和气、谦卑、宽恕、仁慈。有这样不可缺少的一群人可使我们'正常人'反省，从我们对他们的态度可看出我们是怎样的一群人，说明我们的为人。"特殊教育让我们在互动当中相互学习、相互理解、相互欣赏。

二、特殊教育发展

（一）教育平等

教育平等表现在诸多方面。首先，教育对象即受教育者是平等的。作为受教育者，其修饰语如穷、富、男、女、身心健康、智力低下均不重要，核心及关键词是"人"。既然为"人"，理所当然生而平等，应该享有作为人的所有权利，包括受教育的权利。这里不存在谁高贵、谁低贱，谁重要、谁次要，谁主流、谁支流的问题，接受教育的权利是每个人应该得到的基本权利之一。特殊儿童理应享有受教育的权利。当然我们从道理上明白特殊儿童应该受教育，社会应该给特殊儿童以教育这很重要，但特殊教育只停在"应该"上是不够的，这就是需实际操作的问题。

其次，系统有效的特殊教育实作、特殊教育服务是教育平等的真切体现。只有当我们办起特殊教育校（班），选任了教师，进行了严谨、科学的学生鉴定、安置，并根据学生的不同需要提供适合的教育教学，充分发挥了学生潜能，发展了心理，补其不足，而不是敷衍马虎、应付式教育，我们才可以说对特殊需要的儿童是真正的教育平等。

再次，特殊教育的起点和终点都定位在"人"，是完全意义的教育平等、以人为本。特殊教育从有特殊需求的人开始，通过实施教育教学，培养出一个个人适应、社会适应、职业适应的"人"，这个人将平等地参与社会生活。在社会生活主流里，教育全过程贯穿着生涯教育，教育各阶段紧扣生活教育的主题，并不断创设最少受限制的环境，从特殊教育的起点到终点，以及特殊教育的整个过程体现了教育平等。

（二）融合教育

在普通学校的"丛林"中出现了一两所特殊教育学校时，人们会感到一种奇特和惊喜，因为这是社会及教育的一大进步。但特殊教育与普通教育总有些隔离，特殊教育显得孤单、寂寞，人们总会以一种不解、疑惑或神秘的眼光来看待特殊学校的学生和教师。

随着社会进步，对教育的思考冲击着普通教育与特殊教育。正常化、一体化、全纳教育是特殊教育由封闭走向开放、从隔离迈向融合的呼声。普通教育正敞开大门迎接有特殊需求的学生，标志着普通教育的包容接纳和教育观、教育能力的提升。特殊教育与普通教育原本是一家，常态社会里的常态教育原本就该如此。

融合教育是一种新的教育观的表达，是教育的新起点。当一所学校敢于作融合的承诺时，表明它不仅有大教育的观点、胸襟和气魄，并已具备提供给有特殊教育需求的学生个别化教育服务的条件和能力，如适合的课程、个别化教育计划的拟订、实施，全校参与的融合学校班级管理等教育技术，还有称职的教师、教师成长与培训机制、资源教室、相关设备、物资的配备等。

（三）个别化教育

特殊儿童个别化教育内容包括了社会生活的各方面，强调以生活为核心，其教育实施有赖于实际场景，比如，购物技能多在购物场所教授。此外，还有家庭生活、社区生活、职业培训等场景，参与个别化教育计划拟订与实施的人员除教师还应有家长、医生、各类测评人员、社会工作人员等。随着儿童生活环境和需求的改变而有不同的社会人员参与，特殊儿童个别化教育组织建立了学校、家庭、社会及各学科相互联系、协同合作的团队。

（四）关照一生的教育

个别化教育贯穿儿童的早期干预、学前教育、学龄期教育、职业教育，以满足成长过程的不同教育需求，每一阶段的个别化教育则侧重该阶段的目标，各阶段首尾相连，贯穿学生的一生，这是对学生整个人生发展的观照。

三、个别化教育的环境建设

（一）个别化教育环境建构概说

个别化教育环境指由特殊儿童所处的家庭、学校、社区构成的全部生活环境，儿童在与生活环境中的人、事、物发生的各种联系中受到其影响，从而形成自己的心理行为。环境直接关系到儿童的成长和发展。

个别化教育环境建构意在为特殊儿童提供一个满足他们特殊教育需求、适合他们成长的环境。这是从社会教育服务方面提出的问题，表现了社会的主动、教育的主动，使教育由指责特殊儿童不会做什么，转变成应该为特殊儿童做什么，从而促使教育者去创设、修正、利用家庭的、学校的、社区的支持性环境。

（二）个别化教育环境建构的作用

1. 个别化教育环境的整体影响

个别化教育环境对每个特殊儿童来说，是营造一种氛围。这种氛围给人以一种心理暗示，环境氛围的浸润在潜移默化中引导儿童的心理体验与趋向，让儿童去感知、思考。个别化教育环境直接影响着儿童行为、习惯的内容、形式、强度、方向及行为水平。

2. 个别化教育环境的不同作用

首先，个别化教育环境有正向环境与负向环境之分，对特殊儿童的成长发展也有正、负向影响。虽然正向环境、负向环境界定与正向影响、负向影响之间有较为错综的关系，但总的情况是：正向环境促使儿童进步，负向环境阻碍其发展，因此正向环境形成是环境建构中应该重视的问题。其次，大环境有渲染性，中环境较为具体，小环境影响更直接，影响在不同程度上综合发生作用。再次，由于环境类别的差异，各类环境均有其特点，对儿童心理行为影响也各有侧重。比如：盥洗环境主要养成盥洗技能与习惯，娱乐场景多有人际交往、娱乐技能等。不同环境对儿童影响各异，应充分利用不同的环境，培养学生的各种能力。

3. 超越障碍

个别化教育环境的建构旨在降低特殊儿童生理、心理，以及沟通、感知、动作和行为方面，在家庭生活、学校生活、社区生活的障碍，在不断改善中成长且超越障碍，同时环境也在建构中改善。

（三）个别化教育环境分类

1. 按环境特质分

个别化教育环境按环境特质可分为自然环境与社会环境，特殊儿童总是在适应自然和社会中成长。诚然，当今的生活中社会色彩更为浓烈，自然环境除本身特点外总会深受社会环境影响，但特殊儿童生活在自然与社会环境中的事实不会改变。按环境特点还可分为常说的家庭、学校、社会环境。

2. 按环境范围分

从环境范围看可分为大环境（宏观环境）、中环境（中观环境）、小环境（微观环境）。所谓大环境指背景性环境，如时代、国家、体制、民族、地域、政治、经济、文化、习俗等，大环境对特殊儿童影响是概括的、渲染性的。中环境又称中观环境、中介环境，如家庭、学校、社会（社区）是特殊儿童生活的场所，勾画了特殊儿童的基本生活框架。大环境的影响力通过中介环境实现，在中介环境里发生了特殊儿童个体实实在在的生活。小环境指中介环境框架里，在一定时间、空间的具体而真实的生活活动。小环境直接影响并决定了特殊儿童的适应力，是适应力形成与否最关键、最有效度的环境，此环境的适应力运用，称为功能性能力。

3. 按环境性质分

按环境性质可分为适宜环境、良性环境、理想环境和不适宜环境、不良环境、非理想环境。所谓适宜、良性、理想环境概指有利特殊儿童成长、发展、给特殊儿童以希望与憧憬的环境，能促进健康成长；反之则为不适宜、不良、非理想环境。

从其他角度还可分出熟悉环境、不熟悉环境，经验环境、介绍性环境，接纳环境、不接纳环境，远环境、近环境，目前环境、未来环境，物理环境、心理环境、行为环境，主环境、次环境，作用环境、创设环境，等等。环境宽泛且复杂，各种分类互有交叉，分类的目的一是便于交流，二是为了对各类环境有深入的了解，着眼于环境的建构。

（四）特殊儿童对环境的要求

特殊儿童的适应性与环境密切相关，特殊儿童的生活与环境更不可分割。因此特殊儿童对环境有何需求是环境建构中要考虑的问题。

1. 安全、卫生，保证健康成长的环境

特殊儿童要一个能确保其生命安全且卫生的环境。考虑到因其身体损伤而使他们受到第二次伤害的可能性较一般儿童大，因而须采取一些有效措施，比如在他们生活的楼房加装防护网，注意治理环境污染，有必需的医疗服务，保证基本营养、卫生，需良好的社会治安，建设无障碍环境。一个安全、卫生的环境是特殊儿童安身立命的根本。

2. 相对单纯自由的环境

特殊儿童较适宜的是相对单纯、自由、接近自然、接近原生态的环境，比如乡村生活或竞争与压力较小的生活环境均能纾解焦虑、紧张，降低障碍程度。

3. 产生归属感的环境

特殊儿童希望生活在一个理解、接纳、尊重、关心、公正、平等、和睦、有热情、可信赖、负责任，以满足爱与被爱的需求，产生归属感。

4. 提供个别化教育服务有成功感的环境

一个环境若能提供以生活为核心的个别化教育服务，是智慧的、具创造力的、合作互助的，让特殊儿童充分发挥自我潜能，获得成功机会和满足感，那么它就有利于特殊儿童成长。

5. 提供由特殊儿童及家庭选择、决定，令特殊儿童及家庭满意的环境

环境的优劣，主要应通过特殊儿童的自我感受及其家庭的感受来判定。特殊儿童本人及家庭是否有选择的权利和机会，是否对自己有掌控的主动性（有自我

决定权的儿童及家庭才会自尊自信）？是否令特殊儿童及其家长满意？特殊儿童及家庭是否感到愉快，有关照且乐于进入此环境？哪怕教育人员认为不错的环境，如果儿童、家长不认可，也不能称为儿童适宜环境。当然，特殊儿童面临新环境或是环境中的新变化常会有一段不适应。但我们不能因此断言是这个环境的问题，教师应通过恰当的教育措施，让学生度过不适期，逐渐适应环境。

目前，我国特殊儿童随班就读是轻度障碍特殊儿童教育的大趋势，与融合教育等教育观相符。在实际教学中应注意所谓随班、统合、一体化、融合教育是有条件的、实质性的。如果没有对随班儿童作个别化教育计划，教师没有接纳特殊需求儿童的观念、心态及专业能力，其他同学也没有对特殊需求儿童的理解、接纳等，这样缺乏必备条件的随班，只会造成儿童形体随班自流，甚至伤害特殊儿童的身心，同时伤害家长。这样的环境就只能称为儿童不宜环境，需改善、提升环境质量来满足特殊儿童的教育需求。

（五）个别化教育环境建设

个别化教育环境建设中，支援服务门类可依障碍类别分为视、听、肢体障碍，智力障碍儿童，学习障碍儿童，情绪障碍儿童，语言障碍儿童等。也可按学前、学龄、职业教育等学习阶段来分。服务支援项目依不同的障碍类别而有不同项目，具体如下所述。

1. 针对视障生

利用书面、演讲辅导，协助课程或学习环境调整、提供适当教材（点字、放大、触觉教材或有声读物）。

专业训练：包括教导点字阅读与书写，触觉学习练习，使用残余视力，使用辅具，触觉打字，定向行走，使用专用电脑，学科教学，日常生活技能训练与生活，社会适应能力培养，职业培训等。

学习环境：教室环境通风透气，室内温度适中，高温或低温均影响点字与摸读；适当光线，针对低视力儿童来说，室内适当照明及合适的座位安排很重要。

教学法：听读法（使用有声读物），多重感官刺激，凸线图示（将视感觉变为触感觉），类比法（运用熟悉的或其他感觉进行类比推理、认识新事物）。

2. 针对听障生

提供有关听障生的咨询和辅导服务，对家长、教师、学生进行辅导。

专业训练：对学生有听、读唇、手语、口语书写、辅具使用、双语教学和综合沟通学习，运用电脑或网络教学训练使用残余听力、律动、人际关系、培养沟通能力，加强生活、社会适应、职业教育与培训、学科学习。

学习环境：教室通风，照明合乎卫生标准，避免噪声污染，设置地板，运用震动感，学生位置安排于明亮处、前排中，便于工作及看话、读唇。

教学法：直观教学、情境教学、操作性学习。

3. 针对发展性障碍儿童

家庭、学校、社区相联系，提供相关支持服务，形成多学科跨专业团队的转介与服务机制。

专业训练：进行教学诊断评量，运用发展性课程、适应性功能教育课程、职业教育和生态导向的课程。提供语音训练，动作训练以及必要的个别辅导与教育服务，为独立、统合、具生产力的生活目标而努力，充分运用辅助技术。

学习环境：依学生需求、教学需求而发展生态教学环境、结构化教学环境、个别化教学环境，学习环境动态有弹性。

教学法：情境、游戏、直接教学，工作分析法，小步子、多重复的教学方式等。

4. 针对肢体障碍学生

家庭、学校、社会，教育、医疗、康复相结合，需有动作评估、个别化康复训练计划，落实时间、地点、实施人员，还应有补救教学和运动体育的安排，且有咨询、辅导服务、保健医疗服务，并教导家庭相关知识和技能。

专业训练：动作、语言、沟通、生活适应、社会适应能力培养（含生活经验扩大、生活技能、休闲、职业技能），行动辅具、生活辅具、学习、沟通辅具的运用与保存，强化早期康复。

学习环境：设置所需的轮椅、助行器，环境调整至"轮椅可到达"，课桌椅调整高度，作业、教材等可减量，允许口答，允许打字录音，有替代调整考试形式及相关资源准备。针对肢体障碍学生需求的个别化，需要量身定做，可自行动手设计与制作。比如：用魔术带捆缚于学生腰间与椅背，达到固定作用；用粘贴绊代替鞋带和鞋扣，用粗毛线和布带捆住汤匙手把，以便捏握；设置把手与栏杆。

教学方法：依需求调整教学法，需有辅具的支持，强调弹性应对。

思考与实践

1. 联系教育教学实际，分析特殊儿童的身心发展的基本规律。

2. 联系教育教学实际，从社会学基础对个别化教育环境建设进行分析、阐述。

第三章

特殊儿童个别化教育课程理论与成长

本章摘要： 本章对特殊儿童个别化教育课程概念、功能、课程基础理论，还有对个别化教育课程的多类别及课程结构有相关说明。

第一节 特殊儿童个别化教育课程及理论

一、课程的定义

课程广义指学生在学校安排、教师指导下为达成教育目的所从事的一切有程序的学习活动与经验。狭义的课程指学校提供的学科和这些学科欲达到的知识、技能、目标，具体为课程标准、纲要、教学指导、教学参考书、教科书等。

特殊教育课程涉及为何而教（特殊教育目的），教什么（特殊教育教学内容），怎么教（特殊教育教学方法与策略），教得怎么样（特殊教育教学结果），还涉及由谁来教（教师等）、教给谁（各类各位学生）、在何处教（教学环境）、运用什么教（教具、学具、教学资源、科技辅具等）。

二、特殊儿童个别化教育课程的意义

随着教育教学实践和教育研究的深入，教育界和社会对课程倍加重视。我国特殊教育课程改革提出"学会学习、学会合作、学会生存、学会做人"的课程定位，关注学生的全人发展；体现了保障儿童教育权利，实现了教育平等，提高了特殊儿童独立生活能力，促进其平等参与社会，使他们拥有尊严，获得幸福，实现人生价值的定位。个别化教育则作为实现特殊教育课程目标的原则与方法，已在政策法规层面和特殊教育理论与实践层面明确提出并实施。

特殊儿童个别化教育课程功能是：①课程用于特殊儿童教育诊断；②依教育诊断评量结果，课程是拟订学生个别化教育计划的重要依据；③个别化教学活动设计中反映课程内容；④个别化教学活动中实施课程；⑤个别化教育课程融入学校、家庭、社区教育当中；⑥课程贯穿特殊儿童个别化教育教学全程。

课程是特殊儿童个别化教育的总领和灵魂。课程要关心学生的每一节课、每一个问题；课程还要关照学生的全人（含真、善、美、圣、健、富）人格，即德、智、体、美、劳全面发展。课程贯通全生涯，含学前、学龄、职业、成人的成长，通过长期教育对学生产生影响，是教育工作者对学生全人全生涯的关怀和不断的省思、调整。

三、特殊儿童个别化教育课程基础

（一）课程基础

课程基础含教育思想、学生需要、社会需要，可以房屋建筑为例说明这三者关系，如图3-1所示。

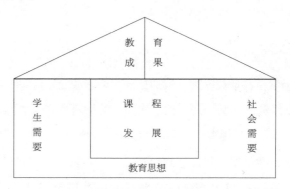

图3-1　课程基础关系图

（二）特殊儿童个别化教育课程基础

特殊儿童个别化教育课程与普通教育课程基础一样，可用一个稳定的三角形表示，如图3-2所示。

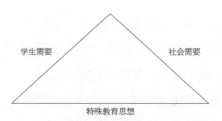

图3-2　特殊儿童个别化教育课程基础示意图

特殊学生需求常由特殊学生的身心发展成长、社会适应、生活适应等需求组成，已在特殊儿童个别化教育的心理学基础中介绍。

社会需求是社会对社会成员的要求，包括社会成长、发展的要求，对社会的需求均已在特殊儿童个别化教育社会学基础中介绍。

特殊教育思想由特殊教育理论、特殊教育观等构成。特殊教育思想是特殊教育理论与实践的总领，是特殊教育学生需求和社会需求的基础。

四、特殊教育课程在个别化教育流程中的运用

1. 教育诊断评量

各项评量观察中，应有综合性的全人课程评量，同时又针对性地做专门化课程评量，并可有一日生活的生态化评量。

2. 个别化教育计划拟订

在拟订个别化教育计划时运用教育诊断结果，讨论个案的教育建议，参考所做的全人课程评量及专门课程评量，还可依现实具体情况而做情境化、具体现场的实作评量，与各位教师、相关人员、家长共同拟订 IEP。

3. 个别化教学活动设计

依据特殊儿童教育诊断结果分析其教育教学目标与学习需求，结合特殊教育课程做满足学生发展需求的教学安排，而后结合特殊儿童现有能力、学习特质、学习兴趣对教学内容、教学目标、教学重点与难点、个别化教学目标、教学策略、教学资源、教学过程、教学评价对教学进行设计，在教学中落实个别化教育计划中的目标。

4. 个别化教学活动实施

分析特殊儿童的个别化教育计划，应结合特殊教育课程的安排，做学年 / 学期 / 月 / 周教学计划，围绕特殊儿童的学习需求与现有条件实施教学。在教学活动实施中，除计划内的目标、内容，还有诸多来自教学现场依据学生实时变化与环境生成的课程。

5. 个别化教育课程在生活各方面

家庭与学校个别化教育教学结合，有一致性的内容、方法、策略。并有家庭生活环境中的课程和教学教育。

社区生活成为现代生活的重要组成部分，特殊人群的社区生活品质成为了关注重点，个别化教育计划中社区生活目标的实施、支持系统的协助，以及特殊人群对于社区、社区对于特殊人群的相互需要，均成就了个别化教育课程的实施。

特殊儿童生涯发展包括学前期、学龄期、转衔期、成人期、职业期等各阶段，而个别化教育课程则贯穿其中。

6. 个别化教育课程的综合运用

个别化教育课程的运用包含课程运用的流程维度（诊断、评量、拟订个别化教育计划、个别化教育计划实施、再评量、修正）；课程运用的阶段性维度（学前阶段、学龄阶段、职业阶段）；课程运用的贯通性生涯维度（生涯成长及转衔教育）等。

在个别化教育课程的具体运用中，应依以上维度进行综合性考虑，而又因时、因地、因人抉择。首先，关注全人成长。其次，关注成长各阶段特点及需求。在全人观下，不平均使用力量，而有对某阶段优先发展目标、关键问题目标、不宜目标的把握。再次，将处于各阶段的学生置于生涯成长的过程当中，而有昨天、今天、明天相联结的课程观照。

第二节　发展性课程、适应性课程与职业教育课程

一、发展性课程

特殊儿童个别化教育课程基本构成含课程目的、课程指引、课程目标大系、课程评量标准、教师指导、学生作业练习。课程评量标准、侧面图等文件相辅相成，将为教育诊断、个别化教育计划、个别化支持系统建构、教学内容、教学策略、教学活动等提供依据及策略。

（一）发展性课程所指

发展性课程是针对学前和学龄前期（0~8岁，一般又分为0~3岁、3~6岁、6~8岁）的特殊需求儿童提供的，合乎各发展阶段需求，促进其成长发展的课程。发展性课程又可称为特殊儿童早期教育课程（或称为早期干预课程），因为它涵盖了儿童关键期、奠基期，是"与时间赛跑时期"的课程。

（二）发展性课程举例

《心智障碍儿童个别化教育课程》是财团法人台北市双溪启智文教基金会发展出来的一套以学生发展为导向，适用3~15岁中重度智力障碍学生的教育课程。其教学目标如表3-1所示。

表 3-1　教学目标总览

一级	二级	内容
感官知觉	视觉的运用	（视觉敏锐）（视觉追视）（视觉辨别）（眼手协调）（形象背景的区分）（视觉记忆）（空间关系）（视觉统整）
	听觉的运用	（听觉敏锐）（听觉辨别）（听觉记忆）（听觉顺序）
	触觉的运用	（触觉敏锐）（触觉辨别）（触觉记忆）
	味觉的运用	（味觉敏锐）（味觉辨别）（味觉记忆）
	嗅觉的运用	（嗅觉敏锐）（嗅觉辨别）（嗅觉记忆）
粗大动作	姿势控制	（头部控制）（坐姿控制）（站姿控制）（跪姿控制）（蹲姿控制）
	移动力	（翻滚）（四肢爬行）（跪行）（臀行）（走）（上下楼）（跑）（跳）
	运动与游戏技能	（球类运动）（垫上运动）（游乐器材）（绳类游戏）（轮胎游戏）（投掷游戏）（循环体能）（大道具游戏）（体操）（溜冰）（游泳）（其他）
精细动作	抓放能力	（拇食指捡取）（放置物品）（腕部旋转）（双手协调）
	作业能力	（堆叠能力）（嵌塞能力）（顺序工作能力）（顺序套物能力）
	工具的使用	（开关容器）（使用文具）（仿画线条）（黏土造型）（折纸）（使用剪刀）
生活自理	饮食	（咀嚼和吞咽）（拿食物吃）（喝饮料）（用餐具取食）（做饭前准备及饭后收拾）（适当的用餐习惯）
	穿着	（穿脱鞋子）（穿脱裤子）（穿脱衣服）（穿戴衣饰配件）（使用雨具）（依天气场合及需要适当穿着）
	如厕	（上厕所小便）（上厕所大便）
	身体清洁	（洗手）（洗脸）（刷牙）（梳头）（洗澡）（洗头发）（擤鼻涕）（使用卫生棉）（刮胡子）（剪指甲）
沟通	内在语言	（注意力）（学习动机）（静坐等待）（模仿能力）（遵从指示）（适应能力）
	听的能力	（听的基本能力、听前准备）（对名词适当反应）（对动词适当反应）（对短句适当反应）（对否定句适当反应）（对形容词副词之短句适当反应）（对疑问句适当反应）（对两个以上句子适当反应）
	说的能力	（说的基本能力、说前准备）（说出常用名词）（说出常用动词）（说出简单之短句）（说出有形容词、副词之短句）（说出简单否定句）（说出简单疑问句）（说出两个以上句子）（表达技巧）
	读的能力	（阅读的基本能力、读前准备）（认读环境中常用视字）（认读常用名词、代名词）（认读常用动词）（认读简单短句）（认读简单否定句）（认读简单疑问句）（认读两个以上之句子）（认读重要文字或符号）（有正确的阅读技巧）
	写的能力	（书写的基本能力、写前准备）（仿画汉字部首）（仿画简单汉字）（默写常用名词、代名词）（默写常用动词）（默写简单句子）（默写简单否定句）（默写简单疑问句）（默写两个以上句子）（默写其他重要文字或符号）（有正确的书写技巧）
	非语言沟通	（依别人之动作、手势行事）（以其动作、手势表达需求）（依别人手语行事）（以打手语表达需求）（依图、照片指示行事）（能以图、照片表达需求）（依符号行事）（以出示符号表达需求）（依文字指示行事）（以文字表达需求）（以其他方式与人沟通）
认知	物体恒存性	（物体恒存性）
	记忆力	（经历事件之记忆能力）（物品操作之记忆能力）（地点位置之记忆能力）（物品所属之记忆能力）
	配对和分类	（相同物品配对和分类）（立体形状配对分类）（依大小配对和分类）（依颜色配对和分类）（依质料配对和分类）（配对和分类不同的条件物品）（图片配对和分类）（比较 X 项和 Y 项）（依功能分类）
	顺序	（按顺序排列物品）（依序完成活动）
	解决问题	（设法取得物品）（寻求帮忙）（应用所学）（自我修正错误）（了解因果关系）
	数的应用	（数的概念）（数数）（认识数字）（运算）（测量）（金钱概念）（时间概念）
社会技能	人际关系	（打招呼）（团体活动）（介绍）（尊重别人）（约会）（求助助人）
	家事技能	（清扫）（清洗器具）（清洗衣物）（整理物品）（烹饪）（缝纫）
	社区技能	（认识社区）（使用交通设施）（使用商店）（使用公家单位服务）（参与社区活动）
	休闲活动	（音乐）（阅读）（绘画）（手工艺）（运动）（旅游）（桌上游戏）（影视）（写作）
	身心健康	（生理健康）（心理健康）（性行为）
	安全	（交通安全）（电器安全）（用火安全）（药剂安全）（食物安全）（提防陌生人）（火灾安全）
	职前技能	（工作意识）（工作态度）（工作品质）（处理薪资）

二、适应性课程

（一）适应性课程所指

特殊儿童适应性教育是有计划、有步骤的，对特殊儿童在环境中的功能性适应力的培养。适应性课程注重与其日常生活相关的有效、实用的能力教育，并在居家生活、社区生活、职业生活中运用，从而提升其生活品质，让他们过上更独立、更统合、更具生产力的生活。本课程适用于学龄期特殊需求儿童。

（二）适应性课程举例

智力障碍儿童适应性功能教育课程是重庆师范大学特殊教育课程中心发展出来的一套以适应性功能教育为导向，适用于 6 ~ 18 岁学龄期中重度智力障碍青少年的课程。（表 3-2）

表 3-2　适应性功能教育课程目标大系

社交技能	结交朋友	1. 交友的需求愿望；2. 对别人的友好态度能正确应答；3. 认识朋友；4. 会选择朋友；5. 有恰当的交友方式
	表达感情	1. 表达感情的需求愿望；2. 识别感情；3. 会选择表达感情的方式；4. 能掌握表达感情的分寸
	团体适应	1. 进入团体的愿望；2. 能认识团体；3. 遵守团体规范；4. 能协调与团体成员关系；5. 有团体活动的体验
	求助助人	1. 求助愿望；2. 正确表达求助愿望；3. 掌握求助技能；4. 有求助礼貌；5. 有助人愿望；6. 乐意助人；7. 能正确表达助人方式；8. 掌握助人技能

使用社区	交通能力	1. 认识交通工具；2. 能识别交通标志；3. 有交通安全意识；4. 会利用交通工具；5. 能处理交通事件中的突发事件
	采购能力	1. 购物准备；2. 购物场所选择；3. 商品识别；4. 购物决断；5. 购物礼貌；6. 物品存放
	获得服务	1. 了解社区服务；2. 选择获得服务项目；3. 获得服务的礼仪
	参加社区活动	1. 参加社区活动愿望；2. 认识社区活动项目；3. 利用社区活动场所和资源；4. 参加社区活动技能
	遵守社区活动规范	1. 了解社区规范内容；2. 遵守社区中人际交往规范

自我引导	自我意识	1. 认识自我身心；2. 自我概念；3. 自我角色认识
	时间规划	1. 时间概念；2. 时间控制；3. 时间安排
	主动活动	1. 活动动机；2. 活动计划
	完成活动	1. 对活动理解；2. 活动实施完成
	解决问题	1. 能在熟悉环境中解决问题；2. 能在陌生环境中解决问题
	表现主张	1. 表现主张的愿望；2. 表现主张条件；3. 选择恰当表现主张方式

适用性科学	读的能力	1. 读前准备；2. 字的阅读；3. 认读名词、代词；4. 认读常用动词；5. 认识其他词性词；6. 认识简单的短句；7. 认读否定句；8. 对疑问句认读；9. 对两个以上句子和图表的认识
	写的能力	1. 写前准备；2. 仿画线条；3. 仿画汉字部首；4. 仿画简单汉字；5. 能听写；6. 能默写常用名词、代词；7. 默写常用动词；8. 默写简单句子；9. 默写标点符号及文字图符号；10. 留言条；11. 写病、事假条；12. 写个人资料；13. 能写信；14. 填写日常生活常用表
	数的概念	1. 线；2. 面；3. 四方形、圆、三角形；4. 长方体、正文体、球体；5. 前后、左右、上下的概念；6. 内外；7. 唱数；8. 点数；9. 大小、轻重、长短、厚薄、高低；10. 先后；11. 有无；12. 多少；13. 快慢；14. 认识早迟；15. 认识白天、黑夜；16. 认识昨天、今天、明天；17. 认识早晨、上午、下午、晚上
	数的认识	1.3 以内数的认识；2.5 以内数的认识；3.10 以内数的认识；4.20 以内数的认识；5.20 以上数的认识；6.0 的认识
	数的计算	1. 加法；2. 减法；3. 乘法；4. 除法；5. 混合运算
	日常生活中的数学	1. 认识钱币；2. 使用钱币；3. 时间基本概念；4. 时间辨认；5. 时间的简单计算；6. 长度；7. 重量；8. 容量
	认识常见动物	1. 家禽家畜；2. 野兽；3. 昆虫；4. 水中动物；5. 两栖动物；6. 鸟类；7. 会饲养小动物
	认识常见植物	1. 水果；2. 蔬菜；3. 农作物；4. 认识花草、树木；5. 花草、树木种植
	认识天气四季	1. 认识天气状况；2 认识四季变化；3. 认识天气冷热变化
	认识地理环境	1. 认识各种自然环境；2. 认识周围环境；3. 知道我国基本地理概况；4. 知道地球基本概况
	认识其他有关自然常识	1. 认识了解水；2. 认识了解火；3. 认识了解声光电热磁
	习俗传统	1. 认识常见节日；2. 了解风俗文化；3. 知道基本历史知识
	权利与义务	1. 了解相关法律、法规；2. 做好社会角色
	国情	1. 了解基本国情；2. 具有爱国行为

健康安全	饮食卫生	1. 饮食卫生基本知识；2. 饮食卫生习惯
	疾病防治	1. 疾病感觉、分辨、表达；2. 常见疾病简单知识；3. 简单急救常识；4. 预防疾病的简单措施
	性知识	1. 了解男女性别特征；2. 了解青春期知识；3. 具有性道德常识
	安全	1. 安全意识；2. 安全基本常识

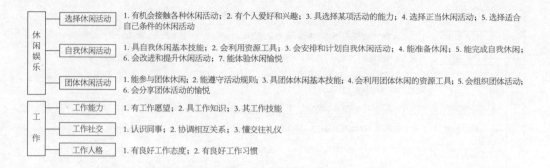

休闲娱乐	选择休闲活动	1. 有机会接触各种休闲活动；2. 有个人爱好和兴趣；3. 具选择某项活动的能力；4. 选择正当休闲活动；5. 选择适合自己条件的休闲活动
	自我休闲活动	1. 具自我休闲基本技能；2. 会利用资源工具；3. 会安排和计划自我休闲活动；4. 能准备休闲；5. 能完成自我休闲；6. 会改进和提升休闲活动；7. 能体验休闲愉悦
	团体休闲活动	1. 能参与团体休闲；2. 能遵守活动规则；3. 具团体休闲基本技能；4. 会利用团体休闲的资源工具；5. 会组织团体活动；6. 会分享团体活动的愉悦
工作	工作能力	1. 有工作愿望；2. 具工作知识；3. 其工作技能
	工作社交	1. 认识同事；2. 协调相互关系；3. 懂交往礼仪
	工作人格	1. 有良好工作态度；2. 有良好工作习惯

三、职业教育课程

（一）职业教育课程所指

职业教育是对受教育者施以从事某种职业或生产劳动所必需的职业知识、技能和职业道德的教育。职业教育在特殊人群生涯发展中占有不可或缺的地位，指拥有自己所从事的职业，并获报酬，追求生活、生存的需要的教育，是其独立性及自我实现的表达，是社会参与社会服务能力的呈现。智力障碍人群职业教育课程，含职业陶冶、职业指导、职业训练、职业安置、社会安置。职业教育课程融于生涯成长当中，渗透于从儿童期到成人期的各阶段教育里。

（二）职业教育课程举例

职业教育课程以海峡两岸培智职业教育课程为例，从以下几个方面来阐述：

1. 培智职业教育课程编制目的

• 为十五岁以上中重度智力障碍的青少年提供职业教育课程作为拟订个别化教育计划的依据。

• 作为智力障碍青少年就业后所需支持服务的内容。

2. 课程编制原则

• 兼具职业评量与教学指引的功能。

• 职业教育或就业安置能有客观依据，而职业评量结果能引导教育与安置计划。

• 职业技能、工作人格并重。

• 职业适应、生活适应并重。

• 职业认识、职业探索、职业教育、职业训练、就业安置贯通辅导。

3. 课程内容

• 依工作人格、职业能力、社区生活能力三大领域（因素、面向）制订评量项目、标准。

• 各领域下分类需具有教学意义，能区分对职业生活的影响。

• 评量结果要能分析出对职业生活的影响，并能指示明确的教学方向。

4. 课程运作

职业能力评估，其流程为：职业性向评估 → 制订出个别化职业教育计划 → 职业教育课程评量 → 拟订个别化转衔计划 → 专职职业技能训练，同时做社区生活安置 → 就业辅导 → 个人/环境生态评量 → 就业支持、生活支持。

5. 目标总览

A　工作人格	B　职业能力		C　社区独立生活技能
A1　出席	B1　站	B38　职业词汇	C1　烹饪
A2　准时	B2　走动	B39　阅读	C2　家居维护
A3　有始有终 工作常规	B3　跑	B40　书写	C3　家居安全
A4　按时完成工作	B4　跨越	B41　填表	C4　收入的计算
A5　安全习惯	B5　蹲	B42　机械的操作与维护	C5　预算及支出
A6　卫生习惯	B6　跪	B43　手工具的使用与维护	C6　借贷
A7　收拾习惯	B7　坐	B44　长臂工具的使用与维护	C7　储蓄
A8　习癖	B8　爬	B45　电动手工具的使用与维护	C8　纳税
A9　礼貌	B9　躺	B46　技能性工具的使用与维护	C9　盥洗与整饰
A10　愉快	B10　弯腰	B47　测量工具的使用与维护	C10　身心保健
A11　诚实	B11　攀登	B48　材料的使用	C11　疾病医疗
A12　友善	B12　平衡	B49　基本计算	C12　休闲资源使用
A13　动机	B13　举	B50　重量、体积、容积的测量	C13　社区活动
A14　努力	B14　携带	B51　大小、长短的测量	C14　安排活动
A15　创意	B15　推	B52　时间的测量	C15　旅行
A16　自信	B16　拉	B53　反复动作	C16　购物场所
A17　谨慎	B17　扛	B54　固定顺序	C17　选购物品
A18　节约	B18　伸（躯体）	B55　变动、自主	C18　购物手续
A19　竞争心	B19　伸手	B56　速度之适应	C19　家居礼仪
A20　责任感	B20　握持	B57　组织工作计划	C20　睦邻
A21　可靠性	B21　扭转	B58　维持安全	C21　社交礼节
A22　专注力	B22　手指拨弄	B59　应变	C22　独立行动的能力
A23　洞察力	B23　光线的调适	B60　场所	C23　参与公民权利与义务
A24　决断力	B24　视觉敏锐度、视野	B61　照明	C24　了解基本的法律常识
A25　适应改变	B25　形状感	B62　空气	C25　地方意识
A26　接受批评	B26　大小辨别	B63　声响	C26　地方资源利用
A27　忍受挫折	B27　色彩辨别	B64　温湿度	C27　时间观念
A28　克服压力	B28　空间知觉、顺序感	B65　危险性	C28　时间安排与应用
A29　工作品质	B29　触觉	B66　防护装备	C29　社区安全
A30　自我评价	B30　听辨力	B67　职业伤害	C30　自然灾害
A31　独立作业	B31　听力		
A32　小组合作	B32　嗅觉		
A33　服从上级	B33　手眼协调		
A34　请求协助	B34　手脚协调		
	B35　手眼脚协调		
	B36　记住指示		
	B37　口语沟通		

6. 课程纲要

以"A 工作人格"的第一项为例呈现课程纲要体例，见表3-3。

表3-3　职业教育课程纲要（部分）

领　域	A 工作人格		
项　目	A1 出席——工作出勤认真，除非有事情请假获准，不轻易缺席，有事不能工作时，会立即设法告知。		
检　核	教学目标	评量	是否纳入教材内容
	A1-1 工作期间能出勤认真，不轻易缺席。		
	A1-2 有事时能事先请假，获准后才缺席。		
	A1-3 临时有事时，能设法告知。		
	A1-4 能经常保持全勤记录。		
	A1-5 能在加班的非常情况下不缺席。		

是否纳入教材：×　不纳入；√　纳入

第三节　生态课程建构

一、特殊教育生态课程的定义

　　特殊教育生态课程指在生态教育观引领下，以生活为核心，以生活为导师，学习生活、学会生活；是教与学双方在频繁互动中根据社会发展需要和学生个别化教育需要，遵循生活基本规律探究并经历生存、生命与生活，追求和谐、健康的生活品质的过程。

　　生态课程是形成性课程，与真实生活、具体活动紧密相关，具弹性与动态性。生活有多丰富，生态课程就有多丰富；同时生活是有规律的、有自身的秩序结构，生态课程形成性建构便是遵循生活的规律，表达生活的丰富与多样态。

二、生态课程形成性建构过程

　　本课程以教育诊断、评量为基础，与教育计划同步形成，力争教育实据，即刻实施教育方略。本课程一经启动，形成性运作体系由宏观至微观，由一日生活安排至具体生活、学习场景的活动，层层递进展开。课程以现在式、进行式、过程式呈示该生生活、学习、劳动风貌。

　　本课程随学生生活变化而变化，伴随该生生活每一阶段，且贯穿全生涯成长，前后衔接，有可持续性。课程导向和谐的关系，导向特殊儿童高品质的生活。

三、生态课程形成性建构

（一）生态课程形成性建构的途径

环境分析和工作分析是生态课程形成性建构的两个途径，实作中常常结合使用，具体运用见后面实例。

1. 进行环境分析

生态课程重视人与环境的关系，一方面人在环境中生活，"生于斯，长于斯"，故要适应环境。同时环境会影响人、服务人，所以环境要调整、建设。生态课程的形成，离不开对环境的依赖、认知、理解、运用与融合。环境分析观念与技术，成为生态课程形成性建构的保证。本节从环境层次构成、环境范围构成、环境对人的影响作用、环境以及对应的活动等方面进行了分析。

2. 多元环境分类

以环境性质分为自然环境和社会环境；以环境的大小分为宏观、中观、微观环境；以环境的范围分为家庭、学校、社会环境；依环境时态有过去、现在（目前）与未来环境；依生涯发展来看有早期生活环境、义务教育环境、职业教育环境、成人生活环境；顺序性环境有一日生活环境、教室环境、课堂教学环境（解题、答题、作业练习等环境）。而人与环境的基本关系结构是某人 / 何时 / 何地 / 与谁在一起 / 做什么 / 怎么做 / 做得怎样。从生态课程角度则应据此给出教育建议。

3. 进行工作分析

生活、学习由无数活动（工作）构成。根据由大及小、由宏观至微观的工作分析方法，找到学生之于该工作的目前状况，是生态化课程形成的常见思路，被广泛采用。工作分析对某一工作（整体工作目标），依其顺序、水平和构成作分析和分解，分为小阶段、小步骤、小目标，通过逐一完成各部分，最后达到目标。

（二）生态课程形成性系统定位

1. 依循生态系统规律，了解生活、生命根本

教育目的是让学生了解生活与生命的根本。生态课程理所当然应依循并反映生态系统规律，且置于该系统中，反映人与环境的关系。

2. 生态课程形成性系统建构

生态课程表达生活的丰富性和复杂性的同时，系统呈现了生活的有序性，给学生完整生活的面面观；在生态课程形成性建构中，引导学生形成学习生活基本规律，养成良好生活习惯，培养生活能力，享受丰富多彩的人生。以下是对生态课程切入点的建议：

①以儿童、少年成长发展的规律性和普适性为背景，从共性中找到"这一个"学生的特点和个性。可通过对预设课程的动态性、生态化、个别化评量获得。

②进入该生具体的一日生活（家庭、学校、社区）中，了解、培养"这一个"学生，在日常的一日活动中分析与观察。

③在该生的具体课堂教学中（含具体生活活动中）了解、培养"这一个"学生。可从课堂教学活动和日常教学中观察、测评获得。也可通过与全体同学的共同活动比较中获得。

④在解题（或解决具体问题）时了解、培养"这一个"学生。在具体的动态性测评和教与学当中、解题过程中获得。

3. 提供校本课程个别化教育课程开发空间

生态课程的形成性建构，为开发校本、个别化教育课程提供了思路和策略，为课程实施提供案例与参考。

四、生态课程形成性系统建构实作

生态课程的形成主要经过如下流程：确定个案→分析个案生活环境（家庭、学校、社区／人、事、物多元分析）→呈现个案在某环境的互动状态→形成教学内容、目标→在该环境中形成支持系统→执行教学。

（一）以时间为序的一日活动分析

孩子与谁	何 时	做什么	怎么做	做得如何			现在做法	建议做法	支 持
				好	一般	差			
父母	下午 4:30	回家	父母接回家，有时带去逛商场。见见啥说啥，手东摸西摸。知道买东西要给钱，爱与人打招呼。		√		制止，用声音或打他的手。	请工作人员制止，让他挑选，帮大人提物，不让手闲着，让他付款（孩子喜欢）。	商场工作人员、父母
独自	6:00—6:30	回家、作业	母亲做晚饭，自己一人写作业，不乱跑。	√					
父母	6:30—7:00	晚餐	吃饭慢，不爱吃鱼、肉，不停说话。			√	父母口头提醒或制止。	饭菜有变化，父母减少说话，承诺少说、快吃后可做他喜欢的事。	父母
父母	7:00—9:00	客厅	打开电视但不爱看，只看广告、气象、武打，玩小车反复玩或踢球。		√		父母口头说：只会玩这一种就不会玩别的？	家长与他一起玩，做汽车游戏或讲故事，应答对话或玩耍等。	父母、同学

孩子与谁	何 时	做什么	怎么做	做得如何			现在做法	建议做法	支 持
				好	一般	差			
父母	9:00—9:30	洗漱、就寝	父母嘱咐,能自己洗漱,就寝能自理。	√					父母

(二)以空间为序的环境分析

以空间为序进行活动分析是指在家庭环境中的客厅、卫生间、卧室、走道、餐厅、孩子房间、阳台、厨房等进行相关活动的观察、记录。家庭环境以"客厅"为例的环境分析如下。

客厅是家庭活动的主要场所,人员交会多、功能多、面积相对大的空间。

1. 主要活动

接待来客,与家人、亲友聚会,休闲、娱乐、看电视。

2. 环境要求

充分表现主人的兴趣、爱好和性格,地面平坦、防滑、洁净、通风,有较舒适方便的座椅等。

3. 教育建议

家庭客厅往往连接大门,须给孩子防盗、防陌生人等安全教育,并教给应对方法。

给孩子接待客人的机会,教他问候、打招呼的动作、语言。家长热情接待客人,让孩子学习,或让孩子一起接待客人。可让孩子主动请小朋友来家里玩。

一家人在一起除交谈玩耍外,要有意识地让孩子关照大家,给大家发糖、水果,并给孩子以表扬。常与孩子一起玩,教给他各种娱乐方法。

具体活动指导见儿童发展课程及相关指导。

4. 练习

请分析你的孩子在客厅的各种活动,并决定教育顺序(空格处加入你家特有客厅环境及活动)。

孩子与谁	何时在何处	做什么	怎么做/做得怎样	与同龄人比			教育建议	说 明
				好	差不多	差		

"与同龄人比"一处在对应的结果下画"√"。

（三）以活动为序的环境分析

以活动为序的环境分析是指在社区环境中的活动分析，如到小朋友家玩、过马路、搭公交车、购物、使用文化娱乐场所、使用社区常用公共设施等。

下面是一份以家庭和社区活动为序的环境分析部分内容：

	目前做法	建议做法	提供支持的人、时间、空间、物资
起床	1. 不能按时起床，需要妈妈叫起。 2. 单衣、鞋袜自己能穿，棉衣、鞋袜妈妈帮助穿。	1. 应在卧室里放有钟表让孩子养成按时就寝、按时起床的好习惯。 2. 先让孩子认识上衣、裤子、袜子、鞋的正反、前后及相应部位名称，然后在妈妈的口头提示下让孩子自己完成脱衣服。	1. 妈妈、奶奶，偶尔还有爸爸 2. 7:00 3. 在卧室床边 4. 上衣、裤子、袜子、鞋
如厕	夏天自己能完成如厕、解便，便后处理需妈妈帮助完成；冬天如厕由妈妈协助，在校由老师、同学协助。	1. 教孩子识别男女厕所标记，能按自己的性别如厕。 2. 脱裤子至适当位置，解便入槽。 3. 擦拭大便时草纸折叠三层，便后自前往后擦拭，可先由家长擦干净，再教孩子照着擦，反复教。	1. 妈妈、奶奶、老师 2. 自然解便情境中 3. 卫生纸、厕所
盥洗	夏天自己能洗手、脸，刷牙需要妈妈帮助。冬天完全是妈妈协助。	1. 教给孩子盥洗的各种技能的同时，要按固定的顺序完成，并且要有速度的要求。 2. 各种物品使用后，要求放回原处。 3. 尽量让孩子自己完成，家长不过分代劳。	1. 妈妈、奶奶 2. 7:30，在洗漱的地方 3. 牙刷、牙膏、口杯、镜子、温开水、洗脸盆、毛巾、香皂
吃饭	自己能用勺子和筷子吃饭、不用协助。不挑食，在吃饭前和吃完饭后，能够自己把碗端到桌上和端回厨房。有时还需擦桌子。	1. 教给孩子一些饮食常识，如哪些食物有营养，应怎样吃。 2. 吃饭时教孩子进餐礼仪（不抢食、不翻菜等）。 3. 要教孩子以正确的坐姿进餐，要注意卫生。	1. 妈妈、奶奶、爸爸 2. 进餐的时间 3. 在餐桌上 4. 碗、筷子、勺子
上学	家长送到学校，并且还陪读，写字要老师、妈妈帮助。	1. 要送孩子到校。 2. 不能再陪孩子进课堂，要培养孩子独立在校的习惯，这样孩子可能就更能遵守规则，进步更大。	1. 妈妈、奶奶、爸爸、叔叔 2. 上午 7:30、下午 1:30 到校 3. 上学的路上、校园内 4. 教室、桌、凳、书、作业本、笔

思考与实践

1. 选择几份完整的课程仔细研读分析，列出如下项目：课程名称、课程范围、课程适用对象、课程要件分析、课程评议、课程评量运用。

2. 以某个案为例形成该个案的一日活动生态课程。

第四章 /
教育诊断的理论与方法

> **本章摘要：** 本章就教育诊断在特殊教育中的含义、功能、特点及基本框架进行分析。除了程序性介绍外，就教育诊断基础——观察和观察记录方法按特点、原则分析，并呈现操作性案例。
>
> 特殊教育诊断中调查、访谈运用广泛，本章给出了自编调查、访谈表的要点和选用调查、访谈表的原则、思路，本章还提供了调查、访谈表例证。
>
> 测验评量在特殊教育诊断中占重要位置。本章介绍了标准化智力测验、社会适应测验以及标准化智力测验的动态评量以及课程档案评量、真实评量等动态性评量。

第一节 教育诊断中的观察与记录

一、教育诊断概述

（一）教育诊断的含义

教育诊断是指在特殊儿童的学习活动前、学习中或学习活动后，对儿童的心理特质、学习需求及环境关系的把握，对儿童现状的描述。目的在于建立教育起点，提供制订某一教学方案或延续、修正、终止某一教学方案的依据。

特殊儿童教育诊断既要找到其缺陷、不足，还要找到其优点、长处，以及可能的潜力与支持系统，为儿童提供最合适的教育服务以促进其发展。

（二）教育诊断功能

特殊儿童教育诊断的主要功能有以下几个方面。

1. 了解该儿童教育需求

了解身心特点。教育诊断应有对儿童生长发育史、病史的了解，有对身体状况的了解，如孕期、产前、产程、产后、遗传、病患、听力、视力、神经系统、发育情况，身高、体重、常患疾病、伤病等。教育诊断还应有对儿童的智力、适应能力、性格、气质、认知、动作、学习特质、学习水平、求学史、学业等方面的了解。

了解优弱势、潜能与障碍。教育诊断囊括了影响该儿童在以后学习中优势与弱势、未来可能达到的能力水平，以及存在的障碍。

了解生活环境。教育诊断应有对儿童生活环境的了解，主要是该儿童与环境中人、事、物的关系及环境对儿童影响的分析（包括正向与负向），对儿童生活背景，如家庭状况、社区环境等要有所了解。

2. 找到教学起点

教育诊断非常重要的功能是明确教育的起点，这样教育才能有针对性地准确切入。

3. 拟订个别化教育计划

教育诊断的结果是拟订个别化教育计划的重要依据，任何一个个别化教育计划必须在教育诊断以后，个别化教育计划的长期、短期目标，依教育诊断中的教学重点与教学建议拟订。

（三）教育诊断特点

1. 个别化、现场性

教育诊断是针对儿童个体进行的，诊断反映的是该儿童本质的特点，以及对个体的教育建议与计划。多数诊断在活动现场进行，自然、真实、可靠。

2. 科技辅具

为了更了解特殊儿童，教育诊断中常用摄像、照相、录音等辅助记录评估的过程，以便搜集更多的资料，提高分析的准确性。

3. 多元化

教育诊断内容：涉及儿童身心发展、智力、适应能力、多元环境因素等方面（如家庭、学校、社区）。

教育诊断手段：利用访谈、实验、观察、检核、评量、调查等多种手段进行教育诊断。

教育诊断人员：参与教育诊断的有来自多方面的人员，有与儿童联系最密切的家长、教师，也有专业医生、心理咨询师、教育工作者，还有社会工作人员及一些专门人员如语言治疗、物理康复治疗人员。

多种诊断工具：教育诊断工具很多，有标准化、非标准化评量工具，问卷，调查表，观察记录，还可以有生理心理医疗检查，等等。

4. 生态化

特殊儿童教育诊断，突破了只在实验室、或只做标准化测验的传统模式，将诊断置于学生的日常生活、活动环境当中，在真实人、事、物的交互过程当中获得诊断结果。其优点是生态化，方便易行，揭示出教育实践规律。

特殊儿童教育诊断后，教学建议、重点等随之呈现，往后的教学活动设计与实施则依此进行。

（四）教育诊断方法

1. 观察法

教师在活动中观察儿童的表现，了解心理活动特点。可以是教师在与学生一起的活动中设计互动，教师观察；也可以设立观察室进行观察；还可以对学生在自然生活环境的行为表现进行观察。

2. 实验法

实验室实验法是指在实验室里严格控制实验条件，引起被试某一心理活动，评量其行为表现。

自然实验法是指自然环境中，控制一定条件，引起被试的心理活动，评量被试在此环境中的表现。

3. 调查法

这是通过调查获得的材料，了解被试心理活动的方法。材料可以通过访谈获得，也可以通过调查表的填写获得。其他如谈话、活动分析、问卷、个案分析等方法也与调查相关。

4. 测验与评量

通过心理与教育测验研究心理与教育活动规律，可以用一套标准化题目，按规定顺序，通过测量方法收集数据资料。常用的测验有智力、能力、性格、成就测验。评量则是极为宽泛的概念，用于教育诊断的评量，是为确定学生学习水准，了解教育教学有效性。在教育诊断中，评量被广泛采用。

总之，教育诊断中一种方法通常难以奏效，往往需多种方法并用。比如，在观察调查过程必然要作大量记录，但仅限于描述性记载，易流于形式。如果有切合实际的、精心设计的检核表、评量表辅助，就能提高教育诊断的质量。而检核评量罗列大量细目，如果与观察、调查、过程、结果对照，又能加深对特殊儿童个性特征的理解。

二、特殊儿童教育诊断的基础——观察

（一）观察的含义

"观"作看讲，"察"是细看、细审之意。心理学称观察为思维的知觉，是凭借眼、耳、鼻、舌、身多种感官获得信息后的整合、分析、判断，是特殊教育诊断中所有研究方法的基础，是了解特殊儿童的基本途径。

特殊儿童教育诊断中的观察，是客观与主观的融合，需要观察者注意力集中在观察对象上，对注意到的内容作记录整理，然后根据客观事实及主观想法综合判断分析得出结论的过程。

调查、访谈、测验、评量来源于观察，观察支持着教育诊断，保证其品质，决定了各种调查访谈与测评的内容、手段、形式。观察应有意义，具系统性，应多次反复而非一次性，具自然与真实性，能促进发现和创新，具多样性和发展性。

（二）观察的客观化原则

1. 用感官观察，避免用感觉观察

感官观察是指运用眼睛、耳朵、嘴巴、鼻子、身体等多种感觉器官来观察，并用描述的方式记录各感官收集到的信息。在教育诊断中，专业人员对个案各发展领域所展现出的能力进行感官观察，依据所作的描述记录，来判断其在各发展领域的现有能力。感官观察是保证观察客观的第一步，其次是观察人员的专业程度，这两者决定着前期收集的资料是否可靠。

感官观察举例：

- 小明拿了一块三角形积木给小美。（用眼睛观察到的）
- 小明对小美说："我们一起玩，好不好？"（用眼睛和耳朵观察到的）
- 气温似乎很高，我和教室内几位小朋友都流汗了，小明用袖子擦去脸上的汗水。（用眼睛和触觉观察到的）

感觉观察举例：

- 这间教室乱七八糟的。
- 他们是一群没有主见的孩子。
- 小明实在太聪明了。

2.少用绝对的陈述，可加上一些条件使描述较客观

少用绝对性的描述，以下即为绝对性的描述句子。

- 小明每天都泪流满面。

- 小明是最胖的孩子。

- 班上的小孩都很活泼。

加上一些条件较能客观描述。例如，我们将上述例子依实际观察到的情形，把条件加进去时，会显得比较客观。

- 我几乎每次看到小明时，他都在哭。（条件：我看到他时）

- 在班上，小明是最胖的小孩。（条件：在班上）

- 班上的小孩大部分都很活泼。（条件：大部分）

3.使用具体、可观察到的叙述

日常生活中，我们很习惯使用形容词描述事物，例如，很高、很矮、很胖、很瘦、骄傲、自卑、害羞、大方、整齐、杂乱、很吵、很静等。这样的描述用来记录幼儿行为时，还是令人费解，因为每个人对于上述形容词的看法或标准不一。例如，有些人认为成人一百七十厘米很高，但有些人则认为不高或很矮。

当观察者要描述儿童的上述特质时，可以加上一些具体可观察到的参考指标，以增进客观性，例如：

小明长得很矮，加上①他的身高不到一般门把手的高度。

②大约只有九十厘米高。

③在班上坐在前三排。

……

4.掌握行为的全面性，不以偏概全

观察儿童的行为时，不仅要注意行为本身，更要注意该行为出现前发生的事情，以及该行为出现后的结果，并将行为发生的全过程作详细而客观的记录，以便分析整理时能对行为有系统全面的了解。如果观察记录者很详细地记录了内容与过程，又经观察小组共同讨论，能很好地避免以偏概全。

（三）观察的记录方法[1]

1.质的观察记录方法

质的观察需要观察者以其感官接收的行为作为观察资料，以文字叙述的方法记录，而后作资料分析。观察的次数越多、时间越长，就越客观、翔实。质的观

---

[1] 观察的分类部分参考自黄意舒.儿童行为观察法与应用[M].台北：心理出版社，1996.

察是以被观察者个人经验的自然展开为观察的范围，并以注重被观察者个人诠释为观察的目的。轶事观察记录和样本描述记录就属于质的观察的范畴。质的观察结果在于对个别的特殊现象或行为发展的深入探究。深入即以被观察者的角度诠释行为的意义，若无法深入了解被观察者的诠释，以观察者的角度所给予的诠释应抱持着质疑及继续求证的态度。质的观察有其缺点，即费时、费精力、而且只能针对微观的现象解释。

2. 量的观察记录方法

量的观察是以已经设计好的观察工具来记录行为出现的次数频率、强弱程度、行为类别等，以作为了解多数被观察者的行为，比较个别差异、团体与团体差异等的方法。量的研究有其客观的观察工具作为观察记录的尺度，如测验、问卷、检核表、评量工具等。

量的观察结果主要用于解释被观察变项行为的出现频率，即在该被观察变项行为上，团体与团体、个人与个人间的比较。量的观察容易犯的失误是不正确的推论、先诊断后观察、期望的影响、社会分辨的影响、教育理论的套用、观察工具的误用等。此种观察难以深入解释，只能就表面行为特征来解释。

另外，观察还可分为参与式观察与非参与式观察、结构式观察与非结构式观察、描述性与取样评量式观察、客观观察与自我观察等。

（四）观察的实施流程

观察实施总流程是：秉持观察理论→确定观察目的→拟出观察主题→确定观察类型→明确观察时间、地点→培训人员→进行观察→整理观察记录→分析观察资料，得出观察结论。

1. 秉持教育心理的基本理论

观察者自身的专业素养影响观察整个过程的进行及观察结果的分析，需加强观察主题设计相关理论及知识的学习。

2. 确定观察目的

观察目的即观察所希望了解或解决的问题，比如，调动学生学习动机，增进班级同学的合作与互动，都属于观察目的。

（1）确定观察目的的依据

观察目的的确立主要依据有：普遍的教育教学实践、来自教学实际情境中的问题与思考（如本班级的问题、所教学生的问题）、对感兴趣的教育理论或实践的运用、学生的个别化教育计划等。

（2）分析观察目的

对确立的观察目的进行分析，以便明确欲达目的需从哪些方面着手，比如要达到调动学习动机的目的，可以从学生兴趣需求入手，也可以从激励机制，让学生了解学习的重要性，或获得成功等多个方面考虑。

3. 拟出观察主题

（1）观察目的与观察主题

在观察目的确立且对目的作详细分析之后，应确定观察主题。观察主题与观察目的密切相关，有时观察目的可以与观察主题相同，多数情况下观察目的是更宽的概念。比如：为达到调动学生学习动机的目的，可以从"学生兴趣""学生需求"等主题着手，需多个主题观察，可见观察主题是为达目的的服务且更具体。

（2）分析观察主题

确定观察主题后，便需对主题进行分析，这是很重要的工作环节，此环节决定观察方法，从观察角度、观察项目或内容、观察资料等角度进行分析，在分析主题时应根据主题所指，运用教育心理学的理论及相关知识，结合教育经验，联系生活环境及教育教学需求进行。

例如，"观察学生兴趣"是拟定的观察主题，如果准备将资料用于建立增强系统，而学生处于学前或学龄前期，分析主题时可从学生日常生活分析，观察学生最喜欢吃的、喝的、做的事、游戏、文体活动、最喜欢的物品、最喜欢获得的奖励、最喜欢的人等方面，设计成观察表。如果此主题需用于了解学生兴趣品质且有教育引导，且针对学龄后期学生，则可以从兴趣广度、兴趣中心、兴趣稳定性、兴趣效能等方面观察，在对各种兴趣品质分析后，可以设计观察表，或与多次描述性记录相结合。同样的主题如果欲了解学生兴趣活动中的状态，而有更好的教育对策则可以根据兴趣活动时的情绪表情动作、记忆、注意、发现问题、解决问题、持续时间等方面作观察，可以作现场描述性观察记录，并可辅以检核评量表。

4. 决定观察类型

观察类型很多，在观察前需决定选择何种观察方法，便于观察工作的准备和实施观察时操作的步骤及形式。

（1）决定观察类型的依据

如何决定观察类型呢？第一，应看观察目的、观察主题为何；第二，审视各种观察类型的优弱势与观察目的，观察主题结合思考；第三，考虑观察者的经验、能力；第四，选择评量表。例如，针对一新生，教师欲了解他的基本行为特征，决定作每日行为观察，运用轶事观察记录方式；某生近来情绪不稳定，很难进入班级教学情境，教师决定作连续性样本描述记录，采用非参与式；欲了解某生构音情况，教师运用构音评量表作观察评量。

（2）明确该观察类型的工作要求

决定了观察类型以后，应依该类型观察要求，作相应准备，并制作观察表格，或选择相关评量表。

5. 明确观察对象、时间、地点及联系工作

观察对象是指所观察的是某个个案、是小组活动、群体活动、具体是哪个班级的某个学生等观察对象按观察目的与主题而定。

观察时间：时段，如从 2019 年 3 至 4 月；具体时间，如每周一、三、五上午；更具体时刻，如上午 10：00—11：00。记录时还可以有更细的时间分段。

观察地点：某校某班，语文课堂，午饭时餐厅。或是，哪一排？怎样的餐桌旁？应将地点详细记录。

时间、地点应是与观察主题最相关，且被观察者最易观察到的。如观察儿童的用餐礼仪，只可能选择在用餐的时间与地点，而游戏能力则在游戏活动与休闲活动中观察了解。

联系工作：观察若是由本班教师进行，就是全体教师都参与或知晓的，在开展观察时一位教师主持，其余人员配合。若是外来人员进入学校班级观察，一定先有沟通，且先对该班、该个案有一个熟悉的过程，此问题在观察注意事项中会再谈及。

6. 培训观察人员

参与观察的人员多由教师、专业大学生，或教育科研人员担任。为使观察有效、有序进行，基本人员培训很有必要，培训观察人员主要从以下方面考虑：

（1）相关知识学习及练习

可对观察定义、作用特点、分类、流程及各类观察实作进行介绍。并可预先录制一些视频，让参训者看视频作相应的观察记录练习，并对其进行评议或参考学习观察记录范本。

（2）对观察人员基本要求培训

观察人员的专业态度要求：尊重被观察者和他们的班级、学校、家庭。

具体做到：观察需征得对方同意，并预先联系后，到观察地与相关人员如学校领导、教师、儿童见面。应说明观察的主题、过程，同时说明本观察所花时间及观察后能给该校、班、学生、教师等提供何种资料、有何用处。观察尽量配合该校、班的作息，尽量将观察带来的干扰降到最低。观察中涉及学生隐私的资料，

如姓名、家庭背景，或一些学校、班级不愿外流的资料，均应妥善处理。

观察人员专业能力要求：获得真实有效的资料，为教育诊断提供有质量的信息。

具体应该做到：不误记、不漏记，能依观察主题，准确抓住观察要点；观察记录需亲临重要场景与活动，能客观记录而不是主观臆断；记录应反映事件内在联系，而不只停留于表面现象。

7. 进行观察

在观察时，观察者应按观察类别、计划与步骤进行，尽量作有条件、有场景的记录（在轶事记录、样本描述记录中介绍过），尽量避免对学生的干扰，避免出现偏好，对被观察者采取友好、合作态度。

8. 整理观察记录

每次观察后立即进行观察记录整理，还应注意以下两方面：

（1）将记录到的行为按一定标准归类

对归纳的行为进行定义是很重要的工作，便于观察者的观察内容、目标的确立，观察者的目标调整及相互沟通交流。

- 正向行为：即帮助、合作、称赞、顺从、照顾、交流等。
- 负向行为：命令、拒绝、忽视、干扰、身体攻击、吵骂、威胁等。
- 合作行为：在活动中，为共同目标、结果，相互配合协调行为等。如彼此相互同意一起做，共同进行活动，相互协助。
- 命令行为：以不友善、不礼貌的态度支配他人，指使、控制、指挥他人，要他人讲话、照着做。
- 粗鲁行为：以大声严厉口气制止他人，如"你走开，快走""统统不许动"。

（2）根据多次观察记录，还可作行为次数整理

利用观察记录的资料整理出行为出现次数或行为持续时间，可以从数量上说明问题。

9. 分析观察资料

（1）分析观察资料本身

观察资料本身含有大量信息，可以看到学生活动内容、活动进行情境及过程，找到行为前因，看到行为结果。应认真、仔细地分辨推敲。

（2）联系其他资料及教学实践经验

观察记录若能联系学生的其他资料及教学实践的经验与事实作进一步分析，这将便于对幼儿行为作全面客观了解，使其能更准确判断幼儿行为，为后期教育教学打下基础。

三、质的观察记录方法

（一）质的观察记录方法之———轶事观察记录

1. 轶事观察记录含义

轶事记录是围绕某一主题观察后的一种直接观察记录，可以是参与性观察，也可以是非参与性观察。对教师、家长、研究人员等来说方便易行。观察者认为重要的、感兴趣的，就可以用纸、笔记下来，其随机性较大，不需预先周密计划准备，现场观察记录即可。

2. 轶事记录特点

- 现场直接观察，可获得第一手资料。
- 描述性事件陈述，可看到学生行为过程及行为环境。
- 不受被观察者的参与、合作度影响。
- 适合于对特殊儿童的观察，其真实性较对成人更有效。
- 观察记录者较易操作，其记录内容多与观察者的兴趣和对问题判断相关。
- 观察前可不作观察主题界定。
- 记录较为概括、快速、有弹性、可详可略。
- 有一定主观性，操作不当易失去重要信息，而记录质量常取决于观察者的经验与能力。

3. 有效的轶事观察记录

- 培养对特殊儿童行为及教育环境，教育教学策略等的判断力与敏锐度。
- 随时备好记录的纸笔，放在顺手可取之处。
- 形成有独立自主的轶事记录方式。

ABC 行为记录，即 A 是行为原因，B 是行为进行，C 是行为结果的记录。具体方式如下：红红与小明一起在桌子上用积木搭房子，红红叫明明把红色的（三角形）积木递过来，做屋顶。明明看着红红说："我要用蓝色（半圆形）积木做房顶"（A 行为原因）。两人你一句，我一句（重复前面的话），后争吵起来，声音越来越大，明明干脆把搭好的积木推倒（B 行为进行），红红大哭起来（C 行为结果）。

行为情境记录采用情境要素记录方式，记录时应有孩子与谁 / 何时何地 / 做什么 / 怎么做 / 做得怎样（可设置评量，也可与同龄儿童比较）。例如：牛牛早上（7：20—8：00）由爸爸或妈妈带着坐在自行车前座，一路上看着树说树，看着商店说商店，尤其爱说车的名称，夏力、丰田、桑塔纳等，一边大声说，一边高声叫。以上的记录格式注意了学生行为与活动本身，也注意了活动的环境、活动的前因后果，可以看到活动过程及活动与环境中人、事、物的联系及相互影响。

不只是记录有何活动行为，还应观察记录是怎样进行的。观察记录时加上现场的真实条件和操作性记录："强强在玩雪花片"记录的是一个行为活动。若记录为"强强从塑料盒里同形各色雪花片中，选了一个红色雪花片，先看看放在白纸上，再选了一片相同红色的雪花片，放在刚才雪花片的右边"，这会让人了解强强精细动作，对颜色的辨识、分类等情况，从而获得更多信息，也较为客观。

尽量用客观描述，避免过分主观的臆断，记录时将客观记录与自我推断分开记录。"强强很具攻击性"是一种臆断，"强强叫敏敏，敏敏未答应，强强走上去拉起敏敏的手咬了下"是现场的客观观察记录。

轶事观察记录实例

观察主题：语言理解与表达能力发展

观察对象：小黄

观察情境：测评时

观察者：严老师

观察者角色：非参与观察

幼儿基本资料：独生女，脑瘫，5岁多，由外地来重庆暂住，多由外婆带。

记录方法：轶事观察记录。（√代表可以做到，△代表尚需指导）

一、语言理解的发展	评量	轶事记录
能理解颜色名称。	√	老师：宝宝，哪一个是红色／黑色／绿色／粉色／橙色／咖啡色／紫色／白色／蓝色／黄色？ 她均能正确指出。
能理解先后顺序。	√	老师：宝宝，先站起再把书递给老师／先给老师香蕉再给老师葡萄。 他每次都能正确回应。
能理解关于味道的形容词。	△	老师：哪一个是酸的／甜的／辣的／苦的？ 除了把苦的指成辣椒外，其他均正确。
能理解并列句：拿 __ 和 __ 。	√	老师：宝贝，拿葡萄和香蕉给老师／拿书和笔给老师／拿梳子和书给老师。 小黄均能拿正确。
能理解简单图片故事情节。	△	老师讲了一个《龟兔赛跑》的故事，她能回答：谁赛跑？谁赢了？为什么是它赢了？ 小黄：乌龟和兔子／乌龟／乌龟。
二、语言表达的发展	评量	轶事记录
能说出物品图片名称，但清晰度不够，存在语音歪曲和替代现象。	△	老师指着图片问："这是什么？" 能回答与图片对应的事物，但听不清楚具体字音。
能数到10，但存在语音歪曲和替代现象。	△	老师：宝宝，你会数数吗？ 小黄：1，2，3，4，5，6，7，8，9，10。
能用词组描述图片中正在发生的事情，但清晰度不够，存在语音歪曲和替代现象。	△	老师指着书中的图片问："她／他在做什么？" 小黄：吃饭／喝水／刷牙／洗澡。
能认读30以内的数字，但清晰度不够，存在语音歪曲和替代现象。	△	老师：宝宝，你认识数字吗？ 老师写20、23、30、11、15。 她全部能读，只是听起来声音与正确的音相似。

结论：从上述观察记录可以看出，小黄已经具备一些语言理解与表达能力，只是因为日常生活比较单调、教育介入不多以及自身发展的原因，造成她目前语言理解量、词汇与句子广度不够；再者，由于她自身障碍伴随言语机转问题，语言清晰度有待提高。建议给她提供丰富的生活环境与语言环境，在情境中丰富其语言，同时加强物理治疗提升其粗大动作能力，带动精细动作及口腔动作的发展，以改善口语清晰度。

（二）质的观察记录方法之二——样本描述观察记录

1.样本描述观察记录含义

样本描述观察记录中的样本指观察个案，描述指描述性记录，这是一种围绕主题观察后的描述性记录方式。与轶事记录有许多相似之处。但样本描述记录更强调记录的详尽仔细，往往针对有特殊行为、有某些困难，或新入学者而做。成功的样本描述记录令读者身临其境，真实性强、可信度高、信息量大，条件许可还可利用录像，再对记录求证。

2.样本描述记录的特点

样本描述记录有与轶事记录相同之处，如现场直接观察，不受被观察者的参与合作度影响，获取的是现场第一手资料等。此外，还有以下特点：

- 针对个案的非参与性观察，为客观准确常作同一时间、地点、观察主题的多次观察记录。

- 需确立观察主题（如社会互动、自我决定等）。

- 样本描述记录是很详尽的，不放过细节的、注意力高度集中的观察记录，含个案的语言、动作、表情甚至语气、语调及与环境的互动等，观察时间以一小时为宜，不要太长。

- 尽量作客观观察记录，增进可信度。

- 记录后应作资料整理，在描述性记录基础上作类别定义。如依观察个案整理出求助、希望、拒绝等行为，且为这些行为进行定义。同时还可将资料作一定的量化处理，如某一特定行为或某些行为的出现次数及频率等。

- 样本描述记录是费时费力的记录，记录时可运用自己确定的符号或编号，T表教师，S表学生；或一些容易辨识的符号，如↓表坐下，↑表起来；还可用代码系统标注观察行为。速记法运用可以帮助提高记录速度。

自伤行为观察记录实例

观察动机：被观察者在班上较常发生撞击行为，常会看见他在用手或者头撞击桌子墙面以致疤痕累累。为了解被观察者发生此行为的原因，希望通过观察加以辅导，期望能改善此行为。为了更有效地进行观察了解，因而进行量与质结合的样本描述观察记录。

观察对象：小段，男，11 岁，老大，家中有一弟弟。

观察主题：自伤行为观察

观察情境：自然环境（学校）

观察者的角色：非参与观察

观察者：严老师

观察时间：2013 年 3 月 27 日

客观事实：现场非参与性观察记录	行 为
时间：14:50　地点：起居室 　　胡老师正在请其他同学喝水，小段在教室里跑来跑去，并"啊、啊、啊"地大声叫，然后径直走进四班教室，往里边看了一眼，又走了出来，来到起居室的蓝色长椅坐了下来，并用手用力**拍了一下椅子**。2 秒后，小段起身来拉胡老师的手，老师请他在录音机旁坐下来，小段望了一眼，没坐，倒着走，回到之前的长椅上坐了下来，然后用左手手肘用力**撞墙**，连续 2 下，而后用右手用力拍了**拍长椅**。过了一会儿，小段起来拉开另一个教室的门，往里面探头，然后关上门，去拉胡老师的手往蓝色椅子方向走。老师便问："告诉我，你想干什么呢？"小段用力拍了**拍头**，"啊、啊、啊"地大声叫。于是，胡老师转身照顾其他同学。小段跑出教室，冲进厕所，约 3 秒后，他提着裤子，边跑边整理裤子，冲向了漱洗区。	拍椅子 撞墙 拍长椅 拍头
时间：14:58　地点：起居室 　　小段拿起一张粉色塑料凳放在自己面前，坐在蓝色长椅上，边使劲**敲打塑料凳**边"啊、啊、啊"地大声叫。连续 3 下后，他开始用左手手肘用力**撞墙**，使劲**拍长椅**，用后脑勺**撞墙**，发出"砰砰"的声音。反复两次之后，小段走进教室。	敲打凳子 撞墙、拍椅子、撞墙
时间：15:01　地点：四班教室 　　刘老师要求他回本班教室，他快速跑回教室，拉着刘老师，请老师坐在粉色塑料凳上。待老师坐定之后，他自己却跑出教室了。可是，刚出教室门口，发现陶老师正站在那里，他马上缩回来，走回原来的教室，拉刘老师，边拉边"啊、啊、啊"地大声叫，使劲**拍打墙**用手掏耳朵，边做边往刘老师方向看。这个时候刘老师正在辅导其他同学，一直没注意小段的动作。5 秒之后，小段离位走到讲台拿起一块 15 厘米见方的积木，左手拿积木块，右手抓起旁边的 A4 资料纸，边弯下腰往纸上闻了闻。3 秒后，小段又去拉刘老师。可是，刘老师没理会他。于是，小段走进了五班教室，往里探了探头，便关门走到刘老师面前拉老师的手，同时右手使劲**拍桌子**，发出"啊、啊、啊"的声音。刘老师仍未理会他。小段在粉色塑料凳上坐了下来，后脑勺用力**撞墙壁**，用力**拍打五班教室的门**。持续 2 秒后，小段起身打开教室的门向外望了一眼，回到教室，再次打开五班教室的门，往里望了一眼，关上门，使劲拉刘老师的手，把老师从椅子上拽了起来又坐下，"啊、啊、啊"地大声叫，刘老师一直没说话。一会儿，陶老师走了进来，请他去活动室。	拍打墙 拍桌子 撞墙、拍门

续表

客观事实：现场非参与性观察记录	行　为
时间：15:04　地点：活动室	
小段边跑边使劲**拍打墙壁**，冲到了活动室。陶老师提着一台录音机走了过来。小段自己找到一张塑料凳在录音机旁边坐了下来。约2秒后，小段用右手手肘使劲**撞桌子**。过了	拍打墙 撞桌子
一会儿，陶老师搬来一张小桌子，把录音机放到小桌子上放音乐，小段用右手手肘使劲**撞桌子**，持续8下之后，起身往自己的位置坐下，伸手拉陶老师。可是，当陶老师来到他身	撞桌子
旁他又使劲推开老师，并使劲用手肘**撞桌子**，"啊、啊、啊"地大声叫。随后安静地听音乐。	撞桌子
10秒过后，小段回头望了一眼，再次用右手手肘使劲**撞桌子**，然后安静一下，持续了3	撞桌子
秒。如此反复3次：回头望——右手手肘**撞桌子**——安静一会儿。之后，小段把手伸向陶	撞桌子
老师，老师走来说："小段，你要安静哦！"话语刚落，小段再次用手肘**撞桌子**，而后	撞桌子
陶老师走开，小段马上左右手轮替用力**撞桌子**，"啊、啊、啊"地大声叫，而后用手掌使	撞桌子
劲**拍桌子**。陶老师搬小椅子过来坐在他旁边陪他，并替他揉左手手腕，他推开老师，并用	拍桌子
右手手肘使劲**撞桌子**，而后站起身来往漱洗区走。此时，陶老师说："小段，过来坐好。"	撞桌子
他大声叫着回位坐定，边叫边用右手手肘使劲**撞桌子**，并推开陶老师。于是，陶老师搬走	撞桌子
小椅子站在小段旁边不远处。待老师走远，小段停止了撞击桌子，听着音乐安静了下来。	
约5秒后，他边摆弄录音机边用右手手肘**撞桌子**，连续2下。5秒后，他用手使劲**拍**	撞桌子、拍桌子
桌子，连续3下，嘴里似乎在讲什么，但是听不清楚。安静了2秒后，小段边用手使劲**拍**	拍桌子
桌子边往漱洗区张望。听音乐2秒后，小段转身看四周，起身**拍旁边的大桌子**，坐定后拨	拍桌子
弄录音机，到窗户口旁边**撞头**，回位坐定，"啊、啊、啊"地大声叫。2秒后，小段用左	撞头
手手肘**撞桌子**，又安静了下来。8秒后，陶老师过来把翻转的录音机扶正，小段马上用力	撞桌子
拍桌子，而后用右手手肘**撞桌子**，连续8下。2秒后，换左手手肘**撞桌子**。而后，小段听	拍桌子、撞桌子、撞桌子
了约2秒音乐后，转身观察四周。**撞桌子**——观察四周，如此反复3次后，小段起身上厕	撞桌子
所，约26秒后回位坐好，继续边摆弄录音机边听音乐。2秒后，小段再次起身走向厕所。	
此时，陶老师便站在厕所门口。小段分别注视了在门口写字的张老师和陶老师1秒，走进	
厕所。约23秒后，小段走了出来，向陶老师方向走去，老师用手势示意他坐下，他边回	
位，边用左手手掌根部使劲**拍桌子**。连续10下之后，小段开始听音乐。可是，只持续了	拍桌子
1秒，小段便起身走向厕所，在厕所门口处他回头注视了两位老师2秒才走进厕所。11秒	
后，他走了出来，并关上厕所门，望了望厕所门口的老师，走到桩基的位置坐下。2秒后，	
小段起身走向厕所隔壁的厨房，往里张望，用右手轻拍墙壁，**用头轻撞墙壁**，而后往回走，	撞墙
边走边张望，快到自己的位置时，小段起身走向厨房隔壁的漱洗区，拿出牙刷，走到活	
动区入口处望了一眼，便转身在洗衣机边缘轻敲牙刷，侧耳倾听，然后头在同一位置碰	
几下，放好牙刷，手掌在同一位置拍了3下，微笑着跑回位置坐下。安静地坐了2秒后，	
小段起身拉站在旁边滑梯处的陶老师往教室方向走，但陶老师未顺从他的意愿，在他旁	
边的位置蹲了下来。小段用力**拍桌子**，起身走向窗户，**头撞边缘**连续2次，回位坐了下来，	拍桌子、撞头
左手用力**拍桌子**，摆弄录音机，并四处张望。约12秒后，小段起身走进厕所。	拍桌子
19秒后，小段从厕所走出来回位。2秒后，小段起身往教室走去，而后又坐下来，	
左手用力**拍桌子**，5下之后，他开始摆弄录音机（录音机此时音乐已经停止）。35秒后，	拍桌子
小段往四周张望了一下，起身走向漱洗区，拿牙刷在漱洗池边缘轻敲，约8秒后在厨房	
的窗台上敲敲，用左手手掌根部用力**拍打窗台**，发出"啊、啊、啊"的声音，然后用牙	拍打窗台
刷在漱洗池边缘、洗衣机边缘来回敲。15秒后，小段换另一把牙刷重复之前的动作。过	
了一会儿，陶老师在漱洗区入口处说："小段，你该回来了。"他马上跑回位置坐定，	
用力**拍桌子**。摆弄约3秒之后，小段再次来到漱洗区，拿牙刷往洗衣机边缘、漱洗池边缘、	拍桌子
窗台上来回敲，10秒后被陶老师制止。陶老师带他回活动室，他边听音乐边用左手使	
劲**拍桌子**，四处张望，起身往漱洗区走去，边走边回头看，然后再次拿牙刷在之前的地	拍桌子
方敲。此时，陶老师在旁边说："小段，你该回教室了哦！"他边敲牙刷边用力**拍打额头**，	拍打额头

客观事实：现场非参与性观察记录	行　为
陶老师叫了3次之后，他才把牙刷放回原处，回位置坐下。坐下后，小段马上用左右手手肘轮替使劲**撞桌子**，而后摆弄录音机，8秒后起身去漱洗区重复之前的动作，重复2次之后，陶老师走过来把他带回位置。坐下1秒之后，小段起身走向厕所，发现厕所门是关着的，便掉头往漱洗区走，可是，被陶老师挡住了，用力推了几次，没成功，小段便冲向教室，到教室门口时却飞速转身跑向漱洗区，拿起牙刷继续敲。	撞桌子
16秒之后，陶老师走过来，小段用手拉老师一起过去，把牙刷放回，而后使劲推陶老师，希望把老师推走，没成功，小段大声发出"啊、啊、啊"的声音，并用力**拍打自己的额头**，转身想再去洗漱区，仍被陶老师挡住。小段用力推陶老师，没推开，便大叫着用头往教室用力**撞墙壁**，而后跑向厕所，此时厕所门仍打不开。小段大叫着跑向漱洗区，仍被陶老师挡住，他叫得更大声，冲向教室。用右手手肘用力**撞教室门**后，小段又跑向漱洗区，边跑边**撞墙壁**，**撞大桌子**，欲拉走旁边的陶老师，没成功。小段跑到另一个角落，拉起站在那里的张老师来到厕所门口，希望张老师能帮助他打开厕所门。可是，张老师也要他回位置坐好。小段跑开，边跑边**撞墙**，然后再次要求张老师打开厕所门，被拒绝。小段大叫着跑边**撞墙壁**。要求开厕所门4次后，张老师帮忙打开了，小段进入。此时，在活动室里仍能听到他在厕所里边大叫、**撞墙**的声音。1分钟后，小段大叫着跑了出来，冲向漱洗区，洗手后回位。陶老师要求他洗手后要把手擦干，小段再次来到漱洗区，找毛巾擦完手后要折回牙刷放置处，被陶老师制止。小段大叫着再次跑回厕所，5秒后跑出来冲向漱洗区，仍被制止。	拍打额头 撞墙 撞教室门 撞墙、撞大桌子 撞墙 撞墙 撞墙
此时，其他同学下课了。小段大叫着拉另外的老师，被拒绝，他便大叫着跑向厕所，从那里出来后冲向洗漱区。厕所—洗漱区，如此反复6次，他仍未拿到牙刷。于是，小段大叫着冲向教室。	

表 4-1　自伤行为分析表

序号	行　为	行为原因	处理方式	结　果
1	拍椅子	吸引注意	忽视	拉老师
2	撞墙	被要求	忽视	停止撞墙
3	拍椅子	被要求	忽视	停止拍椅子
4	拍头	着急	忽视	离开教室
5	敲打凳子	吸引注意	忽视	停止敲打
6	撞墙	试探	忽视	拍椅子
7	拍椅子	试探	忽视	撞墙
8	撞墙	试探	忽视	拍椅子
9	拍打墙	试探	忽视	离位
10	拍桌子	试探	忽视	坐下
11	撞墙	吸引注意	忽视	离位
12	拍打门	吸引注意	忽视	离位
13	拍打墙	试探	忽视	冲到活动室
14	撞桌子	被要求	老师放音乐转移其注意力	安静听音乐
15	撞桌子	被要求	老师放音乐转移其注意力	安静听音乐
16	撞桌子	试探	老师放音乐转移其注意力	安静听音乐
17	撞桌子	试探	老师放音乐转移其注意力	安静听音乐
18	撞桌子	试探	老师放音乐转移其注意力	安静听音乐

序号	行　为	行为原因	处理方式	结　果
19	撞桌子	被要求	老师放音乐转移其注意力	安静听音乐
20	撞桌子	被要求	老师走开	大声叫，继续撞
21	拍桌子	被要求	忽视	陶老师坐在他身旁陪着
22	撞桌子	被要求	忽视	离位去洗漱区
23	撞桌子	被要求	忽视	推开老师
24	撞桌子	试探	忽视	停5秒后继续拍桌子
25	拍桌子	试探	老师站在旁边未理会	发出含糊不清的声音
26	拍桌子	试探	老师站在旁边未理会	离位
27	拍桌子	试探	老师站在旁边未理会	到窗户处
28	撞头	试探	老师站在旁边未理会	回位
29	撞桌子	试探	老师站在旁边未理会	安静听音乐
30	拍桌子	被干扰	老师站在旁边未理会	撞桌子
31	撞桌子	被干扰	老师站在旁边未理会	听音乐，观察四周
32	撞桌子	被要求	老师站在旁边未理会	听音乐，观察四周
33	撞桌子	试探	老师站在旁边未理会	听音乐，观察四周
34	拍桌子	被要求	老师站在旁边未理会	听音乐
35	撞墙	触觉刺激	老师站在旁边未理会	回位
36	拍桌子	被拒绝	老师站在旁边未理会	摆弄录音机，四处张望
37	撞头	被拒绝	老师站在旁边未理会	回位
38	拍桌子	被拒绝	老师站在旁边未理会	摆弄录音机，四处张望
39	拍桌子	试探	老师站在旁边未理会	摆弄录音机，四处张望
40	拍打窗台	触觉刺激	老师站在旁边未理会	敲牙刷
41	拍桌子	被要求	老师站在旁边未理会	回位摆弄录音机，四处张望
42	拍桌子	被要求	老师站在旁边未理会	听音乐，四处张望
43	拍打额头	被要求	老师制止	回位
44	撞桌子	被要求	忽视	摆弄录音机
45	拍打额头	被要求	老师制止	老师叫了3次后停止
46	撞墙	被制止	忽视	跑向厕所
47	撞教室门	被制止	忽视	跑向洗漱区
48	撞墙	被拒绝	忽视	拉老师打开厕所门
49	撞大桌子	被拒绝	忽视	拉老师
50	撞墙	被拒绝	老师制止	再次要求老师打开厕所门
51	撞墙	被拒绝	老师拒绝其要求	仍要求老师打开厕所门
52	撞墙	被拒绝	忽视	大叫跑出来，冲向洗漱区

表 4-2　标签项次

标　签	出现次数
1.吸引注意	4
2.着急	1
3.试探	17
4.被要求	16
5.被干扰	2
6.触觉刺激	2
7.被制止	2
8.被拒绝	8

8 个标签，共 52 次

表 4-3　标签之类别及整理

项　目	次　数	原　因
一、获得	24	想要某些东西
1.吸引注意	4	想要老师过来帮助或者想要玩玩具
2.着急	1	希望老师能够理解他的意图
3.试探	17	观察老师对他行为的反应
4.触觉刺激	2	感受硬物碰到手的感觉
二、逃避	28	逃避老师的要求
1.被要求	16	被老师要求回位坐下
2.被制止	2	老师不让跑进厕所
3.被拒绝	8	想进厕所，老师拒绝打开厕所门
4.被干扰	2	老师过来扶正录音机打扰了他听音乐

解释：

在标签的类别及整理共分为获得、逃避两大类目：获得共计 24 次，逃避共计 28 次。

在获得方面，当被观察者想要离开位置或教室去做不被允许的事情时，常会以拍桌面、撞墙的方式试探老师的反应；当老师仍未理会或在进行别的活动时，他则会继续之前的活动边做边观察老师对他的反应，甚至变换形式反复进行，以测试老师对他的态度或行动。如果老师仍旧未理会，他则会有进一步的活动，比如离位、去洗漱区敲牙刷；在他想要获得身体刺激和试探老师时，其自伤的强度相对较低。

在逃避方面，被观察者常逃避老师的要求，做自己想做的事情，表现出十分喜欢牙刷敲击硬物的声音；当其活动被制止或干扰时，自伤行为发生速度快，强度大，持续时间相对较长。

辅导：

经过观察分析之后，发现被观察者在逃避类目中次数相对较多（29次），被观察者多是用撞击行为：来拒绝老师对他的要求；表达对老师拒绝其要求的愤怒；观察老师对其行为的反应，以此决定是否进行下一步的活动。建议换一些方式去要求被观察者做事，激发他的兴趣，让他主动融入到活动中来，调动他的积极性。从被观察者在本次观察过程的中的表现看来，他对牙刷敲击物品的声音和触感很感兴趣，建议将此刺激作日常情境的功能化，正常化地满足其感官需求。

在获得方面有25次，建议在日常活动中教给被观察者正确表达需求的方式（如用沟通图卡），采用结构化教学的方式使其明确对每天的活动有预期，参与得更好。从观察中看来，被观察者在学习中常规较差，建议做学习常规训练，加强与家庭的配合，从而减少孩子的问题行为。

四、量的观察记录方法

在量的观察记录方法中，观察者必须按照设计好的或是选择的评量工具来记录观察者的行为。如果预先确定的行为不易判断或记录方式执行有困难，观察者则应先练习熟练（包括对个案行为的判断与评量工具的内容及使用）再使用。

在特殊儿童教育诊断中，常用的量的观察资料搜集方法是评量表，观察者根据评量表内容观察勾选结果，叙写观察总结。如下所述。

双溪学生学习态度观察评量表

学生：小帅　　　　性别：男　　　　出生日期：2006 年 6 月 26 日

观察时间	颜　色	观察者	与学生关系	总　分
1.入学时：	红色	杨老师	师生	23
2.学期后：				
3.毕业时：				

优　点	缺　点	建议策略
有提示或协助的情况下，能完成简单任务。	适应力差，不合群。	教导与人互动技巧。
会主动去学习事物如游戏规则等，可以在学习过程中利用所有的感官功能，使得理解能力增强。	口语表达不清楚，不能让同伴理解他自己，学习速度跟不上同伴。	加强听说读写能力，开拓沟通渠道，以提升其沟通表达能力。
会主动地去认识、探索事物。	模仿力差，有特殊行为，有学习依赖。	控制特殊行为的出现，出现不良行为一定要当场教导，及时提出问题，及时改正。

	活动量	注意力	学习动机	模仿力	自律性	听从指示	独立性	耐性	适应力	合群性	学习速度	特殊行为
3 学习态度积极，可学习任何事物							●	●				
2 学习态度尚可，经协助可学习大部分事物	●	●	●	●	●	●				●		
1 学习态度差，只能学习少数事物									●		●	●
0 缺乏学习态度												

双溪学生学习态度观察评量侧面图

双溪学生学习态度观察评量标准

（一）活动量：

2			

0. 活动量过大或过小以至于影响学习

1. 只在某些情况下能改善活动量

2. 经诱导可改善活动量以配合学习

3. 活动量适中，易接受指导

（二）注意力：

2			

0. 对任何刺激皆无动于衷，或极易分心

1. 只对有兴趣的事物表现出注意力

2. 经诱导可对指定刺激表现出注意力（注意看、听、操作）

3. 能主动注意指定刺激

（三）学习动机：

2			

0. 对任何事情都没有兴趣或好奇心

1. 只对少数事物有兴趣或好奇心

2. 经诱导能对指定事物表现出兴趣或好奇心（模仿、探究）

3. 能表现积极、主动的学习意愿

（四）模仿力：

2			

0. 不肯、不会或不知要模仿

1. 只能模仿少数动作

2. 经诱导能模仿指定动作

3. 肯主动模仿任何指定动作

（五）自律性：

2			

0. 无法控制自己行为，随心所欲

1. 经强大制约才能有少数自我控制

2. 经监督或口头制约能有自我控制

3. 能主动遵守常规

（六）听从指示：

2			

0. 不肯听从指示

1. 只肯听从少数指示

2. 经诱导可听从指示

3. 能主动听从指示

（七）独立性：

3			

0. 过度依赖别人或不愿独自做一件事

1. 只对有兴趣事情能独自做一会儿

2. 经诱导可独自完成指定事物

3. 可独立完成指定事物

（八）耐性：

3			

0. 经常无法完成任何简单事情

1. 只对有兴趣的事物能持续完成

2. 经诱导能持续完成指定事物

3. 能主动完成指定事情

（九）适应力：

1			

0. 过于胆怯或过于活跃无法适应新环境

1. 经长久时间才能适应新环境

2. 经诱导能很快适应新环境

3. 自己很快适应各种环境

（十）合群性：

2			

0. 大多独自玩，很少与同伴互动或多为负面的互动（打人、骂人等）

1. 能注意同伴的活动

2. 经诱导可与少数人有适应互动

3. 在团体中能有适当的互动

（十一）学习速度：

	1			

0. 经长久练习仍学不会简单的新技能

1. 学习速度比同学慢（需长期反复的练习）

2. 学习速度和同学相差不大（练习几次便会／常符合进度）

3. 学习速度比同学快（一学即会／常超出进度）

（十二）特殊行为：

	1			

0. 有严重不良行为足以影响学习，且不易矫正

1. 有轻微不良行为稍会影响学习，且不易矫正

2. 不良行为易于矫正

3. 无任何足以影响学习的不良行为

★有无学习的不良行为：无。

结论：该生在活动量方面，不喜欢做运动，需要父母、老师诱导；在注意力方面，需要提示才能持续长时间的注意；在学习动机方面，想玩耍，只有有人提示要学习，或没有什么其他能分散注意力的事物出现时，才想要学习；在模仿力方面，能模仿较复杂的面部表情，但对于体操等带有技巧性的动作，模仿力差；自律性方面，在提示下能自己独立完成作业；听从指示方面，会听从他喜欢或害怕的人的命令；独立性方面，能自己独立完成较简单的任务；耐性方面，布置的作业能自己完成；适应力方面，不能很好适应环境；合群性方面，有抓人等一些不合群行为；学习速度方面，需要个别辅导，增加学习时间才能和其他多数同学速度相同；特殊行为方面，有轻微不良行为。

第二节　教育诊断中的调查、访谈

一、调查、访谈

（一）调查

教育诊断以观察为基础，经调查获得材料。裴娣娜认为："调查研究是一种描述研究，通过对原始材料观察，有目的、有计划，搜集研究对象的材料从而形成科学认识的一种研究方法[1]。"它着重研究现实情况，搜集自然状态下对研究对象不加干扰的材料，在特殊教育中运用非常广泛，常含观察、访谈、测验、问卷、活动分析等。

（二）访谈

访谈是在特殊儿童教育诊断中经常运用，主要指为一定目标，访者与被访者双方（比如教师、学生或教师、家长）作的面对面的直接对谈。访谈较灵活，有针对性，访谈者主动性发挥好，收集材料较可靠丰富，基本可保证回收访谈资料。

1. 访谈种类

访谈可分为结构性访谈和非结构性访谈，结构性访谈是按一定标准和程序设计的访谈，非结构性指对访谈只有较为粗放的要求。

它还可分为直接访谈与间接访谈。直接访谈在同一时空，面对面谈话。间接访谈，被访者不在同一空间，如电话交谈、网络交谈等。

2. 访谈进行程序

- 确定访谈目的。
- 明确访谈范围，选择访谈种类，制订访谈内容。
- 运用或编拟访谈表或提纲。含问题呈现形式、提答形式、访谈结果处理等。
- 预约访谈，访谈时间、地点、对象、内容预告（如了解学生发展史）、准备相关资料（如学生体检资料、病历、成绩单等）。
- 进行访谈，按约定依访谈表或提纲运用访谈策略实施访谈。
- 整理访谈记录，就访谈获得资料作分析，得出访谈结论。

3. 访谈策略与技巧

访谈的策略与技巧包括以下内容[2]：

---

[1] 裴娣娜. 教育研究方法导论 [M]. 合肥：安徽教育出版社, 1999.
[2] 董奇. 心理与教育研究方法 [M]. 北京：北京师范大学出版社, 2004.

进行访谈人员培训，访谈人员应接受专门培训后再行工作。

访谈前准备工作，充分熟悉访谈问卷内容，尽可能了解被访谈者的情况、职业、年龄、兴趣、性格等。

带齐访谈所需用品（纸、笔、手机等），评量表或所需评量工具等。

接近访谈对象，恰当称呼，态度适宜，不卑不亢；第一次访谈应说明身份，先作自我介绍，简要说明访谈目的；访谈时间一般控制在两个小时以内，半小时以上；访谈者衣着整洁、大方，行为举止得体；自我介绍时自信、有感染力，但不盛气凌人；多用正面肯定语气，少用"我不知能不能占用您几分钟时间"而采用"我想了解一下……"

观察被访者而采取恰当的应对，可分对严谨、彬彬有礼的被访者，对随和大方的被访者，对熟悉者、不熟悉者，对认知水平风格不同的被访者。

当访谈遭拒时，不轻易放弃，应分析原因、多有说明或改换时间、地点、环境。

谈话与提问应严格按访谈问卷上的问题顺序进行，按问卷原话问；交流气氛要轻松和谐，要认真听对方说话；善于用礼貌方式驾驭谈话过程，能将较离题的话收回本题和中止较长的不得要领的话；交谈中鼓励对方，让对方处于积极参与状态；访谈中要注重对方语言交流的实质性表现，还要留意非语言沟通中的动作、表情等信息，有遗漏处请对方作补充。

为获更系统、深入、全面的信息，采访者常用追问技巧。在设计访谈提纲或调查表时就应考虑到，若事先未有设置，访谈进行中，若有追问必要，可追问"还有什么？""为什么？""怎么样了？""假如这样你会怎样？""你对这事态度如何？""由于这样还会怎样？"运用追问时对问题、时机，采用的方式把握均较为关键。

访谈必须有相关记录，在征得对方同意后还可做录音或拍照，必要时还可摄像，但笔录是不可或缺的。笔录应按访谈项目进行，记录尽量详尽，除回答的问题，还应作动作表情、环境等记录。为提高记录速度可以用部分速记符号替代，切忌访谈人员自我概括的简略记录方式，例如："家庭与学校教育配合如何"笔录时仅作一字"好"，"家庭对学校教育有何期望？"笔录时将具体的期望全省略后以"期望过高"替代。在访谈结束后应立即整理访谈记录。

4. 访谈应注意的事项

尊重、平等。访谈者与被访者之间是相互尊重、平等的关系，在特殊儿童教育诊断进行中，从访谈准备、实施到结束始终应坚持这一原则。注意运用文明礼貌的语言。

协调、和谐。在平等、尊重的原则下，访谈的气氛协和、轻松，能保证访谈的品质。

尊重对方隐私。尊重对方的行为习惯与生活方式。访谈中对家庭资料、学生资料信息妥善处理与保存。不得随意展示给无关人员，未得当事人允许不得公开发表和在公开场合呈现。

把握访谈时间。访谈时间不能过短，十几分钟就结束过于草率；也不能太长，半天或一天给被访者造成不便与压力；一般在两小时以内为宜。

严守职业规定。访谈中严守本职业的一切规定，守时、守约，不作超出工作范围与能力的承诺，不索要钱财，不收受红包等。

（三）问卷及调查表

调查中常用访谈，为确保访谈实效，还使用问卷、调查表。在特殊儿童教育诊断、教育实践中也会使用诸多问卷、调查表。一般意义上而言，调查指在某一范围，针对某些问题在某一教育群体和地区进行。问卷调查则较为具体，以书面方式提出问题搜集资料，且多以邮寄或当面作答，追踪访问进行。在特殊儿童教育诊断中多选用作问卷调查，且多以当面作答方式进行。问卷填答人可能是特殊儿童本人、家长、教师、康复人员或其他相关人员。

1. 问卷调查种类

（1）结构式与无结构式

结构式又称封闭式，即按问题作是与否、对与错的回答，或在几种答案中勾选。例如：

- 你的孩子独立站能力出现时间与同龄儿童相比？（早、差不多、迟）
- 你的孩子上过幼儿园吗？（是、否）

无结构又称开放式，问题虽统一但答案可由被访者自由回答。例如：

- 你对培智班班级管理有何建议？

（2）标准化与非标准化

标准化多由专家、学者按调研目的收集资料，确定调查对象，列纲要内容，分出围绕主题的具体项目，选取样本，求出信度、效度，再编制再修订，发出问卷，指导填写，收回问卷，算出回收率，分析问卷，得出结论。

非标准化问卷多由一线教育工作者根据教育心理理论，按教育教学实践中的问题自编使用。

2. 教育诊断中如何运用问卷和调查

（1）选用

教育诊断中选用已编写的问卷调查表，是一种便捷的方法，可以是开放式也可以是结构式，可是标准化，也可是非标准化。选用依据，一是被访对象的心理特点，二是教育教学实践，在选用时可以综合选取。

（2）自编

自编问卷、调查表，用于教育诊断，应成为特殊教育教师的基本能力。这样能面对实际问题，运用性强，深入度高，有助于了解学生的具体情况，而真正做到教育教学适合学生的个别化教育要求。

3. 教师如何自编调查问卷

教师自编调查问卷多为非标准化的，强调针对教育教学过程中的实际问题，包括以下方面 [1]：

发现教育教学中的问题，明确问卷目的、范围、内容。

确定问卷一般结构：题目、前言、指导语、问题答案、结束语。

了解问卷编制基本步骤：确定目的、范围、内容，同时收集准备相关资料，征求意见，组织编写小组，依一定原则决定问卷的内容形式，问题呈现顺序，形成初稿，试用，征求意见，修改，定稿。

问题、内容选择：这是调查问卷的核心，选择的问题应围绕调查问卷目的并全面涵盖主题涉及的内容，思考问题一般分为事实性问题和态度性问题。事实性问题指事件、事情，如"能否手口一致作 1～10 的点数""能凭交通图自己到从未去过的地方吗"；态度性问题指对问题的评判、心理的趋向，如"你喜欢要求严格的老师吗""你是否愿意在住宿机构学习"。

问答表述：调查问卷的问答如何表述，是编制问卷时会涉及的，一般来说分为开放式表述和封闭式表述，所谓开放式表述只提问题、自由回答。封闭式提出问题后作对错、是否判断，或多项选择或排序或作等级回答。

问题排列：调查问卷在时间排列上应按先后顺序排列；在内容上由易到难、由浅及深，还可将性质相同的排在一起；在类别顺序上，先是人口学资料，如姓名、性别、年龄等，再为实际行为，后为态度问题；问题性质应将敏感问题和开放式问题放在后面，问题具体程度上按"漏斗顺序"由大到小，先提大的一般性问题，然后提小的具体特殊问题，例如"你认为社区应如何看待残障者的需求""你认为学校应如何看待残障学生的需求""作为家长你怎样看待你的残障孩子的需求"。

---

[1] 董奇. 心理与教育研究方法 [M]. 北京：北京师范大学出版社，2004.

二、自编调查、访谈表

以下的问卷调查表是一线教师和特殊教育学校自编的，在此介绍以供参考、借鉴或选用。

（一）家庭访谈表[1]

填表人：_____（与案主关系_____），家访时其他在场的家庭成员：_____

家访日期：_____　家访人员：_____

社区环境	清洁卫生情况_____，居民主要构成 _____ 治安状况 社区有□小商店 □超市 □餐馆 □理发店 □医院 □游泳池 □其他_____

住房情况	□楼房，居几层_____，__室__厅，住房面积_____ □平房，具体情况为_____ □孩子有自己的房间	住房空间布局图：
居住状况	□与父母同住 □与（外）祖父母同住 □与亲戚同住 □单亲 □其他_____	
父母婚姻状况	□同住 □分住 □分居 □离婚 □出走 □丧偶 □再婚 □其他_____	
家庭气氛	□和睦 □互动 □冷漠 □对抗	

家庭对学校教育的态度	□合作　□等待　□消极
教养态度	父：□权威　□放任　□民主　□其他_____ 母：□权威　□放任　□民主　□其他_____
主要照顾者	□祖父母　□外祖父母　□父　□母　□其他_____
家人主要休闲活动	□看电视 □听音乐 □喝茶聊天 □看书 □逛街 □棋牌 □户外活动 □其他____
家庭需求	□了解孩子的能力 □教养方法 □心理咨询 □读特殊教育书籍□相关福利 □亲职教育 □家人相处 □经济补助 □相关辅具 □其他____
家庭对学校教育的态度	□合作　□等待　□消极
家庭气氛	□和睦　□互动　□冷漠　□对抗
健康状况	□很少生病 □常生病，经常是哪些疾病_____发病情况_____ □有何措施_____ □药物过敏_____ □从未住院 □曾经住院，因为_____
饮食习惯	□无异常　□挑食，偏爱　□有食物限制
睡眠状况	□午睡，一般____开始，持续____（□单独睡 □和____一起睡） □晚上睡觉，一般____开始，持续____（□单独睡 □和____一起睡） □嗜睡 □失眠，时间长达____，其他说明：_____
如厕情况	□大小便不正常_____ □大便正常，一般每天____次，在____的时间（□马桶 □痰盂 □蹲式便槽 □其他____） 每天小便____次（□马桶 □痰盂 □蹲式便槽 □其他____ □独自解决 □需协助（协助方式）□是否冲洗
身体清洁	□洗手，具体表现为_____ □洗脸，具体表现为_____ □洗头，具体表现为_____ □洗脚，具体表现为_____ □洗澡，具体表现为_____

[1]资料来自重庆师范大学儿童智能发展研究中心。

穿着	□穿衣服，说明 _____ □穿裤子，说明_____ □穿鞋子，说明_____ □穿袜子，说明_____ □戴帽子，说明_____
异常行为	□无任何异常行为 □有，具体为_____何时开始此行为_____，是否进行处理_____， 具体方法是_____，效果_____
休闲	家中的玩具有：_____ 家中的休闲设施有（如电视、象棋等）：_____

家庭一日活动调查（请填写孩子在家的活动）	时间	地点	与谁在一起	活 动	孩子对此活动兴趣如何

家长希望与建议：

以下为家访者填写

（请家访后再填写反映家访中情况。以下内容画"√"表示父亲的情况；画"○"表示母亲的情况）

家长情绪、行为及语言反应	□□主动向孩子发出声音至少两次　　□□孩子在家长视线中（家长经常注意他/她） □□经常鼓励孩子正向的行为　　　　□□表达出对孩子的正向感情 □□主动与访谈者交谈　　　　　　　□□允许孩子玩弄脏、乱的游戏 □□爱抚或亲吻孩子至少一次　　　　□□家访时，家长能告诉孩子物品或人的名字或称呼 □□提供较具难度的玩具给孩子，并能示范参与、鼓励孩子玩
家长对孩子行为接受度	□□没有对孩子大声叫　　　　　　　□□没有对孩子表现出厌烦或敌意 □□没有责打孩子　　　　　　　　　□□在过去的一周中没有一次以上责打孩子 □□没有责骂孩子　　　　　　　　　□□访谈中干扰、限制孩子的行动不超过3次 □□没有批评孩子　　　　　　　　　□□家中至少有十本书陈列 □□家中养有宠物
日常生活环境的安排	□□每周至少有4次户外活动（包括去超市）　□□定期带孩子健康检查或预防注射 □□孩子有特定地方放他/她的玩具及宝贝　□□孩子游戏的环境是安全的

家长情况概述	个人特质	□□内向型　　□□外向型　　□□稳定型　　　□□暴躁型 □□忍耐型　　□□冲动型　　□□坚持度高　　□□坚持度低
	学习方式	□□讲述　　□□示范　　□□思考　　□□操作　　□□反省
	受教育程度	□□小学　　□□中学　　□□大学　　□□大学以上
	教学技巧	□□灵活　　□□呆板　　□□多样
	教学方式	□□1~2种　□□2~4种　□□4~6种　□□不讲究教学方式
	对孩子行为管理能力	□□弱　　□□较弱　　□□一般　　□□较强　　□□强
	对孩子障碍程度的了解	□□不了解　　□□了解很少　　□□了解大部分　　□□很了解
	对孩子的期望	□□低　　□□一般　　□□高　　□□合理　　□□一般　　□□不合理

其他补充（由家访人员填写）：

（二）学生学习特点调查表[1]

学生姓名：_____ 性别：_____

（在你认为较符合该生情况的选项上画钩，必要时填写简单说明）

1.学生常用的信息接收通道是：

①视觉　②听觉　③视／动　④听／动　⑤综合

简单说明_____

2.学生目前所处的认知阶段是：①具体物（动作、实物）　②半具体物（图示）

③抽象（符号文字）

简单说明_____

3.学生常用的表达方式是：

①发出声音　②做手势、动作　③通过表情　④运用口语　⑤指图片　⑥指文字

⑦书写

简单说明_____

4.学生适宜的活动形式是：

①小组　②团体　③个别　④动态　⑤静态

简单说明_____

5.学生学习的独立性

①强　②一般　③差

简单说明_____

（三）学生兴趣调查表（增强物调查）[2]

学生姓名：_____　性别：_____　年龄：_____

　本调查由家长或教师、家长共同完成，目的是使教育过程中找到增强物，教学奖惩恰当，获得教育、教学的成功。

孩子最喜欢吃什么：　　　　　　　孩子最喜欢喝什么：

主餐食物_____　　　　饮　料_____

水　果_____　　　　　奶　类_____

零　食_____　　　　　果　汁_____

其　他_____　　　　　其　他_____

最不喜欢吃什么_____　　　最不喜欢喝什么_____

---

[1] 资料来自重庆师范大学儿童智能发展研究中心。

[2] 资料来自十方教育中心。

孩子最喜欢做的是：　　　　　　　　孩子最喜欢的游戏、文体活动是：

玩　　耍＿＿＿＿＿＿＿＿＿　　　　玩　水＿＿＿＿＿＿＿＿＿

做家务＿＿＿＿＿＿＿＿＿　　　　　滑　梯＿＿＿＿＿＿＿＿＿

绘　　画＿＿＿＿＿＿＿＿＿　　　　跳　绳＿＿＿＿＿＿＿＿＿

音　　乐＿＿＿＿＿＿＿＿＿　　　　　球　类＿＿＿＿＿＿＿＿＿

作　　业＿＿＿＿＿＿＿＿＿　　　　其　他＿＿＿＿＿＿＿＿＿

其　　他＿＿＿＿＿＿＿＿＿　　　　最不喜欢做的活动＿＿＿＿＿＿＿＿

最不喜欢做什么＿＿＿＿＿＿＿＿＿

孩子最喜欢的物品、玩具是：　　　　孩子最喜欢获得哪些鼓励：

积　　木＿＿＿＿＿＿＿＿＿　　　　　口头赞扬＿＿＿＿＿＿＿＿

洋娃娃＿＿＿＿＿＿＿＿＿　　　　　糖　果＿＿＿＿＿＿＿＿＿

汽　　车＿＿＿＿＿＿＿＿＿　　　　书　＿＿＿＿＿＿＿＿＿＿

枪　　＿＿＿＿＿＿＿＿＿　　　　　拥　抱＿＿＿＿＿＿＿＿＿

其　　他＿＿＿＿＿＿＿＿＿　　　　其　他＿＿＿＿＿＿＿＿＿

最不喜欢的东西＿＿＿＿＿＿＿＿　　孩子最怕何种惩罚＿＿＿＿＿＿＿

其他情况说明＿＿＿＿＿＿＿＿＿＿＿＿＿＿＿＿＿＿＿＿＿＿＿＿＿＿＿

三、选用调查访谈表

目前特殊教育除自编调查访谈表以外，还有为数不少的调查访谈表可供选用，学校、机构、班级可依需求进行选择。

（一）选择调查访谈表的依据

1.学校、班级所需

在教育教学过程中教育者感到需要解决的问题，比如新课程改革中特殊教育教师基本专业能力构成、教学有效性等调查。

2.学生成长所需

学生成长过程中的需求，比如小学升中学的转衔过程调查、学生职业基本能力调查等。

3.反映特殊教育新观念、新趋势的问题

这类问题可开展如支持度调查、生活质量评估、融合教育教师态度的调查。

（二）调查、访谈表的来源

调查、访谈表来源广泛，可通过网络、报纸、杂志、图书、专著、学术交流、参观访问等方式获得。

（三）选用调查、访谈表的作用

1. 教师的主动行为

选用调查、访谈表出于教师对教学问题的思考，是自觉、自愿行为，是教师主动性的表达。

2. 方便、易行

选用调查、访谈表便捷、易行，一般不需长期、系统培训与考核，省时间也不耗费太大精力，能使一些繁杂混乱问题有条理、有层次，教师易使用、易接受。

3. 具操作性

调查、访谈表具有操作性，要动手、动脑，能有效地解决教学中的问题，促进教学行动的方向，看到教学结果。

4. 导向教学问题思考和有效性教学结果

选用适当的调查、访谈表，便是获得针对某问题的分析步骤、思路或解决问题的方法与策略。相关调查、访谈表是专家、同行智慧的结晶，选择运用其实是在别人经验、智慧的引领下，自己学习、领悟、获得教学结果的过程。

（四）选用调查、访谈表的步骤

1. 选用调查、访谈表

确定调查访谈的目的，根据该目的收集相关调查、访谈表，进行适用性与实用性的比较，作恰恰的选择。

2. 修订调查、访谈表

分析该表及调查、访谈对象，试用该表，调整该表相关题目（内容或结构），使得该表更适用，并易于使用。

3. 使用调查、访谈表

使用选择的调查、访谈表进行调查、访谈，分析结果，为特殊儿童个别化教育提供依据。

选用调查、访谈表举例

1. 选用《学生兴趣调查表》的理由

本校希望能对学生的兴趣、增强物有所了解，以利于顺应学生的天性。该表适合于学前和学龄前期学生，简便易操作。

2. 对此表修订

选用过程中在每项最喜欢的项目后面，增加了其他项目、最不喜欢的项目，希望从另一角度更全面地了解学生的好恶；同时增加"其他情况说明"，更多了解学生情况。

3. 对此表使用

该表是一份用于对所有学生调查的必用表，教师、家长增加了对学生兴趣、好恶的了解，有利于教育教学中策略、方法的设计及选择。

第三节　教育诊断中的常用测验与评量

一、常用的测试与评量

（一）测试与评量的含义

测验与评量在特殊儿童教育诊断中常常连用，他们有诸多共同之处且运用广泛，占教育诊断中的重要位置，故本书将其简称为"测评"，可在实作的具体情境中理解二者的区别与融合。

随着现代教育科学、现代心理学的研究发展，测评在特殊儿童教育诊断中被广泛采用，如标准化智力测验、社会适应能力检测。生态教育观、认知取向的多元评量观，发展出生态评量、动态评量、课程评量、档案评量、实作评量、真实评量等，使特殊儿童教育发生着改变：以"能力剖面图"取代"缺陷模式"作学习诊断，"创造"优胜者更胜于"挑选"优胜者，学习、教学与评量三者"环环相扣"，并可"同步进行"。测评不仅看结果，还有对过程、发展的关注。

特殊儿童常用的测验与评量工具总结如表 4-2 所示：

表 4-2　教育诊断工具一览表

内　容	功　能	可参考的工具
认知	了解学生对所获信息如何理解、记忆、应用	韦氏智力量表修订版Ⅳ版 瑞文推理测验 画人测验 比内智力测验
动作	了解学习能以何种动作进行练习、反应 设计可应用的辅具	VMI 视动统整表 向阳儿童发展中心体能测验 儿童感觉发展检核表
语言	了解学生的目前的言语、语言及沟通能力 设计可应用的辅具	Frenchay 构音评量表 儿童语言发展评估表 听觉理解测验表 沟通能力评估表 言语语言评量表 语言发展迟缓儿童语意发展检核表 中文阅读理解测验
社会情绪	了解学习适合的学习环境（物理、心理） 了解学生学习时的行为表现 发现适合的增强方式	婴幼儿气质量表 双溪学生学习态度评量表 葛氏自闭症量表 注意力不足过动症问题行为检核表 社会适应量表 中重度智力障碍学生学习特质评量表
学业成就	了解个案各领域的基本能力 制订教育重点、拟订个别化教育计划的依据	双溪心智障碍儿童个别化教育课程 重庆师范大学适应性功能教育课程 职业教育课程 生活适应能力检核手册 早期疗育课程 流程训练手册 婴幼儿评量、评鉴及课程计划系统（AEPS）

资料来源：改编自《优质 IEP》

（二）测验与评量的运用

1. 选用适当的测评

选用时本着适用有效的原则。由于地区文化差异，在选用时须有区域性、背景方面的考虑，有的地区在找到合适的测评方面有困难，可提倡教师与科研人员自编评量表。

在确定教育诊断大项目后，应当依各大项目的需求选用或编制测评表。选用时，先看此种测评的功能是什么，再看学生是否需要此种测评；还应确定哪些测评是所有学生必须做的，哪些测评是个别学生（特殊需求）要做的。测评应避免两个极端：一是什么测评也不做，全凭感觉施教；二是滥用测评，花费大量的时间和精力。

适用、有效的测评原则在评量实践中逐步成熟。测评的有效性除测评本身的质量外，还依赖于对测评结果的综合、分析、解释与运用。

2. 测评原则

（1）选用学生的熟悉的语言评量

为了让学生能理解评量者所给指令或所说内容，在评量时应使用学生熟悉的语言进行评估。

（2）真实的评量

真实的评量是指了解学生最真实的能力。它要求评量者设计一些轻松的活动或在自然情境中观察学生一言一行，避免学生在评量时紧张，以至于一些能力未能完全展现出来，使得后面的教育重点乃至个别化教育计划的适合度降低。

（3）对活动统整的观察

学生是一个完整的个体，其各领域之间的学习是关联的，如一个吃苹果的活动就可涵盖学生语言、认知、感官知觉、动作、社会技能等领域的行为。所以在评量时，应做一些设计，使能力的评量更真切、自然，评量者在观察时也应从多领域出发观察学生在同一活动中各领域的能力表现。

二、测验与评量的方式

（一）认知取向的动态评量

认知取向的教育诊断重视评量与教学结合，尽量让评量与教学同步进行。

1. 动态评量的问题的提出

（1）建构主义教育学者的"支架式教学"

"支架式教学"是在俄国心理学家维果茨基的"最近发展区"理论上发展起来的，该理论认为儿童发展有两个水平。

一为"实际水平"，二为在别人如教师同伴帮助协作下表现出的"潜在水平"，这两个水平之间即为"最近发展区"。这是一个动态的互促的过程，因而教师同伴等的介入是一个探索合适该儿童解决某问题的"支架"形成的过程。因而引发潜在水平的关键，便是提示支持系统的建构。

（2）标准化智力测验引发的思考

标准化智力测验是重结果的测验，欲从标准化智力测验中获取教育诊断信息时常有信息含量不足之感，不知道怎么对被试进行干预。标准化智力测验的结果对自闭症谱系障碍儿童、脑性麻痹儿童、盲童、聋童、语言障碍儿童明显是不够的。如何利用标准化智力测验测题的优点使其增加教育信息含量，充分发挥本类测验的教育诊断功能？人们开发出了便于测评等级、结果的较为动态的非标准化测验，方便教师（施测人员）引导学生反馈，把握教学活动，重视对教与学的过程的评量。

2. 动态评量的定义

所谓动态评量指通过介绍评量内容与方式的特性，并给予必要的指导或协助，使受试者的操作水准提高，而在评量过程中，所提供的协助程度与方式，是经评量者与受试间频繁的双向互动的结果来决定的。它是一个跨越多个时间点，以侦测受试者在表现上的演变的一种结合教学与诊断的评量。动态评量所欲达到的评量目的，不仅要评估受试"目前"表现水准，还企图了解受试者是"如何"达到目前水准以及受试"可能"达到的水准。

3. 动态评量的功能

（1）诊断性

动态评量的功能主要是诊断：学生目前水准、学生解题过程（即认知方法、历程、结构、层次）；教育介入系统里教师怎样教（即怎样建构知识、传递给学生的方式与支持策略）；学生怎样在教师引导下回馈步骤、特点、错误，以及练习、修正、获得、运用知识；知识的内化建构（这是对学生学习的诊断，还有对教学结果的诊断）等。该评量具动态性，且深入细节，诊断的准确度高。

（2）处方性

动态评量的过程就是教育诊断过程，其结果与初评比较，经分析判断而有针对性地对该生解决问题的中介提示系统进行建构，对学生学习阶段、策略、支持协助方式、程度等提出处理方式的建议，这将推进该生对该问题的学习与运用。

（3）教学性

动态评量的特点表现在强调教育介入，是针对教学目标联系教学活动的评量，表述为"有谁参与，在怎样的情境下，如何达到某一目标，达到怎样水平（状况）"，实质上将教学与评量联系在一起了。这是教学活动设计与实施的过程，反映了就某教学目标，教师教、学生学，教和学双方协商与合作的过程，涉及知识逻辑与心理逻辑在教学环境中的传授、互动、融合、演进。

4. 动态评量的特点

（1）尊重学生，不带歧视的个别化、人性化评量

主被试关系是平等、协商、合作、共进的。测评环境应选择被试不排斥的熟悉环境。测评时机均考虑了被试身心处于良好状态。测评时间可视具体情况弹性调节。多元化测题呈现方式、回应方式、测评辅具教具制作等，都尽量降低因身

心障碍、环境不利的影响。参评人员除主试外，儿童的父母、教师可适当进入。测评过程，有独立完成，也有支持引导。这些都说明这是以被试为本、而不是以测题为本的个别化、人性化评量。

（2）促进成功，激励达到最高水平的评量

动态评量不应只评出学生"不会、不能"，还要了解"已会、已能"。而一些学生因在诸多考试、作业、评量中失败，不断被否定而产生的挫败感，将在动态评量的学习、探索、支持、帮助中寻求最高水平，在开启潜能获得成功的经历中找回自信。

（3）认知导向的评量

动态评量如前所述是集教学、学习、评量为一体的、三者同步发展的认知导向的评量，因而引出相应的教学观、学习观、评量观。它重视对认知结构、认知历程的把握，以介入建构；关注学习者与学习环境，尤其是教育介入后的频繁互动；选择多时间点，还有类化迁移。

（4）支持协助性评量

动态评量是教育介入的支持性评量，支持指评量者详细分析测评题目、内容、类型、构成，了解被试（学生）认知特点及相关因素，如注意、情绪、动机、兴趣等。详细、精确、充分地准备教学，且在教学中与学生一起探索、尝试，不断调整。以教师为主导、以学生为主体的活动中，评量者就是支持者。被评量者也是自己的支持者，是提供信息、激励动机、指导学习、协商知识、建构知识的实质性支持协助。相对传统评量（标准化评量、参照评量），动态评量不参照标准和常模，重结果，更重过程。

5. 动态评量的程序

近年来，陆续出现的动态评量模式有学习潜能评量模式、学生潜能评量计划模式、极限评量模式、心理计量取向评量模式、连续评量模式、渐进提示评量模式。

本书提及的是渐进提示评量模式。在此模式中，动态评量的程序为：前测→教育介入→迁移→后测。在这些程序中，前后测实施静态评量，以便了解学生的最初能力及实施动态评量后所能表现的最大水平；至于教育介入、迁移阶段则实施动态评量，给予学生一系列协助。迁移阶段依据题型的难易程度分为保持、近迁移、中迁移及远迁移等层次，以此了解学生的学习能力和迁移效果，同时观察学生认知功能的运作（如运算速度、思考方式、学习态度等）[1]。

---

[1] 邱上真. 特殊教育导论——带好班上每位学生 [M]. 台北: 心理出版社，2002.

整个动态评量程序如下所述。

①前测：不提供协助，为获得被试的起点，即基线，把握被试"目前水准"。

②教育介入：提供事前设计好的提示系统，并用平等式作业进行练习，了解被试如何达到"目前状况"及其原因。同时了解被试需要"什么"及"多少"协助，可达到较高表现水平。

③迁移：提供与前面平行作业稍做变化（近迁移）以及较大幅度变化（远迁移）的题目，测试被试真正理解的程序以及运用旧知识的能力。

④后测：用来评估被试最大可能的表现。

6. 提示系统设计原则

递进化：测试题按从难到易、由复杂至简单排列，有梯度与顺序。

结构化与心理化结合：注意提示密度、语意、形式等，考虑知识本身结构、被试心理特点、对本知识的学习水平。

提示 1：题意说明：可说明"小朋友，了解题的意思吗？本题的意思是比较这三个圆的大小哦。"

提示 2："这三个圆做比较，看哪个最大？哪个最小？"

> 抽象提示

提示 3：用"提示 1"口语，且用手指着三个圆。

提示 4：给三个同质、同色，大小与题图相同的三个圆形卡，呈现顺序按照题图排列，让学生自己操作、练习。

> 半具体提示

提示 5：教师口语提示：引出顺序关系，小朋友拿一张白纸，请放上大圆、中圆、小圆，学生操作。

提示 6：教师口语提示：引出包容关系，先拿大圆，将中圆放在大圆上，小圆放在中圆上，学生操作。

提示 7：按提示 4、5，教师操作，配口语，学生模仿。

> 具体提示

提示 8：若学生通过，则出平行题：改变三个圆的顺序让学生比较三个圆的大小。若学生未通过，则直接教学（可再备教具，如三个不同直径的圆形盒，或先两两比较）。

7. 提示系统的建构

（1）提示系统建构的特点

提示系统是教师与学生的教学活动，在实施时有现场性、探索性与建构性三大特点。应注意现场的教学有环境的影响、双方的配合度、教具辅具的准备与运用等问题。教师提示除按预设系统进行外，必须时时观察学生表现，临场顺势引导，根据学生现状而有灵活的应对。同时，给学生恰当的鼓励与赞扬，以形成参与、合作的基调。教学双边的提示反馈，是一步一步共同探究的历程，可能有配合默契、较为流畅的环节，也可能有难以跨过的障碍。当儿童进步较小时，不能简单理解为潜能较低，而应首先检查提示是否恰当，可尝试新途径、新方法。正是每一步的提示、反馈、探究，促成了适合儿童个体的、有活力的提示支持系统建构。

（2）侦测点的提示处理

找到被试侦测点。如某生"需教师操作，配口语，按大中小顺序模仿教师摆出三个圆形图卡"（如前例），处在提示6阶段。教师应向前提示5和向后提示7，再作评量后，运用提示7的部分策略，在完成提示6时可生发更多的支持策略。

（3）提示系统的要求

提示支持系统以具体问题为中心，调整难度、增减协助，在协助时当以问题与学生为考量，而确定协助的目标、强度、频率、顺序、时间、环境、方式。支持不可不足，也不可过多。协助、支持"度"的把握是值得重视的问题。为使协助、支持有效，现场的观察、记录和活动后的综合整理均有必要。

8. 提示系统中的题目来源

提示系统是动态评量的关键环节，所以提示系统中的题目也很重要，我们应从源头把控这些题目。

（1）把握测题特征

欲建立提示、支持系统，主试首先要明确所测题目，同时需对该题目的目的，所含知识的类型、内容、结构、逻辑顺序等（认识成分与操作成分）进行认真透彻的分析。

比如：请指出下面三个圆中哪个最大？哪个最小？

此题目欲了解被试数前概念，对圆的大小的分辨。所含认知与操作成分有：听的基本能力，对语意的理解，视觉分辨，对圆形的辨识，大小圆形概念等。还需注意力、记忆力、听指令等。

（2）把握被试学习特质

在前测中，被试未通过某题，比如三个圆的大小比较题。主试应对被试作了解，可以向其家长和教师了解情况，如果该生目前只能听从日常生活中的简单指令，如吃、坐，指出苹果，认识少量日常具体物等。那么此测题对该生不适合，在不了解该生的情况下，可以用某题做试探性测评，但应设定基本范围。尤其是对中重度特殊儿童，部分自闭症儿童施测前最好先有其他评量作依据。应尽可能了解学生的特质。

（3）看该年龄段优生及生手、熟手解题

欲使提示系统有效，可以看该年龄段的优生和熟手的解题过程、步骤、方法、思路，且与生手解该题比较。解题中的速度、敏捷性不是重要指标，主要锁定思路与方法。为了解这一过程，可让被试用"放声思考的方式"，主试笔录或录音，若被试语言有障碍，则需主试仔细观察，作好记录。

（4）学习与运用心理评量、教育评量、认知评量的相关知识与案例

通过心理评量、教育评量、认知评量的相关知识，结合相关案例，了解被评量者的心理特征、发展水平、学习过程与效果，并综合以上因素分析被评量者解题历程，对测题进行针对性的分析，作提示系统题目的设计。

（5）综合多方信息，预设提示支持系统

在综合多方信息的基础上，主试可着手设计提示支持系统。

9. 提示支持系统设计举例 [1]

题目一：会形状配对（三组以上才算通过）

1. 做错回馈："小朋友，你没有做对哦。"

2. 提示：

  2.1 "小朋友，你再想想看。"

  2.2 题意说明："小朋友，这道题是让你做形状配对，把相同的形状放到一起哦。"

  2.3 教师视觉提示，在三个篮子外面贴三张纸，纸上画三种平面图形。

  2.4 教师视觉提示，在篮子外面贴立体图形照片。

  2.5 教师在三个篮子里分别放不同的立体图形，学生依次从大篮子中找出相同的并放进相应的篮子。

3. 若学生通过，则出示平行题：

和其他形状配对。（只需换几种图形，或只需要对颜色或大小做些改变）

若学生未通过，则直接进行原题目教学。

题目二：认读"耳"

1. 做错回馈："小朋友，你没有做对哦。"

---

[1] 例子中三个题目的设计者为任小群。

2. 提示：

    2.1 "小朋友，你再想想看。"

    2.2 题意说明："小朋友，你了解题意吗？本题是要你认读这个字哟。"

    2.3 教师呈现耳朵的线条画图片提示学生。

    2.4 教师呈现耳朵照片提示学生。

    2.5 教师指着自己的耳朵提示学生。

3. 若学生通过，则出示平行题：

认读"月"。

若学生未通过，则直接进行原题目教学。

题目三：计算：9 + 5 = ？

1. 做错回馈："小朋友，你没有做对哦！"

2. 提示：

    2.1 "小朋友，你再想想看。"

    2.2 题意说明："小朋友，本题要你计算9加5等于多少哦。"

    2.3 教师视觉提示：呈现两张图片在学生面前，让学生看图计算。

    2.4 教师视觉提示：呈现两张图片在学生面前，请学生看图计算。

    2.5 教师实物示范，从5个中拿一个到9个中，凑成10个和4个，学生模仿操作并说出总数。

    2.6 教师实物示范，在学生面前摆放两堆五角星/糖，一堆9个，另一堆5个，数两堆数量之和，学生模仿。

3. 若学生通过，则出示平行题：

请计算：9 + 6 = ？

若学生未通过，则直接进行原题目教学。

10. 动态评量结果解释

动态评量结果解释是在前测、教育介入、迁移后测完成以后，针对前测过程与结果，针对提示、支持中教与学的双边活动，针对后测过程与结果而作的学生的现在水准、学习起点、学习特点、学习策略，并对进步状况而进行的分析、判断及教学建议。一般可以作以下分析建议：

（1）标准化前测解释与分析建议

①测查现场观察、记录

②标准化量表测验记录

• 原始记录

• 归纳整理记录

• 各测题施测情况说明

• 前测分析

（2）动态性评量解释与分析建议

①分测验动态评量、分析

• 被试基本水准

• 测评主题

• 被试存在主要问题

• 主试的提示及主要支持（含如何提示、提示顺序、口头提示、操作提示、平行练习等）

• 被试经提示达到的水平

• 分测验动态评量分析结论及建议

②全测题动态评量整体分析

• 被试目前水平

• 被试存在主要问题

• 经何支持协助

• 被试达到何水平

• 被试适合教育、支持方式、策略

• 针对被试有何教育、支持建议

11. 动态评量运用

标准化测验的动态评量用于对标准化测验作动态性评量，以增进标准化测验的教育诊断信息，拓展其运用功能。

动态评量大量运用在实际的教育教学过程（如作业、练习）中，了解学生的困难所在，了解学生学习策略方法、风格、认知类型、认知结构、层次等，以及进行教学的策略、方法等的探究。

12. 标准化智力测验动态评量个案举例

下面以幼儿园大班的小朱同学为个案，分析他的一系列测验。

1. 标准化智力测验

（1）标准化前测

比奈测试记录

题号	题目	测试结果
1	比圆形	通过
2	对日常用品用处的识别	通过
3	比长短线条	通过
4	拼图	通过
5	识图	通过
6	点数	通过
7	手指数数	通过
8	上午和下午	通过
9	迷津	通过
10	解说图画	通过
11	找寻失物	通过
12	倒数 20 至 1	未通过
13	心算（1）	未通过（5 以内的加减会，以上的就不会）
14	反义词	未通过（不会回答"甜"的反义词）
15	情境分析	通过
16	找缺点	通过
17	心算（2）	未通过（10 以上的不会）
18	找相同的数目	未通过（不感兴趣）
19	找相同图形	未通过（不感兴趣）
20	找不同的图形	未通过（第一题未过）

（2）标准化测查现场观察记录表

行为观察	合作程度	配合 √ 一般 不配合
	注意力	集中 √ 一般 分散
	疲倦程度	疲倦 一般 不疲倦 √
	紧张程度	紧张 一般 自然 √
特征记录、其他情况记录	表征	
	语言	语言表达好，有一定的想象力
	动作	

（3）标准化测验结果

能正确、快速地分辨大小、长短和常见的日常生活用品的基本用途，语言丰富，做计算时喜欢无声思考，能快速地识别迷津的路径，能准确地确定物体的位置，对反义词的概念比较清晰，对事物之间的简单联系能够基本理解。

对事物之间的精细差别不能快速准确地区分，吐字不够清晰，抗干扰能力需进一步加强，分辨复杂图形能力欠缺，不理解形容词间的程度差别。

2. 动态性评量

（1）标准化智力测验（比奈）动态性评量记录及分测验分析表

动态评量题号及页码	题 目	提示及教学过程
12题（第29页）	倒数20至1	本题提示系统框架 1. 对错回馈 2. 口语提示、陈述要求 3. 平行题练习 4. 原题目教学 实施提示系统 对错回馈 提示：出示数字卡片，告诉被试从20开始指着相应的数字请被试倒数 提示方式、策略：视觉提示 学生潜能与建议：学生的接受能力很强
13题（第30页）	心算	本题提示系统框架 1. 对错回馈 2. 口语提示、陈述要求 3. 平行题练习 4. 原题目教学 实施提示系统 提示1：列式计算 提示2：使用指算通过 提示方式、策略：平行练习 学生潜能与建议：教学中要给予学生足够时间练习
14题（第31页）	反义词	本题提示系统框架 1. 对错回馈 2. 口语提示、陈述要求 3. 平行题练习 4. 原题目教学 实施提示系统 提示1：延迟回答时间 提示2：问最不喜欢吃什么回答后反映出甜的反义词是什么 提示方式、策略：语言提示、生活提示 学生潜能与建议：适当引导
17题（第38页）	心算	本题提示系统框架 1. 对错回馈 2. 口语提示、陈述要求 3. 平行题练习 4. 原题目教学 实施提示系统 提示1：列式计算 提示2：拨算珠不会，使用指算 提示方式、策略：指算练习 学生潜能与建议：10以上的加减都不会，需要更多练习
18题（第39页）	找寻数目	本题提示系统框架 1. 对错回馈 2. 口语提示、陈述要求 3. 平行题练习 4. 原题目教学 实施提示系统 提示1：移位 提示2：将要找的数字涂色 提示方式、策略：视觉提示 学生潜能与建议：部分题数字排列顺序不会

动态评量题号及页码	题目	提示及教学过程
19题（第42页）	找寻样图	本题提示系统框架 1. 对错回馈 2. 口语提示、陈述要求 3. 平行题练习 4. 原题目教学 实施提示系统 　提示1：同时呈现样图 　提示2：减少图形个数 　提示3：涂色 　提示方式、策略：视觉提示 学生潜能与建议：对试题不感兴趣，可多练习
20题（第45页）	对比	本题提示系统框架 1. 对错回馈 2. 口语提示、陈述要求 3. 平行题练习 4. 原题目教学 实施提示系统 　提示1：语言提示题一 　提示2：引导逐一对比 　提示方式、策略：语言提示练习 学生潜能与建议：培养仔细观察的能力
21题（第47页）	造语句	本题提示系统框架 1. 对错回馈 2. 口语提示、陈述要求 3. 平行题练习 4. 原题目教学 实施提示系统 　提示1：语言提示，看几个词之间的关系 　提示2：展示图片，发挥想象 　提示方式、策略：语言提示，展示图片 学生潜能与建议：学生有很好的想象力，随着词汇量的增加，造句应该没问题

（2）动态评量的全测题整体评量与分析建议

①被试基本水准见前测记录及结果分析。

②测评主题见标准化测验及动态评量各题。

③学生存在主要问题：10以前的数字运用很熟练，10以上的数的运用未掌握，对组词造句题型陌生，注意力有间歇性不集中。

④老师可采用的提示及主要支持策略：口语、动作配合的提示，半具体教材教具呈现，在学生现有生活经验上指导。

⑤经提示达到水平：详见各分测验。学生具基本学习能力，如模仿、记忆、注意、听从指令等。语言发展能力较好，具有一定的想象力，10以后的数字运用不熟练。对比性概念已掌握。

⑥对学生教育建议（支持建议）：可在教学中适当增加数学的教学难度，培养观察的持久性，增加词汇的灵活运用，提供更多的语言支持和提示。

（二）档案评量

1. 定义

依一定目的，长期持续搜集学生某类资料，按一定的体系且用最佳的方式建立档案，称为档案评量或称为档案袋评量。档案评量的目的是呈现现状，看到进步，表达能力。

2. 档案评量的特点

有目的性和系统性：针对学生某一领域的知识、技能、态度搜集成长的证据，而不是在一个档案中包罗万象。档案评量不只是资料夹而已，不是随机收集的东西，而是按某一体系组织的资料。

有主动性与可沟通性：档案评量必须有学生自己参与对自己作品选择、判断、欣赏，且能自我反省，有思考、评价自我作品的机会，而不是学生制作由老师来收集东西。在档案评量中，学生为主体，教师为指导。除教师可参与外，家长、同伴、同学、亲友等也可参与，重视师生合作评量。

鼓励最佳表现：档案评量力图呈现学生最好作品，看到最好表现，给学生以鼓励。

重过程，有结果：档案评量看重过程，师生一起定目的，选择作品，一起制作、评判，在这一过程中学习合作沟通，方式极为具体丰富，且经历这一过程最终有一明确的结果评价。

长期坚持具经常性：档案评量需长期针对某一目的进行作品搜集，是经常性的评量，而非一时性、一次性。

有真实性与创造性：档案评量在真实情境中进行，活动产品是学生自己活动的结果，是每天的累积，按自然时间记录，因而真实、可靠。作品在积累当中不断评价，看到优缺点，进行修正再创作。

有思考性和鉴赏性：档案评量以赏心悦目的形式表达，是自己的劳动成果，每位学生均会以自己的审美观、理解力，优化自己的作品，档案评量过程与结果是追求美、表达美、享受美的经历，同时有自我对问题的探究，较深入的思考。

可回顾与前瞻：档案评量可以让学生、教师和读者回顾既往；看到曾经的作品，可作历史留存；与现在作品对照，能看到学生的成长；同时对学生未来发展有一定参考作用。

3. 档案评量的内容和步骤

档案评量涉及面较宽，几乎无限制，如作业、考试、测验、各种作品、照片、录像资料、录音资料、奖状等都可作为评量的档案。

档案评量按以下步骤进行：①确定档案评量目的。②教师、学生、家长共商，制订档案规准，确定评量的学习领域。③档案规准转化为档案项目，如搜集资料方式、资料组织、结构方式、档案呈现方式、资料自主权、所有权、档案资料来源与分量、解释档案的方式等。④执行档案评量。⑤评鉴档案。以上各条中，建立档案规准及转化是最困难的部分。

（三）课程评量

1.定义

课程评量是利用完整的课程目标、内容，依课程所拟订的评量标准，对学生进行相关评量。目的在于找到学生教育起点，把握学生各项能力分布状况及相互关系。

2.课程评量特点[1]

生态化的课程评量：课程评量置于该生的生活活动当中，施评者是教师、家长、儿童本人。

连续动态性评量：课程评量非一次性课程评量，始终伴随着教育教学进程而实施，有对每堂课、每日、每周、每月、半学期的阶段性评量以及一学期的总结性评量。对同一目标还有不同环境中的评量，例如在家里、在学校都针对"会自己穿衣服"作评量。

既重过程又重结果：课程评量可以给出量的结果，如：0、1、2、3等级分值，还有对评量过程的观察记录。

全面的教育介入：课程评量首评和再评之间是全面的教育介入，首评是为了拟订并实施个别化教育计划，再评则是检查个别化教育计划教与学的执行情况，为后续个别化教育计划提供依据。

3.课程评量流程

课程评量按以下步骤进行：①选择或编制适当课程，教师、家长依据学生实际情况选择综合性课程，如发展性、适应性课程或者单项课程（动作发展课程、语言发展课程）；②首评，用一个月或1～2周时间由教师、家长利用课程作评量；③整理记录评量；④利用课程测评结果和其他教育诊断信息拟订个别化教育计划并实施；⑤再评分析。

4.我国特殊教育如何发展课程评量

首先，建立课程评量体系，建立完整课程，含课程目标、内容、方法、评量。其次，课程评量与其他诊断信息相结合作综合分析，作更为准确全面的教育诊断。最后，与拟订实施个别化教育计划紧密相关。

---

[1] 张文京. 发展课程评量，完善特殊儿童教育诊断 [J]. 中国特殊教育，1999（2）.

（四）实作评量

1. 定义

实作评量指对实际操作的评量，或在实际操作中进行评量，这里特指介于纸笔测验和将学习的结果在未来真实情境里运用之间的评量，侧重于对运用性练习阶段的实际操作的评量，实作评量搭建了从书本知识学习到真实场景中运用的桥梁。重视从知识到技能转化过程的探究与调控。

2. 实作评量的特点

实作性：着重评量实际操作的形式，即从书面、纸笔知识怎样逐步转化为技能、能力。

阶段性：实作技能的形成是一个渐进、累积的过程，从浅到深入、从单一到整合、从生疏到熟练，如何找到每个学生这一过程各阶段的发展，从基础阶段向后一高阶段的推进是实作评量的关键。

整合性：实作评量是一技能的整合式评量，要将书本知识中的分解性知识，进行操作、运用的整合性练习。

个别化：实作评量是教师与学生间，更是教师与个别学生间在互动中建构知识，而每位学生的技能差异巨大。

在真实与模拟情境中进行：实作评量可以在真实情境也可以在模拟情境中进行，该演练在模拟当中借鉴、学习、思考、创意，在真实情境中检验、实证、成熟、运用。

练习性：实作评量是为真实运用而作的准备性练习。

思考与实践

1. 请为班级某学生做一轶事观察、记录。

2. 针对班级某个案，按样本描述记录流程做观察主题确立、原始记录、记录整理、标签整理、观察结果分析等全流程观察练习。

3. 从自己的教育教学实际需求出发自编调查访谈表并使用。

4. 依选用调查、访谈表的思路选用相关表格用于教学实践，并作相关分析结论。

5. 为你选择的个案做：

　　（1）标准化智力测验。

　　（2）社会适应能力测验。

　　（3）根据个案实际情况选作并设计提示系统。

计划

第五章

教育诊断与个别化教育计划

> **本章摘要：** 本章对特殊儿童教育诊断项目设置、个案会议召开作了详尽的介绍。本章注重教育诊断报告书的叙写并呈现教育诊断后的个别化教育计划拟定。

第一节　特殊儿童教育诊断项目及报告

一、确定教育诊断项目

前期资料搜集含心理特质诊断和教育需求诊断等，主要是通过各个维度对特殊儿童作前期资料搜集。主要内容如下所述：

生理状态包括视力（敏锐度、空间与转移、视知觉等）、听力（听力损失值、类型、两耳听力、语言听力、听知觉等）、神经系统功能，以及新陈代谢、呼吸系统、消化系统及涉及的其他生理状态。

认知功能包括认知发展（记忆、理解、综合、分析、推理、转译等）、认知形态（认知习惯、元认知等）、适应行为等。

语言能力包括语言理解、表达模式、语言沟通、语言障碍情形、发音器官结构与功能。

动作能力指骨骼、肌肉、体能，含大小肌肉动作、肌力、关节能力等。

社会情绪指社会化发展、气质与人格（注意力、活动量、坚持度等）、兴趣与动机、异常行为，包括不适应行为、学习态度、异常行为、各环境中的行为等。

学业成就指经过一段特定时间的学习或训练之后所获得的能力。对学龄前的儿童而言，学业成就是儿童发展领域中的能力（感官知觉、粗大动作、精细动作、生活自理、认知、语言、社会技能等领域）；而对学龄或以上的儿童而言，则需结合其学习的科目或领域进行分析。学业成就的评量包括各级学校所使用的学科测验、训练的测验、其他社会上常见的考试等。

环境评量指特殊儿童所处的环境，包括家庭、学校、社区等，以及该儿童与环境互动的现有状况。

儿童个人与家庭状况指了解个案的出生史、发育史、医疗史、教育史、家庭背景、家人关系、家庭环境、教养态度、家庭作息、家庭资源、家长能力、家长期望等。

此外，障碍类型与程度、优弱势分析、未来发展潜能、障碍影响、教育建议、教育重点等，是前期资料搜集后，进行综合分析得出的。

【我的学生】

这个环节主要是搜集学生信息，其中标 * 的内容为必填项，是为了更好地统计学生情况，提醒教师在教学活动中注意，也便于学校统计学生的信息。这里的学生信息都会进行脱敏处理，除了学生所在学校，其他人员在未经允许的情况下，都无法获得。

二、各领域形成教育诊断分报告书

在个案会之前，个案相关人员需汇总各方专业人员评量结果，作综合分析，分领域作结果、优弱势分析，并就该领域现状提出建议策略。分领域测评主要针对个案问题较大领域、关键性重点需求领域或需专门测评人员操作的领域。本书关于个别化教育计划的拟订与实施皆以学生小柳为例。

【教育评量】

该环节是对学生的各项能力和／或学业指标进行评估，主要评估内容是各种非标准化量表，包括基于国家课标的各种课程本位评量。使用学校也可根据自己学校的需求，自行制订量表，上传使用。该环节的结果将直接关联到【IEP 制订】环节，成为制订 IEP 的直接依据。

（一）语言功能领域结果报告

学生：小柳　　　　　性别：男　　　　　出生年月：2014 年 3 月 23 日

评量人员：雷老师、湛老师　　　　　　评量日期：2018 年 9 月 18 日

1. 评量工具

语言治疗评量表，用以评量语言能力。

2. 评量结果分析

1）语言沟通能力结果分析

（1）言语机转方面

整体动作发展正常，肌肉张力尚可，动作协调，活动度正常；在构音器官结构方面，脸部对称，下颌对称，牙齿正常（爱吃糖，有蛀牙），外观对称，软腭、硬腭正常；构音器官动作方面，下颌、唇、舌灵活度尚可，下颌能模仿做上、下、左、右、上下连续、左右连续运动，唇能模仿圆、展、圆展交替运动，能模仿唇齿运动，口水控制良好。

（2）语言理解方面

对自己的名字有反应，在有人叫名字的时候会转过头看，点名时，能用敲鼓的方式回应老师；能够理解环境中的声音，当上课铃响的时候，能去座位上坐好；对熟悉的音乐有反应，听到早操的音乐，就去自己的站点上站好，能跟着熟悉的音乐做动作，当早操音乐响起的时候，能跟着做早操动作并踏步；在手势动作暗示下可以遵守简单指令，比如早晨到校时的签到流程：签到、换鞋、放杯子、放书包等；可以指认常见物品和身体部位，能依自己所需去找相应的物品，如口渴时，能自己拿杯子，并自己倒水喝；可以理解常见物品功能，吃完饭能自己拿毛巾去洗脸、洗手；可以回应一般疑问句，如能回应"你想吃什么？"的问题，能回答"谁来接你？"等问题；可以遵守两步骤的指令，如能自己换鞋，并将鞋放到自己的鞋柜里等；可以理解部分抽象词汇，如部分文字和数字，如"小白兔"；能将颜色和图片进行配对，如他能依班级颜色签到等；在条件句理解方面，经常跟父母讲条件，如进教室之前都会跟妈妈讲条件要"吃汉堡"，妈妈答应之后才会进教室，放学时会提醒妈妈去"吃汉堡"；能看懂简单的绘本故事。

（3）语言表达

能够自发命名常见物品，比如手机、汉堡；可以自己说部分简单句如"老师帮我""要上课"；能使用简单句跟父母提要求如"我要喝可乐""我要吃功夫鸡腿饭""我要吃红烧肉""我要玩手机"等；嗓音特质方面，音质正常，音量、音调都适中，语速偏快。

（4）沟通

沟通方式以口语为主，辅以动作、音量、表情和情绪等非口语沟通；沟通意图兼主动和被动，对自己感兴趣的物品动机较强烈，主动性强，对一般刺激则显得很被动，需催促、需提醒等；互动能力方面，能注意跟他互动的人，能接受互动对象的身体接触；能在提醒下模仿做简单的动作；能在提示下完成一项简单的任务，如收拾玩具等；能理解他人的部分表情，如老师生气的样子；能在少许提示下遵守规则。

2）其他相关能力结果分析

（1）感官知觉

视觉机警度反应良好，如看到"鸡腿饭"的图示，能立即指出来；听觉机警度反应良好，如当听到老师说放学时，能立刻去拿书包；触觉反应正常，能接受脸部、口腔、全身的触觉刺激，如能接受老师的拥抱。

（2）粗大动作

在姿势控制方面，能坐，能稳定站，站着时能自由转动身体，能用双膝跪并转身，能蹲着玩玩具，能单脚站2～3秒；在移动力方面，可行走（左脚的鞋易掉）；在运动与游戏技能方面，能在垫上翻滚、爬行，能完成部分垫上运动，能自己玩数种游乐器材，如滑滑梯，能自己骑脚踏车，能滑滑板车；肌肉力量不足，肌耐力不够，反应速度会慢一点，喜欢趴在地上，喜欢赖皮，老师布置的动作任务不会主动去做，需老师拉着做或提醒了才做等。

（3）精细动作

看到感兴趣物品时，会伸手抓取，能将手中物品放到指定地方，如能将水杯放到放水杯的地方，能搬椅子，能收椅子，能将课桌推到指定的地方，能开关灯，能在提示下与同学合作抬椅子，能利用面团进行简单造型，如包饺子和做汉堡等，能使用水彩笔写数字和简单文字，能画简单绘画图案，能使用嵌塞玩具进行简单造型。

（4）认知

认知能力处于半具体物向抽象符号过渡阶段，具物品概念（接触过的物品都能指认命名），具形状概念，如三角形、正方形、圆形、心形等；具颜色概念，如能认识红、黄、蓝、绿等基本颜色；具空间概念，如前后、上下等；记忆力较好，尤其是对自己感兴趣的话题和事情，能在引导下注意指定的刺激，能对刺激做反应，但反应速度会慢一拍。

3. 干预重点

（1）语言沟通能力方面

语言理解：以图片配文字的方式增进其符号理解，如文字理解、词汇理解、简单句理解以及简单故事理解等。

口语表达：命名、认读（图片和文字）、看图讲故事。

社交：遵守规则、分享、帮忙、等待、轮流、简单阅读。

（2）相关能力方面

体能锻炼：增强肌肉耐力、肌肉力量、平衡能力、动作协调（跑步、双脚跳、单脚跳、跳楼梯、搬、拖、拉、提等）能力等。

精细动作：加强写的能力，增进简单手工能力（剪、贴、画、黏土造型等）。

认知：概念理解（数概念、数的应用、顺序概念等）。

4. 策略建议

①加强规则意识的培养，如在校遵守学校的规则，在家遵守家里的规则。

②加强孩子的自我照顾与家居生活的能力，做自己力所能及的事情，学会为父母分担一定的家务。

③针对孩子喜欢玩手机的情况，可给孩子拟订学习计划或作息计划。

④利用时间限制、使其自行转换的策略改善其做事情拖拉的情况。

（二）动作功能领域结果评量报告

姓名：小柳　　　　　性别：男　　　　　出生年月：2014 年 3 月 23 日

评量人员：胡老师　　　　　　　　　　　评量日期：2018 年 9 月 18 日

1. 评量结果

评量工具／方法	评量内容	评量结果
VMI-视动统整	眼手协调的能力	视动统整的能力大致处于 4 岁 6 个月

2. 评量结果分析

该生视动统整的能力大致是正常 4 岁 6 个月儿童视动统整的能力。该生能画出简单的横线、竖线、斜线；能画简单的图形，如圆形、方形，能画出"十"字形；会把 × 画成十，会把 △ 画成□；对于两个简单图形组合，只注意到概略图，注意不到细节问题，如 3 个交叉的圈，只能注意到 3 个的数量，不能将 3 个圈进行交叉，对于两条十字交叉的箭头，只是画了两条十字交叉的直线，没有画箭头，对于金字塔的 6 个〇，只画了 6 个〇，而没有堆成金字塔。

3. 优势与劣势

优势：能完成简单图形的绘画。

劣势：不能处理不同图形之间的关系，不能注意图案的细节，空间位置概念能力较为缺乏。

4. 建议策略

①通过玩耍几何图形的积木或者模型来提高空间想象能力。

②通过玩视觉追视的游戏，提升专注力，延长注意力的时间。

③通过玩图形游戏（藏图、补图等）提升视觉区辨能力和注意细节的能力，如"什么不见了"或"找不同"。

（三）社会情绪领域结果评量报告

学生：小柳　　　　　　性别：男　　　　　　出生年月：2014 年 3 月 23 日

评量人员：胡老师、郭老师　　　　　　　评量日期：2018 年 9 月 20 日

1. 评量结果

评量工具 / 方法	评量内容	评量者及评量时间	评量结果
《学生兴趣调查表》	增强物	胡老师、郭老师 2018/9	该生在食物、物品和玩具方面的增强物较多，在喜欢的游戏和文体活动方面的增强物较少。
《双溪学生学习态度观察评量表》	学习态度	胡老师、郭老师 2018/9	总分为 20 分，该生活动量较好，经诱导可配合学习。
《学生学习特点调查表》	学习特点	胡老师、郭老师 2018/9	该生处于半具体物到抽象符号之间，需要加入图片帮助其对文字的理解和学习。
《葛氏自闭症量表》	自闭症倾向	雷老师、郭老师 2018/9	标准分数为 34，自闭症商数为 90

2. 评量结果分析

学生兴趣物调查表：该生在食物方面的增强物较多，正向的刺激物有较硬的米饭、饺子、火腿肠、炸鸡、红烧肉、牛肉、虾、汉堡、薯条、汽水、巧克力等味道重、高脂肪、高热量的食物，如午餐时间，只吃喜欢的硬米饭、红烧肉、饺子、火腿肠等；当吃到软的米饭时会有呕吐反应，在引导下会将不吃的东西放进渣盘；会用耍赖皮、讲条件、哭闹等方式，从妈妈那里得到吃汉堡、炸鸡的机会；当听到或看到喜欢的食物时，会控制好自己的情绪行为，努力做好相关事情以得到奖励；负向刺激物为蔬菜，午餐时间，老师曾用"威逼利诱"的方式让其尝试吃一点蔬菜，结果不是呕吐就是用哭闹的方式来拒绝；在最喜欢做的事情中，正向的刺激物是玩手机游戏；其他的正向刺激物是到大型超市买自己喜欢吃的零食、喜欢玩的汽车玩具，去快餐店。该生最讨厌的是妈妈生气，拒绝满足他提出的所有要求。

《双溪学生学习态度评量表》：该生活动量适中，易接受指导以配合学习，模仿能力较好，当有新奇事物或者兴趣物时，能保持较高的学习动机和注意力，可听从指令。但该生自律性较差、环境适应能力欠佳，学习速度比其他同学慢，

有轻微的不良行为，如当遇到任务时首先会选择逃避，当自己有要求时，会撒泼打滚、不顾场合，直到父母满足他的要求为止。

《学生学习特点调查表》：该生接收信息的通道是多方面的、综合的，目前处于半具体物到抽象符号阶段，需要加入图片帮助其理解文字；优先选择用口语沟通，当别人无法理解时，会选择重复或加入少量动作、声音、表情等方式来表达自己的需求；对学习的依赖性一般，对有兴趣的活动，能主动学习，老师稍微引导即可配合；但在大团体中容易走神，即使在老师的口头提示下也不易回神，常常需要多感官的协助，适宜小组和个别的活动形式。

《葛氏自闭症量表》：标准分数为34分，自闭症商数为90，自闭症可能性为中等。

3. 优势与劣势

优势：活动量适中，有良好的模仿能力，通过环境支持、兴趣物的诱导、操作性活动等，可以有较高的学习动机，保持较好的注意力和耐性，经过引导和指示能较好地控制自己，能从多方面接受信息，能主动表达自己的需求，兴趣爱好较为广泛，能用手机、绘本故事等方式进行自我休闲。

劣势：自律性较差，易冲动，环境适应能力欠佳，且学习速度较慢，同时该生耍赖皮、撒泼打滚、不顾场合的行为不易改变。

4. 建议策略

①提高环境适应能力，增加使用社区和学习社会规则的机会。

②提高生活能力，创造做力所能及的事情的机会。

③当该生通过用耍赖皮、撒泼打滚、哭闹等方式来得到无理需求或逃避任务时，要尝试用不同的方式去解决，如坚持、转移、忽略、结构化（视觉提示、签协议）等，可以让孩子有不同的情绪体验，也是学习的过程。

④加强体能锻炼，提升其肌肉力量，从而改善其关节稳定度与姿势控制能力，使其平衡与协调能力得到改善，为后续的学习打下坚实的基础。

⑤培养和扩展兴趣爱好，使该生能根据环境条件选择适合自己的休闲方式。

（四）学业成就领域结果评估报告

学业成就评量项目多，故对评量结果叙写方式予以说明。学业成就评量结果叙写方式有多种，下面介绍其中一种。以双溪个别化教育课程为例，该课程含感官知觉、粗大动作、精细动作、生活自理、沟通、认知、社会技能，共七个领域。

各领域自成体系，每个领域分开叙写，即感官知觉的能力如何，粗大动作的能力如何，等等。每套评量表均有其编排逻辑，叙写评量结果时遵循所用评量表的内容、层次及报告填写要求。

每个领域从各维度着手叙写。每个领域都有各自的内容维度，如该课程粗大动作分为姿势控制、移动力、运动与游戏技能三个维度，在叙写结果的时候先从维度说起。每个维度均要分析。如"姿势控制、移动能力比较好；在运动与游戏技能方面，能在少量协助下接球，能模仿部分垫上运动（如翻滚、爬行），能自己玩几种游乐器材（秋千、摇床、滑梯），能穿溜冰鞋向前滑几步"。

每项评量结果的能力描述结合评量标准，并加以事实说明。所有的得分项均分析结果，分析顺序遵从评量表内容的顺序，与其一致。如图5-1的评量结果叙写：根据日常生活观察，该生可自由转动头部，上课时维持至少20分钟坐姿、跪姿，且姿势正确，并可自由转动身体回应老师的教学；在游戏中可维持跪姿至少10分钟，且姿势正确；该生上学时均自己走路30分钟到校，进校后自行上4层楼进教室，课间与同学一起玩跑跳游戏，由此可判断，该生有较好的姿势控制与移动能力；在运动与游戏方面，在体育课上观察，该生可完成跑、跳活动，抛接球游戏准确率达到80%，能够模仿完成8种垫上运动。平时回家，该生回到小区，能自行完成小区内的游乐器材，如秋千、滑梯、转椅、跷跷板等，能模仿跳一下单人跳绳，由于平时较少接触轮胎，所以不知如何玩耍，但示范后可模仿；平时较少玩投掷类游戏，在测评中，可拿起球对着目标投掷，准确率约为20%，能模仿进行循环体能活动、大道具游戏，从课间操表现可以看出，该生可模仿绝大部分体操动作。

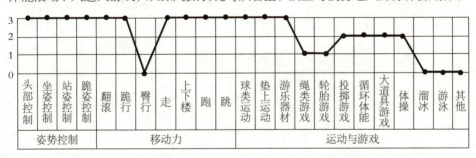

0 尚未开始发展，无法适应环境的需要；1 仅发展些微能力，需要特别协助才能适应环境的需要；
2 已发展较多能力，只需重点协助便能适应环境的需要；3 已发展出适应环境需要的能力

图 5-1　粗大动作评量侧面图

1. 评量结果

评量工具 / 方法	评量内容	评量日期
早期疗育课程评量	了解学生的学业成就基本能力	2018.9.20

2. 评量结果分析

（1）感官知觉

在视觉应用方面，具有良好的视觉机警度，看到同学拿着车会立即凑过去；能够追视物品、追视人物，如在课堂教学中，注意指定刺激，并参与到教学中来；对感兴趣的物品和人具有较好的注意力，如当别人手里拿着手机时会走过去，保持高度的专注力；能够在一堆物品中找到指定物品，如能够在餐具篮里拿出筷子；能从复杂背景中，找到指定物品，如可以在放置杯子处，找到自己的杯子。

在听觉应用方面，具有良好的听觉机警度，当老师说下课时，会立刻起身；能够反应声源、能够理解声音，如在嘈杂环境中，听到敲门声，会去开门；当老师叫他的名字时，能对自己的名字做出即时反应；能有选择性地倾听熟悉的内容，自己感兴趣的内容，就会反应迅速，行动积极，如果倾听的内容不是自己感兴趣的内容，就犹如旁观者。

在触觉应用方面，具有良好的触觉机警度，当老师拍其腿提醒他时，能自觉将腿放下来；愿意接受脸部、口腔等部位的触觉刺激，如自己可以用毛巾擦脸，并且能擦干净；具有较好的触觉统整能力，如能拿自己的杯子喝水；能接受不同的温度刺激，具有较好的温度分辨的能力，不排斥冷热水，会排斥去碰热水龙头；能揉搓面团，能够包饺子，并用面团进行简单的造型。

在味觉接受方面，能接受不同味道的食物，午餐时，能选择自己喜好的食物；尝到不同味道时，会有不同反应，午餐时会选择菜品，偏爱肉食，但食物的种类在不断增加，不爱吃又稀又软的米饭，有时看见软饭都会呕吐，感冒时能配合吃药；能接受不同嗅觉刺激，如香、臭、酸、辣，不排斥也不过度偏好；闻到不同的味道时，会有不同反应或表情，且不排斥也不过度偏好。

在前庭及本体觉刺激接受方面，能够接受扶抱移动，能够接受被摇晃等线性加速度活动；当被旋转时，不会有排斥或过度兴奋的情形，喜欢去儿童公园，并尝试去玩各种游乐设施；在进行关节挤压活动时，如"手支撑"，能维持 60 秒；能够接受老师适度的紧抱和重压刺激，喜欢跟同学玩"叠叠乐"（一个同学压另一个同学，一层一层压上去）的游戏。

（2）粗大动作

在姿势控制方面，具有较好的头、肩部控制能力，且头肩皆可自由转动，早操时，能模仿做头部运动、肩部运动；能够维持坐、四点跪、站立、双膝跪直等姿势，能进行坐姿转身、站立转身、双膝跪直转身，如在垫子上模仿做动作和进行循环体能；能够蹲着收拾积木，且维持 30 秒以上，能向前蹲走 5 米，能够单脚站并维持 5 秒。

在转换姿势方面,能够进行爬、躺、坐、站、跪、蹲等姿势的自由转换,如在户外活动时,能在高约 2 米的平台上下爬。

在移动能力方面,会左右翻滚,会用双手、双膝、肚子离地爬行,能行走、跑步,并控制方向、停止、转弯,能用脚趾脚跟相接,向前走一直线、倒退走一直线,能在有高低差的路面或软垫上行走,并维持平衡,能够一脚一阶上下楼梯,会由阶梯跳下,会双脚连续跳,会用优势脚单脚连续向前跳。

在简单运动技能发展方面,能跳蹦床,能从桌子底下或狭小通道钻进钻出,能跨上、跳下 25 厘米高的椅子,并在"椅子桥"上走;会坐上秋千,并连续摆荡;能双脚连续跳,并玩跳格子的游戏;能够连续跨越障碍物;会用双手将球高举过肩后投出;会在跳床或弹簧垫子上连续跳;会钻进钻出箱子、桌子;会跨上、跳下平衡木,并走平衡木;会爬上滑梯,并滑下;能在小区骑自行车和滑板车;能双手过肩投球,且能控制方向、速度;会边走边滚大球,会踢球至不同定点;会双手接球,会连续单手拍球,至少 3 下。

(3)精细动作

在抓放能力方面,看到有兴趣的东西时,会伸手去触碰,看到比萨时,能伸手去拿;能以手掌、手指拿握物品,会去拿水壶;用大拇指与后四指相对抓握,能够用大拇指、食指、中指三指捡取小物品,用拇指和食指捡取小物品,会把手中物品放入指定地方,如能用食指和拇指捡起红豆放到瓶子里;会把一物品交至另一手,手会跨过身体到对侧拿放物品,午餐时,一边喝水,一边吃饭,会把碗换到另一只手,腾出一只手去拿水杯来喝。

在操作能力方面,能够进行推移、搬和端移,如上课前,能帮忙搬桌子到指定地点;能够提物,如能提着书包,从签到处走到放书包处;能够套接、拔开,如能够打开白板笔的盖子又盖上;能够一页一页翻看绘本;能够旋开拧紧矿泉水瓶盖;拧毛巾时,能一次拧一下;能够剥开至少 2 种包装纸,如棉花糖的锯齿包装、带有小口的玩具包装袋;能把毛巾从挂钩上取下来,能将毛巾挂到挂钩上。

在简单劳作及书写技能方面,能进行简单的积木造型、黏土造型;会用前三指头正确握笔;能够运笔走简单迷宫,且不超出范围;能够完成涂鸦,能写简单汉字;在剪贴技巧方面,能够使用剪刀剪断 5 厘米长的纸条或吸管;会撕下贴纸,并将贴纸贴到相应的图案上;能画简单图案,如爸爸、妈妈等。

(4)生活自理

在饮食方面,能够自主饮食,能够使用辅助筷子用餐,能使用勺子,能够使用吸管喝水，能将水壶里的水倒进杯盖里面，能自己端碗吃饭；在老师口头提示下会餐前洗手，能够进行餐前准备，如排队拿碗和筷子等待打饭；能够进行餐后收拾，如吃完饭，会将剩饭剩菜倒到垃圾盆内后，将筷子和碗筷放到另一容器内。

在如厕方面，能够大小便并且会选择适合自己性别的方式如厕，如厕后会自己冲水并洗手；对如厕环境有要求，不喜欢学校的厕所环境，喜欢在外面小便，如果想大便，还是会勉强自己去厕所，大便后有清洗屁股的习惯。在清洁与卫生方面，能够开关水龙头，在告知要洗手的情况下，会正确洗手；洗脸时，能将毛巾放到水龙头下打湿，能双手拧一下毛巾，能使用毛巾擦洗脸和嘴巴，在老师给予卫生纸后，会自己擦鼻涕，能将垃圾丢到垃圾桶里面。

在穿着方面，能够自己穿脱鞋，能够解开粘扣带、粘好粘扣带，能够自己脱袜子、脱裤子、脱外套，能将袜子、衣服和裤子翻正；会自己穿上松紧带裤子，但稍有不齐；能够自己穿上袜子，但稍有不齐；能自己穿套头衣服，能尝试对拉链头，但在拉拉链时，拉链头会错开并寻求老师帮忙；能自己穿鞋，有时候会穿反；能将衣裤鞋袜放到固定的位置。

（5）语言沟通

在言语机转方面，有规律的呼吸，且速度正常；具有哭、尖叫、笑出声的发声能力，且具有变化，如当要求没有得到满足时，会哭闹、尖叫；大部分时间双唇可维持闭合；舌头在自主动作下，可做上下动作；可吹动纸张 2 至 3 秒，具有较好的口水控制能力，任何时候都不会流口水。

在语言理解方面，具有较好的非口语理解能力，能够对自己的名字作出反应，能够听懂不同的语气，如老师批评他时，就会回到自己的座位上；能够在情境下进行理解，如同学们都去拿红旗时，自己也会上前拿；在词汇理解方面，具有较好的人称词理解能力，具有较好的动作词理解能力，能听懂"吃""走""坐下""站起来""拿"等动作指令；具有较好的名词理解能力，如听到"收椅子"会把椅子收起；能够理解 6 ~ 8 个身体部位名词，如大腿、屁股等；能理解至少两个空间词，如老师说"糖在凳子下面"他会到桌子下面、椅子下面去找；能正确反应简单陈述句，如老师说："去吃汉堡。"他会露出高兴的表情；能理解简单疑问句，如老师指"这是什么？""这是谁？"的时候，他能回答出来；能理解否定句，经常用"不要"来表示拒绝。

在口语表达方面，可以用声音表示需求，会用声音表示情绪，能够使用拟声词，且量多；在语汇表达方面，能说出至少 20 个名词，如吉普车、奥特曼、赛车等；能使用至少 5 个动词，如关、吃、走、开、坐等；能说出自己的名字，如老师点名时，拿着他的名牌，说"柳……"，他会说"柳××"；在简单句使用方面，能进行需求的表达、打招呼，如"老师早上好"等；能够使用部分人称词，如"妈妈""王老师"，能使用第一人称，如"我要吃功夫鸡腿饭"等；在简单句表达方面，能使用主谓宾的简单句，如当看到同学在吃糖时，会说"小柳吃糖"；能使用否定句表示拒绝，如当老师要他喝水时，会说："不要喝水。"

在沟通能力方面，主要以短暂的方式注视与其说话的人，沟通意图视兴趣物而定，对自己感兴趣的或新奇事物和活动，表现出较强烈的动机，若是一般刺激则显得很被动；可主动表示基本需求或寻求帮忙；可主动表示拒绝，能与熟悉者有主动互动行为；可作简单日常沟通，能在引导下跟老师打招呼，当意识到自己做错事情以后，会说"对不起"，能使用简单句描述事情或故事，当情绪较激动时，音量较大，语速较快，从而影响其沟通效度，能在引导下发微信语音，或打电话，能唱儿歌的部分歌词。

（6）认知

在物体恒存方面，能找到被隐藏的物品，当钱包被藏起来时，可以把钱包找出来；高级物体恒存方面，当没看到自己的水杯时，会去不同的地方寻找水杯，如餐厅、书包里等。

在简单因果概念方面，具有一定的事物联想能力，如看到同学去拿书包准备放学时，他也会去拿自己的书包；具有一定预期事件的能力，如听到转换铃响之后，会自行收拾椅子，进行转换活动。

在基本物概念方面，能够作相同物配对，如餐后能将碗和碗放在一起，不吃的饭菜倒进渣盘；能将相同物品分类、听到物品名称时，会指认或拿给大人，如老师说："拿凳子"，会拿凳子，并将凳子叠在一起；能依物品功能正确操作，如拿水杯喝水、拿筷子吃饭等；能依物品功能进行配对，如鞋子搭配袜子；会依物品颜色作不同物之颜色配对，如依颜色分班，能将自己的照片放到相应颜色的班级；会将同色的不同物品分成一堆，如收拾早操器械；能依物品形状作不同物的形状配对，能将积木放进相应形状的塞桶里；具有一定的大小、多少、长短概念，知道拿大的饼干，多的饼干，长的饼干；能反应上下，如老师说："糖在凳子下"，会去凳子下面找。

在符号概念方面，可正确反应实物，且理解量多，如汉堡、可乐、薯条等；能认识图卡，且理解量多，能看外卖单点餐；能够认识自己名字的汉字，能认识部分文字，如小白兔等。

在数概念方面，能认读数字 1～100，能数 10 以内的物品，能够进行 1～5

的数与量的对应。

在模仿能力方面，具有一定模仿动作的能力，能模仿身体动作、手部动作等，如能模仿部分早操动作；能模仿操作物品，如看到老师挥动旗杆，他接过旗杆后，也会挥动。

在记忆能力方面，能够记住教室中常用物品放置物品，如书包、杯子、鞋子、袜子的位置。

在解决问题方面，想要某些东西时，会想办法取得；有困难时，会主动找人帮忙解决问题，如衣服穿不上的时候，会使用声音引起老师注意，并使用短句"老师帮忙"请求老师帮忙；具有较好的技能应用能力，能将所学技能自动应用于各种生活情境中，如将插棒技能应用于吸管插牛奶的情景中；在口头提示下，会发现错误且自我修正。

在简单阅读方面，能够理解图画书中的简单物品或人物，看电影时，能根据画面的内容，模仿其中的动作；能找到故事书中的插图，如故事中的北极熊。

（7）社会适应

在自我概念方面，可认识自己的照片，签到时能拿自己的照片签到；认识父母或主要照顾者的照片，认识自己兄弟姐妹或同伴的照片，在全家福照片中，能找到爸爸、妈妈和姐姐的位置；能认识自己的身体部位，老师说相应部位时，能指出来；能认识自己的东西，如能找到自己的水杯、书包等物品；能够做出与自己性别相符的行为，如能自己去男厕所小便、大便（会嫌弃学校厕所的环境，喜欢在家或在室外小便）。

在环境适应方面，能和父母或主要照顾者分开整天且不哭闹，如上学时，能自己进教室；喜欢别人逗弄或和他玩，课间喜欢老师的逗弄；对陌生人会表现出怕生，但经一段时间熟悉后，就有所改善；会避免接触日常生活中的危险事物，如烫的东西、尖锐物品；在口头告知下能参与到新活动中来，如老师在口头告知其"走椅子"后，能主动参与；能适应陌生环境；能听老师的指示，并遵守教室规则，如做早操时，在老师口头指示下，会回到自己的位置上；在口头提示下会进行玩具收拾，如当老师叫他收玩具时，他会收玩具。

在人际关系方面，看到父母或家人时，会立即出现高兴的表情，放学时，会喜笑颜开地离开教室；在与人互动时，有部分时间会注视对方（课堂教学时，会在提示下注意教学对象和教学刺激）；当同伴靠近、玩耍、打招呼时，会有回应，如让其跟同学问好，会向同学问好；在口头提示下，会接近同伴，如老师说"去小明那儿"，他会跑到小明在的地方；在别人要求下，会帮助别人，如老师叫他去搬桌子时，他会和同学一起搬桌子；能主动等待，如走凳子时，前面有同学还未走完，会停下来等待；会主动轮流，如上晨会课时，会主动轮流进行签到点名。

在游戏特质方面，对各种不同类型的玩具有功能性的玩法，如会开赛车，会骑脚踏车，会滑滑板车等，对同一玩具有不同的玩法，如会把蓝色的凳子套在头上当帽子；可以和同伴一起玩合作性游戏，如会和小薛一起推车轮胎。

3. 优势与劣势

优势：能接受感官的刺激（视、听、味、嗅、触），视觉学习较好，具动作模仿能力，操作能力较强，可进行小组教学，词汇量丰富，能使用口语和非口语的方式进行沟通，生活自理能力较强，自我概念强。

劣势：理解能力不足，游戏规则的理解与执行能力欠佳。

4. 建议策略

①创设多样又丰富的刺激，激发孩子的好奇心，积累孩子的生活经验与活动经验。

②结合视觉学习的优势，通过调整当下环境，增进其学习参与度。

③降低任务难度，对复杂工作进行工作分析，减少工作步骤，使其能成功完成活动，从而建立自信心。

④通过老师的示范、协助、赞美、鼓励以及同伴的支持营造支持的环境。

（五）环境领域结果评估报告

姓名：小柳　　　　　　性别：男　　　　　出生年月：2014 年 3 月 23 日

评量人员：胡老师　　　　　　　　　　　评量日期：2018 年 9 月 18 日

1. 评量结果

评量工具／方法	评量内容	评量者及评量日期
环境调查表	对生态环境、社区生活、家庭生活和学校环境的调查	雷老师、湛老师 /2018.9.21

2. 评量结果分析

该生所住社区环境较好，资源齐全，设有学校、超市、菜市场、医院等，该生在小区的超市、快餐店和小区公共活动区域自如活动。

在社区生活方面，该生上下学主要由母亲骑电动车接送，有时会坐公交车或出租车。上学期间，该生的生活作息比较规律，白天上学，晚上在父母的陪同下到小区玩滑板车或骑自行车，一般晚上 10：00 上床睡觉，多数时间和父母一起睡，偶尔会主动要求自己睡。

该生具备一定的生活自理能力，但是主动性有待进一步提高，多数情况下是自己穿脱衣裤鞋袜，晚上洗澡前有大便的习惯；会在协助下洗头、洗澡，会在提示下刷牙、洗脸，在引导或者威逼利诱的情况下参与少部分家事，如将衣服放进洗衣机，收衣服，端饭菜上桌，摆碗筷等；该生在饮食方面有自己的偏好，特别喜欢吃油炸、红烧等肉类食物，吃到软的食物会有呕吐反应。周末父母有时间就会带他出去玩，如去儿童游乐场、小区的游乐场、书店等。该生平日的休闲活动主要有：骑自行车、轮滑、看电视、看书、玩各种玩具汽车，最喜欢玩手机游戏。

在学校生活中，该生早上到校后，会自己完成签到、换鞋、放书包和水杯等准备工作；能在铃声、环境安排、同学示范或者老师提醒下到相应的教室上课；上课时间能遵守上课常规，但容易走神、发呆；当被提问或被要求时，能较快地从同学、老师的手势或者黑板上的提示里面寻找到答案；早操时能站在自己的位置上模仿早操动作；能在明确分配任务、视觉化的课表、鼓励等方式下参与体能锻炼，如800米跑、开合跳、手支撑、蹲走等活动；能参与班上的集体活动，如唱歌活动、舞会活动、购买活动等；对感兴趣的活动会主动注意并积极参与；转换时间会自己找事情做打发时间，如到教室的图书角看书，在玩具角玩玩具，在电脑前看看、按按键盘鼠标，会玩滑轮椅子等。

想小便时，因不喜欢学校的厕所会忍着，在憋不住的情况下自己到户外解决，偶尔在老师不动声色的引导下也会到厕所站位小便；大便时，由于从小养成的习惯，在学校也会脱光裤子大便，便后会要求冲洗屁股；户外休闲时，会选择自己喜欢的玩耍方式，如和同学抢着荡秋千，爬爬网，玩平衡单杠等；午餐时间，能在指定地点排队等候取餐；能选择自己喜欢的饭菜，如红烧肉、鸡块、火腿肠、硬的米饭；用餐时，能在提醒下注意用餐礼仪，如使用勺子吃饭，饭菜残渣放进渣盘，拿纸巾擦嘴等。

洗脸时，能调节水龙头控制水的大小但时常会把衣袖弄湿，能在提示下双手以相反方向并用力拧一下毛巾，然后胡乱在脸上擦几下；午睡时，能将衣裤鞋袜脱下放在指定地方；能自己盖好被子安静入睡；起床时，能在老师的耐心等待下，自己穿好衣裤鞋袜；会在值日安排表的提示下，参与教室清洁和整理的工作，如收桌椅、玩具归位、倒垃圾、按图书编号整理图书等。

3. 优势与弱势

优势：该生所处的成长环境较好，社区资源丰富，方便该生在小区内购买物品、休闲；交通便利，利于使用各种社区资源，如超市、医院、快餐店等；该生的认知能力较好，具备基本的口语表达能力，有一定的生活自理基础，有自己的兴趣爱好，如玩滑板车、骑自行车，绘画、玩手机游戏、看书、玩玩具汽车等。

弱势：性格急躁，做事情依赖性强，习惯采用耍赖皮、讲条件等方式，影响了该生在生活自理和居家生活方面能力的发展，如洗澡、洗头、收衣服、晾衣服、整理图书玩具、扫地、擦桌子等；家庭休闲活动多以静态的活动为主；体能锻炼时间不足。

4. 建议策略

①多提供能够做力所能及的事情的机会，从简单的事情着手，在过程中慢慢培养孩子做事情的习惯。

②加强体能锻炼，如跑步、快走、打球等。

③丰富生活经验，如吃喝玩乐的经验、酸甜苦辣的体会。

④丰富情绪体验，使其体验嬉笑怒骂、人情冷暖。

⑤提高环境适应能力，加强对社会规则和礼仪的学习，如走家串门、外出旅行等。

三、形成个案教育诊断总报告书

个案教育诊断总报告书是把个案各方面的教育诊断项目一一汇总，包含分报告各项及所有信息。总报告书形成于个案会之后，是对全面信息的整理。

（一）评量工具

评量内容	评量工具	评量者	日期
生理状态	脑 CT	儿童医院	2012.9
	核磁共振	儿童医院	2012.9
认知功能	智力筛查	儿童医院	2012.9
语言功能	《特殊需求学生语言治疗评估表》	胡老师、湛老师	2018.9.18
动作功能	《VMI- 视动统整》	胡老师	2018.9.20
社会情绪	《学生学习特点调查表》	胡老师、郭老师	2018.9.20
	《学生兴趣调查表》（《增强物调查表》）	胡老师、郭老师	2018.9.20
	《双溪学生学习态度观察评量表》	胡老师、郭老师	2018.9.20
	《葛氏自闭症量表》	胡老师、郭老师	2018.9.21
学业成就	《早期疗育课程》	雷老师、湛老师	2018.9.25
其他	《家长访谈表》	胡老师、郭老师	2018.9.22

（二）评量结果摘要

1. 学生基本资料（含出生史、发展史、教育史、医疗史等）

在出生史方面，该生于 2014 年 3 月 23 出生，出生时，父亲 37 岁，母亲 32 岁，为家中第二胎，剖宫产，出生时体重 3.3 千克，出生后立即哭，无畸形部位，出生后未出现立即吸吮，也不常啼哭，进食正常。

在发展史方面，该生在 2 个月时会笑，1 岁 3 个月会扶物走，1 岁 4 个月会走，4 岁开始叫爸爸妈妈，5 岁半开始说简单句。该生家长在 1 岁 6 个月时发现与其他孩子不一样，主要表现为不开口说话。

在医疗史方面，该生于 2 岁 6 个月大时到儿童医院做过智力筛查，筛查结果是智力发育迟缓；并相继进行过脑 CT、核磁共振、血液分析等医学检查，未发现异常。

在教育史方面，该生曾在重庆某医院进行过个训课和小组课的服务，同时也入读过普通幼儿园，因跟不上幼儿园的教学进度，而停止求学。后转入儿童发展中心，相继接受过个训、半天班、全日制的教学服务，现就读本校全日制班级。

2. **家庭资料（含父母亲学历、职业、家人关系、家居环境、家庭活动等）**

父亲中专学历，是工程师，对待该生较为严厉；母亲高中学历，是全职妈妈，对该生态度比较民主、宽松；父母是孩子的主要照顾者，该生还有一位姐姐，姐弟感情好，该生每次回老家都要求和姐姐一起睡，父母也放心姐姐照顾弟弟，家人关系和睦。

在居家环境方面，孩子居住的小区里面干净整洁、治安良好，附近有超市、餐馆、小商店、学校等；孩子有自己的房间，孩子在家喜欢看故事书（主要是绘本），喜欢看动画片，喜欢玩手机游戏，孩子每天都有室外活动，父母也会刻意制造让孩子跟其他孩子在一起的机会。

3. **生理健康资料**

（1）视力（含敏锐度、空间与移动、视知觉等）

根据日常观察，该生视力正常。

（2）听力（含听力损失值、类型、两耳听力、语言听力、听知觉等）

根据日常观察，该生听力正常。

（3）精神系统功能

根据日常观察及行为反应，该生精神系统功能正常。

4. **语言能力（含语言理解、表达模式、语言障碍情形、发音器官结构与功能）**

①言语机转方面：整体动作行为发展正常，肌肉张力尚可，动作协调，活动度正常；在构音器官结构方面，脸部对称，下颌对称，牙齿正常（爱吃糖，有蛀牙），外观对称，软腭、硬腭正常；构音器官动作方面，下颌、唇、舌灵活度尚可，下颌能模仿做上、下、左、右、上下连续、左右连续运动，唇能模仿圆、展、

圆展交替运动，能模仿唇齿运动，口水控制良好。

②感官功能方面：视觉机警度反应良好，看到"鸡腿饭"的图示，能立即指出来；听觉机警度反应良好，当听到老师说放学时，能立刻去拿书包；触觉反应正常，能接受脸部、口腔、全身的触觉刺激，如能接受老师的拥抱。

③语言理解方面：对自己的名字有反应，有人叫名字的时候会转过头看，点名时，能用敲鼓的方式回应老师；能够理解环境中的声音，当上课铃响的时候，能到座位上坐好；对熟悉的音乐有反应，听到早操的音乐，就去自己的位置上站好，能跟着熟悉的音乐做动作，当早操音乐响起的时候，能跟着踏步并做出相应的早操动作；在手势动作暗示下可以遵守简单指令，比如完成早晨到校时的签到流程：签到、换鞋、放杯子、放书包等；可以指认常见物品和身体部位，能依自己所需去找相应的物品，如口渴时，能自己拿杯子，自己倒水喝；可以理解常见物品功能，饭后能自己拿毛巾去洗手、洗脸；可以响应一般疑问句，如能回应"你想吃什么？"的问题和回答"谁来接你？"等简单问题；可以遵守两个步骤的指令，能自己换鞋，并将鞋放到鞋柜里等；可以理解部分抽象词汇，如"小白兔"等词及数字；能将颜色和图片进行配对，能依班级颜色签到等；在条件句理解方面，经常跟父母讲条件，进教室之前都会跟妈妈讲条件"吃汉堡"，妈妈答应才会进教室，放学时会提醒妈妈去"吃汉堡"；能看懂简单的绘本故事。

④语言表达：能够自发命名常见物品，比如手机、汉堡；可以自己说部分简单句，如"老师帮我""要上课"等；能使用简单句向父母提要求，如"我要喝可乐""我要吃鸡腿饭""我要吃红烧肉""我要玩手机"等；嗓音特质方面，音质正常，音量、音调都适中，语速偏快。

⑤沟通：沟通方式以口语为主，辅以动作、声音、表情和情绪等非口语沟通；沟通意图兼主动和被动，对自己感兴趣的物品，动机较强烈，主动性强，对一般刺激则显得很被动，需催促、提醒等；互动能力方面，能注意跟他互动的人，能接受互动对象的身体接触；能在提醒下模仿做简单的动作；能在提示下完成一项简单的任务，如收拾玩具等；能理解他人的表情，如生气的表情；能在少许提示下遵守规则。

5.动作能力（含大小肌肉动作、能力、关节肌肉等，详细内容见动作领域分报告书）

《VMI-视动统整》：该生视动统整的能力大致处于4岁6个月儿童视动统整的能力，该生能画出简单的横线、竖线、斜线，能画简单的图形，能画圆形、方形，能画出"十"字形；会把×画成十；会将△画成▭；对于两个简单图形组合，3 条交叉的直线，3 个交叉的圈，交叉的两个箭头，金字塔的 6 个〇，该生只注意到概略图，注意不到细节问题，如 3 个交叉的圈，只能注意到 3 个的数量，不能将 3 个圈进行交叉；对于两条十字交叉的箭头，只是画了两条十字交叉的直线，没有画箭头；对于金字塔的 6 个〇，只画了 6 个〇，而没有堆成金字塔。

6. 社会情绪：（含不适应行为、学习态度、异常行为、各环境之行为等）

《学生兴趣物调查表》：该生在食物方面的增强物较多，正向的刺激物有较硬的米饭、饺子、火腿肠、炸鸡、红烧肉、牛肉、虾、汉堡、薯条、汽水、巧克力等味道大、高脂肪、高热量的食物，如午餐时间，只吃硬米饭、红烧肉、饺子、火腿肠等，当吃到软的米饭时会有呕吐反应，在引导下会将不吃的东西放进渣盘，会用耍赖皮、讲条件、哭闹等方式，从妈妈那里得到吃汉堡、炸鸡的机会，当听到或呈现他喜欢的食物的时候，会控制好自己的情绪及行为，努力做好相关事情以得到奖励；负向刺激物为蔬菜，午餐时间，老师曾尝试用强化、讲条件、诱导等方式让其尝试吃一点蔬菜，结果不是呕吐就是用哭闹的方式来拒绝。在最喜欢做的事情中，正向的刺激物是玩手机游戏；其他的正向刺激物是到大型超市买自己喜欢吃的零食、喜欢玩的豪华汽车玩具，去快餐店吃东西；该生最害怕的是妈妈生气取消他提出的所有要求。

《双溪学生学习态度评量表》：该生活动量适中，易接受指导以配合学习，模仿能力较好；当有新奇事物或者兴趣物出现时，能保持较好的学习动机和注意力；可听从指令，但该生自律性较差、环境适应能力欠佳，学习速度比其他同学慢；有轻微的不良行为，如当遇到任务时首先会选择逃避，当自己有要求时，会撒泼打滚、死皮赖脸、不顾场合，直到从父母那里得到满足为止。

《学生学习特点调查表》：该生接收信息的通道是多方面的、综合的，目前处于半具体物到抽象符号之间，需要加入图片帮助其理解文字；优先选择用口语沟通，当别人无法理解时，会选择重复或加入少量动作、声音、表情等方式来表达自己的需求；对学习的依赖性一般，对有兴趣的活动能主动参与，老师引导即可配合，该生在大团体中容易走神，即使在老师的口头提示下也不易回神，常常需要加上肢体协助，适宜小组和个别的活动形式。

7. 学业成就（《早期疗育课程》评价结果）

（1）感官知觉

在视觉应用方面，具有良好的视觉机警度，看到同学拿着车会立即凑过去；能够追视物品、人物，如在课堂教学中，注意指定刺激，并参与到教学中来；对感兴趣的物品和人具有较好的注意力，如当别人手里拿着手机时会走过去，保持高度的专注力；能够在一堆物品中找到指定物品，如能够在餐具篮里拿出筷子；能从复杂背景中，找到指定物品，如可以在放置杯子处，找到自己的杯子。

在听觉应用方面，具有良好的听觉机警度，当老师说下课时，会立刻起身；能够反应声源、能够理解声音，如在嘈杂环境中，听到敲门声，会去开门；当老师叫他的名字时，能对自己的名字做出立即反应；能有选择性地倾听熟悉的内容，对自己感兴趣的内容，就会反应迅速，行动积极，如果倾听的内容不是自己感兴趣的内容，就犹如旁观者。

在触觉应用方面，具有良好的触觉机警度，当老师拍其腿提醒他时，能自觉将腿放下来；愿意接受脸部、口腔等部位的触觉刺激，如自己可以用毛巾擦脸，并且能擦干净；具有较好的触觉统整能力，如能拿自己的杯子喝水；能接受不同的温度刺激，具有较好的温度分辨的能力，不排斥冷热水，会排斥去碰热水龙头；能揉搓面团，能够包饺子，并用面团进行简单的造型。

在味觉接受方面，能接受不同味道的食物，午餐时，能选择自己喜好的食物；尝到不同味道时，会有不同反应，午餐时会选择菜品，偏爱肉食，但食物的种类在不断增加，不爱吃又稀又软的米饭，有时看见这些软米饭都会呕吐，感冒时能配合吃药；能接受不同嗅觉刺激，如香、臭、酸、辣，不排斥也不过度偏好；闻到不同的味道时，会有不同反应或表情，且不排斥也不过度偏好。

在前庭及本体觉刺激接受方面，能够接受扶抱移动，能够接受被摇晃等线性加速活动；当被旋转时，不会有排斥或过度兴奋的情形；喜欢去"儿童公园"，并尝试去玩各种游乐设施；在进行关节挤压活动时，如"手支撑"，能维持60秒；能够接受老师适度的紧抱和重压刺激，喜欢跟同学玩"叠叠乐"（一个同学压另一个同学，一层一层压上去）的游戏。

（2）粗大动作

在姿势控制方面，具有较好的头、肩部控制能力，且头肩皆可自由转动，早操时，能模仿做头部运动、肩部运动；能够维持坐、四点跪、站立、双膝跪直等姿势，能进行坐姿转身、站立转身、双膝跪直转身，如在垫子上模仿做动作和进行循环体能；能够蹲着收拾积木，且维持30秒以上，能向前蹲走5米，能够单脚站并维持5秒。

在转换姿势方面，能够进行爬、躺、坐、站、跪、蹲等姿势的自由转换，如在户外活动时，能在高约两米的平台上爬上爬下。

在移动能力方面，会左右翻滚，会用双手、双膝支撑、肚子离地爬行，能行走、跑步，并控制方向、停止、转弯，能用脚趾脚跟相接，向前走直线、倒退走直线，能在有高低差的路面或软垫上行走，并维持平衡，能够一脚一阶上下楼梯，会由阶梯跳下，会双脚连续跳，会用优势脚单脚连续向前跳。

在简单运动技能发展方面，能跳蹦床，能从桌子底下或狭小通道钻进钻出，能跨上、跳下25厘米高的椅子，并在"椅子桥"上走；会坐上秋千，并连续摆荡；能双脚连续跳，并玩跳格子的游戏；能够连续跨越障碍物；会用双手将球高举过肩后投出；会在蹦床或弹簧垫子上连续跳；会钻进钻出箱子、桌子；会跨上、跳下平衡木，并走平衡木；会爬上滑梯，并滑下；能在小区骑自行车和滑板车；能双手过肩投球，且能控制方向、速度；会边走边滚大球，会踢球至不同定点；会双手接球，会连续单手拍球，至少3下。

（3）精细动作

在抓放能力方面，看到有兴趣的东西时，会伸手去触碰，看到比萨时，能伸手去拿；能以手掌手指拿握物品，会去拿水壶；用大拇指与后四指相对抓握，能够用大拇指、食指、中指等三指捡取小物品，用拇指和食指捡取小物品，会把手中物品放入指定地方，如能用食指和拇指捡起红豆放到瓶子里；会将一物品交至另一手，手会跨过身体到对侧拿放物品，午餐时，一边喝水，一边吃饭，会把碗换到另一只手，腾出一只手去拿水杯来喝。

在操作能力方面，能够进行推移、搬和端移，如上课前，能帮忙搬桌子到指定地点；能够提物，比如能提着书包，从签到处走到放书包处；能够套接拨开，如打开白板笔的盖子又盖上；能够一页一页翻看绘本；能够旋开拧紧矿泉水瓶盖；拧毛巾时，能一次拧一下；能够剥开至少两种包装纸，如棉花糖的锯齿包装、带有小口的玩具包装袋；能把毛巾从挂钩上取下来，能将毛巾挂到挂钩上。

在简单劳作及书写技能方面，能进行简单的积木造型、黏土造型；会用前三指头正确握笔；能够运笔走简单迷宫，且不超出范围；能够完成涂鸦，能写简单汉字；在剪贴技巧方面，能够使用剪刀剪断5厘米长的纸条或吸管；会撕下贴纸，并将贴纸贴到相应的图案上；能画简单图案，如爸爸妈妈等。

（4）生活自理

在饮食方面，能够自主饮食，能够使用辅助筷子用餐，能使用勺子，能够使用吸管喝水，能将水壶的水倒进杯盖里面，能自己端碗吃饭；在老师口头提示下会餐前洗手，能够进行餐前准备，如排队拿碗和筷子等待打饭；能够进行餐后收拾，如吃完饭，会将剩饭剩菜倒到垃圾盆内后，将筷子和碗筷放到另一容器内。

在如厕方面，能够大小便并且会选择适合自己性别的方式如厕，如厕后会自己冲水并洗手；对如厕环境有要求，不喜欢学校的厕所环境，喜欢在外面小便，如果想大便，还是会勉强自己去厕所，大便后有清洗屁股的习惯；在清洁与卫生方面，能够开关水龙头，在告知要洗手的情况下，会正确洗手；洗脸时，能将毛巾放到水龙头下打湿，能双手拧一下毛巾，能使用毛巾擦洗脸和嘴巴，在老师给予卫生纸后，会自己擦鼻涕，能将垃圾丢到垃圾桶里面。

在穿着方面，能够自己穿脱鞋、能够解开粘扣带、粘好粘扣带、能够自己脱袜子、脱裤子、脱外套，能将袜子、衣服和裤子翻正；会自己穿上松紧带裤子，但稍有不齐；能够自己穿上袜子，但稍有不齐；能自己穿套头衣服，能尝试对拉链头，但在拉拉链时，拉链头会错开并寻求老师帮忙；能自己穿鞋，有时候会穿反；能将衣裤鞋袜放到固定的位置。

（5）语言沟通

在言语机转方面，有规律的呼吸，且速度正常；具哭、尖叫、笑出声的发声能力，且具有变化，如当要求没有得到满足时，会哭闹、尖叫；大部分时间双唇可维持闭合；舌头在自主动作下，可做上下动作；可吹动纸张2~3秒，具有较好的口水控制能力，任何时候都不会流口水。

在语言理解方面，具有较好的非口语理解能力，能够对自己的名字作出反应，能够听懂不同的语气，如老师批评他时，就会回到自己的座位上；能够在情境下进行理解，如同学们都去拿红旗时，自己也会上前拿；在词汇理解方面，具有较好的人称词理解能力，具有较好的动作词理解能力，能听懂"吃、走、坐下、站起来、拿"等动作指令；具有较好的名词理解能力，如听到"收椅子"会把椅子收起；能够理解6~8个身体部位名词，如大腿、屁股等；能理解至少两个空间词，如老师说"糖在凳子下面"他会跑到桌子下面、椅子下面去找；能正确反应简单陈述句，如老师说"去吃汉堡"，他会露出高兴的表情；能理解简单疑问句，如老师指"这是什么？""这是谁？"的时候，他能回答出来；能理解否定句，经常用"不要"来表示拒绝。

在口语表达方面，可以用声音表示需求，会用声音表示情绪，能够使用拟声词，且量多；在语汇表达方面，能说出至少20个名词，如吉普车、奥特曼、赛车等；能使用至少5个动词，如关、吃、走、开、坐等；能说出自己的名字，如老师点名时，拿着他的名牌，说"柳……"他会说"柳××"。在简单句使用方面，能进行需求的表达、打招呼，如"老师早上好"等；能够使用部分人称词，如"妈妈""王老师"，能使用第一人称，如"我要吃鸡腿饭"等；在简单句表达方面，能使用主谓宾的简单句，如当看到同学在吃糖时会说"柳××吃"；能使用否定句表示拒绝，如当老师要他喝水时，会说"不要喝水"。

在沟通能力方面，能短暂地注视与其说话的人，沟通意图视兴趣物而定，对自己感兴趣的或新奇事物和活动，表现出较强烈的动机，若是一般刺激则显得很被动；可主动表示基本需求或寻求帮助；可主动表示拒绝，能与熟悉者有主动互动行为；可作简单日常沟通，能在引导下跟老师打招呼；当意识到自己做错事情以后，会说"对不起"；能使用简单句描述事情或故事；当情绪较激动时，音量较大，语速较快，从而影响其沟通效度；能在引导下发微信语音或打电话，能唱儿歌的部分歌词。

（6）认知

在物体恒存方面，能找到被隐藏的物品，当钱包被藏起来时，可以把钱包找出来；高级物体恒存方面，当没看到自己的水杯时，会去不同的地方寻找水杯，如餐厅、书房等。

在简单因果概念方面，具有一定的事物联想能力，如看到同学去拿书包准备放学时，他也会去拿自己的书包；具有一定预期事件的能力，如听到转换铃响之后，会自行收拾椅子，进行转换活动。

在基本物概念方面，能够作相同物配对，餐后能将碗和碗放在一起，不吃的饭菜倒进渣盘；能将相同物品分类、听到物品名称时，会指认或拿给大人，如老师说"拿凳子"，他会拿凳子，并将凳子叠在一起；能依物品功能正确操作，如拿水杯喝水、拿筷子吃饭等；能依物品功能进行配对，如鞋子搭配袜子；会依物品颜色作不同物之颜色配对，如依颜色分班，能将自己的照片放到相应颜色的班级；会将同色的不同物品分成一堆，如收拾早操器械；能依物品形状作不同物的形状配对，能将积木放进相应形状的玩具桶里；具有一定的大小、多少、长短概念，知道拿大的饼干、多的饼干、长的饼干；能反应上下，如老师说"糖在凳子下"，他会去椅子下面找。

在符号概念方面，可正确反应实物，且理解量多，如汉堡、可乐、薯条等；能认识图卡，且理解量多，能看外卖单点餐；能够认识自己的名字，能认识部分文字，如"小白兔"等。

在数概念方面，能认读数字1~100，能数10以内的物品，能够进行1~5的数与量的对应；在模仿能力方面，具有一定模仿动作的能力，能模仿身体动作，能模仿手部动作等，如能模仿部分早操动作；能模仿操作物品，如看到老师挥动旗杆，他接过旗杆后，也会挥动。

在记忆能力方面，能够记住教室中常用物品放置物品，如：书包的位置、杯子的位置、鞋子的位置、袜子的位置；在解决问题方面，想要某些东西时，会想办法取得，有困难时会设法解决；有困难时，会主动找人帮忙解决问题，如衣服穿不上的时候，会使用声音引起老师注意，并使用短句"老师帮忙"请求老师帮忙；具有较好的技能应用能力，能将所学技能自动应用于各种生活情境中，如将插棒技能应用于吸管插牛奶的情境中；在口头提示下，会发现错误且自我修正；在简单阅读方面，能够对图画书中的简单物品或人物有反应，看电影时，能根据画面的内容，模仿其中的动作；能找到故事书中的插图，如故事中的"北极熊"。

（7）社会适应

在自我概念方面，可认识自己的照片，签到时能拿自己的照片签到；可认识父母或主要照顾者的照片、能认识自己兄弟姐妹或同伴的照片，在全家福照片中，能找到爸爸、妈妈和姐姐的位置；能认识自己的身体部位，老师说相应部位时，能指出来；能认识自己的东西，如能找到自己的水杯、书包等物品；能够做出与自己性别相符合的行为，如能自己去男厕所小便、大便（会嫌弃学校厕所的环境，喜欢在家或在室外小便）。

在环境适应方面，能和父母（或主要照顾者）分开整天且不哭闹，如上学时，能自己进教室；喜欢别人逗弄或和他玩，课间喜欢老师的逗弄；对陌生人会适当表现出怕生，但经一段时间熟悉后，就有所改善；会避免接触日常生活中的危险事物，如烫的东西、尖锐物品；在口头告知下能参与到新活动中来，如老师在口头告知其走椅子后，能主动参与；能适应陌生环境；能听老师的指示，并遵守教室规则，如做早操时，在老师口头指示下，会回到自己的位置上；在口头提示下会进行玩具收拾，如当老师叫他收玩具时，他会收玩具。

在人际关系方面，看到父母或家人时，会立即出现高兴的表情，放学时，会喜笑颜开地离开教室；在与人互动时，有部分时间会注视对方（课堂教学时，会在提示下注意教学对象和教学刺激）；当同伴靠近、玩耍、打招呼时，会有回应，如让其跟同学问好，会向同学问好；在口头提示下，会接近同伴，如老师说："去帮小明。"他会跑到小明在的地方；在别人要求下，会帮助别人，如老师叫他去搬桌子时，他会和同学一起搬桌子；能主动等待，如走凳子时，前面有同学还未走完，会停下来等待；会主动轮流，如上晨会课时，会主动轮流进行签到点名。

在游戏特质方面，对各种不同类型的玩具有功能性的玩法，如会开赛车，会骑脚踏车，会滑滑板车等，对同一玩具有不同的玩法，如会把蓝色的凳子套在头上，当帽子；可以和同伴一起玩合作性游戏，如会和小薛一起推车轮胎。

第二节　教育诊断结果综合分析

一、报告书中的基本项目说明

（一）各项目说明

障碍类别及程度与成因：根据各类型障碍诊断标准或定义，结合学生现有行为表现、出生史、发展史等分析所属的障碍类别及程度。

学习的优弱势：从学生基本特质的维度分析，如学生学习特质、学习特点、学习兴趣等。

未来发展潜能：关注学生下一阶段发展，对学生学习生涯作规划，并作远景描述。

障碍影响：分析学生现有障碍对其自身发展的影响，如言语机转能力较差影响其口语清晰度。

建议对策：主要针对其优劣势、需求程度、所需的教学策略而定，对策应该包括方法、支持的程度、环境、人员等。

安置：就学生目前的学习需求确定安置场所及形式，指出安置在何校何班，教师为谁。

其他建议：参会人员及家长的需求与建议。

（二）教育重点分析

教育重点是对学生未来学习内容的规划。根据课程评量而拟订，每个领域均应确立重点，教育重点可作为该生这一期或一年在这一领域内的长期目标。

1.教育重点涵盖的内容

①学生教育生涯中每一阶段的安置，其参考依据为：特殊教育法律法规中有关安置措施及国内现有的服务模式；朝向正常化的最大可能；家长意见。

②每一安置阶段的学习重点，即：该生各发展领域目前已发展的能力，下一阶段应发展的能力，拟订时可参考发展的需要及结合环境分析列出的最应重视的部分。

③学生现有障碍引发的需求与需长期关心、培养的能力，如工作人格的养成、视力问题的解决、手功能障碍的处理等。

④现阶段需建立的关键能力。分析影响各领域能力往下一阶段发展的因素及相互关系，确定关键能力或优先领域（这些能力或领域建立以后可以带动相关能力的发展）。

2. 教育重点的来源

①课程评量，如《双溪心智障碍儿童课程评量》《早期疗育手册》《重庆师范大学特殊儿童适应性功能教育课程》《职业教育课程》等。

②学生特质：年龄段、兴趣、学习特点。

③对学生现有水平的预估，结合其学习速度进行分析。

④生态环境（家庭、社区、学校）。

理论上讲，未达满分的项目均是候选目标，但是，这些候选目标不一定适合该学生，所以要结合学生自身状况及其所处的环境才能制订适合该生的教育方案。

3. 教育重点的拟订原则

（1）满足学生的需求

个别化教育的实质是满足学生特殊需求的教育。其需求来自三个方面：①发展需求，即在学生现有能力基础上需学习的内容；②环境需求，即围绕家庭、环境、学校、社区作生态评量所分析的需求；③障碍类别本身引发的学习需求，如自闭症学生有社交互动的学习需求，在教育重点中应增加此部分内容。

（2）顺应儿童的发展

大部分发展性障碍儿童整体发展水平落后于普通儿童。尽管如此，其发展顺序仍与普通儿童一致。因此，在发展性障碍儿童的教育重点规划中要找到其最近发展区，结合发展序阶作内容规划。

以儿童动作发展为例，儿童动作发展的顺序是"抬头 → 坐 → 爬 → 站 → 走 → 双脚跳 → 单脚跳 → 跑"，而精细动作、口腔动作的发展与粗大动作的发展是紧密相关的，如果儿童目前尚处于坐的阶段，对应的手部动作的发展可能处于手臂活动阶段，而口腔运动属于远端动作发展，故该儿童目前在动作方面发展的重点应该是扶物高跪、爬行、跪走、站、抓握等，口腔运动暂不列入重点。

此外，在内容的宏观把握上，学习需求还应结合个案所处发展阶段作有重点的规划。例如处于感知运动期的儿童，其发展重点应结合该期发展概要（感知觉、运动、认知、社会情绪）作教育重点的规划。

（3）遵从儿童发展的整体性

通常学业成就所用到的评量包括了感官知觉、粗大动作、精细动作、生活自理、语言沟通、认知、社会技能等领域，这些领域之间相互关联，相互影响。学生是一个完整的个体，其发展同样也是各领域相互影响的结果。在作教育重点规划时应结合学生现阶段发展的特点，遵循全人发展的原则，作各领域学习内容的规划。

同时，在规划时，学习内容的难度要切合其所处的学习阶段，而学习内容要符合其生理年龄。如同样是学习一首5个字歌曲，学前儿童所学可能是儿歌，而16岁以上的学生就应选择成人歌曲为宜。

4. 教育重点的拟订步骤

（1）确定重点领域与内容

分析个案所处的发展阶段，确定发展重点内容；确定个案现有能力、环境需求、障碍类别本身的学习需求，结合发展序列和阶段及年龄分析出教育重点的难度与内容。

（2）结合整体、一致原则进行修正

根据发展的特点检查各领域内容难度是否合适，内容有无重复，是否符合生理年龄要求，对确立的教学重点进行修订。

二、教育诊断综合分析示例

1. 障碍类别及程度、成因

根据美国心理协会（APA）在DSM-5（2013）中的描述，分析个案的行为表现。

（1）该个案在社交沟通和社交互动的能力上，有持续性的缺陷，其表现如下：

①该生无法继续有多次交互的对话，沟通多以表达需求为主，主要用单一问答的方式进行。如在学校，遇到老师就一直说"红烧肉"，完全不顾情境，也不在意别人的表情、动作和声音的回应。

②在社交互动的非语言沟通关系上有缺陷，从生疏的整合言语和非语言的沟通到不正常的对视和肢体语言都有体现。如无法用完整句表达需求、描述事实；当有要求时，多用不清晰的词汇及不当的情绪（哭闹、吼叫、呕吐等）和行为（掐人、抓狂、打滚等）进行表达。

③在发展和维持人际关系（除了与主要照顾者的关系）以及心智合宜的发展上有缺陷。在面对不同的社交状况，有困难调整自己的行为；难以加入有共同想象力的活动以交到朋友，且到对人或对同伴不感兴趣；如该生的环境适应能力较差，当进入一个除学校教室和自己家庭之外的环境时，无法做出和环境相适应的情绪和行为，只顾寻找自己的兴趣物（哭闹、横冲直撞、抓狂、撒泼打滚），毫不在意别人的感受，无法遵守规矩和礼仪。

（2）该个案有固执的、重复的行为、兴趣或举动，主要表现在以下2点：

①固定或重复的语音、肢体动作或操弄物件，如每天都要吃固定的食物（土豆）且严重偏食（土豆、鸡翅、牛肉、红烧肉），用冲撞等单一、重复的方式玩小汽车；用重复的，别人难以听懂的口语，念叨同一动画片的内容；只穿经常穿的鞋子；去用餐时，都会走同一流程，做固定的事情，如每次都要吃同一食物，到同一位

置看书等。

②过度遵守常规惯例、语言或非语言的行为有仪式化的模式或极端的拒绝改变，如每天从起床到进教室这段时间，会用重复性的语言一直问妈妈，用撒泼打滚、哭闹的方式缠着妈妈，直到妈妈同意为止，才愿意进教室；在妈妈答应要给他买鸡翅，没有兑现或者换成其他的食物的时候，会难以接受，不容易改变，会抓狂，不停地哭闹、耍赖，直到妥协为止；在放学时间，如果妈妈来晚了一点，他也无法忍受，会哭闹到呕吐。

（3）该儿童在早期发展中就有此症状。

（4）这些症状在临床上会导致社交、职业和其他重要功能的障碍。

（5）这些失调都不能用智力发展障碍或发展迟缓来解释。

综上所述，该生有（中度）自闭症的行为表现。

2. 学习之优、弱势

优势：记忆力较好，具备模仿能力，学习速度较快，视觉学习能力强；对喜好事物的注意力持续时间较长，可在引导下维持注意力和学习活动；操作能力较强，经诱导可与同学和老师互动；有一定的运动游戏技能，生活自理能力较好，能进行自我照顾，有心机。

弱势：自律性差，耐性不足，适应新环境时需要充足时间（如家里来客人，或走亲戚时，情绪会很兴奋）；技能需多次练习才能掌握，听觉理解能力不足，课堂教学中容易走神，性格急躁，导致语速偏快，影响沟通的效度。

3. 未来发展潜能

在他人的引导下，能遵守学校规则及课堂规则，能学习简单文化知识，为进一步入学做准备；具备自我照顾能力及居家生活能力。

4. 障碍之影响

听力理解不足会影响孩子的学习进程；说话的速度偏快，会影响孩子沟通的效度；孩子的个性较急，易冲动，会导致孩子学习的耐性不足；孩子会利用耍赖皮（躺地上、听不见、不行动等）逃避责任、逃避任务，得不到充分的训练。

5. 建议对策

针对孩子听力理解不足，可结合视觉优势，在环境中增加视觉提示；针对孩子利用耍赖皮的方式，给予多样化的回应，严厉批评、忽略、给他时间限制、坚持和等待等；当孩子说话速度较快时，老师回应时不能跟着急。

6. 安置措施

安置在重庆师范大学教育康复中心实验一班。

7. 教育重点

感官知觉：对人、物的注意力、对声音的理解。

粗大动作：跑步、跳、蹲。

精细动作：简单黏土造型、简单剪贴、书画。

生活自理：穿鞋、洗手、使用毛巾、使用肥皂、拖地。

语言沟通：听指令、描述语言的理解、故事理解、回答问题、问问题、看图讲故事、符合情境的打招呼、表达道歉、表达情绪。

认知：模仿、记忆、排列、问题解决、数概念。

社会适应：拨打电话、知道自己的学号、座位号、避免危险、教室规则的遵守、课堂规则的遵守，如厕，休闲、同伴互动轮流、等待、合作。

第三节　召开个案的教育诊断会

一、个案研讨会的目的

个案研讨会是进行个别化教育的重要环节，主要目的是：

①从不同人员处（家长、教师、医生、科研人员等），通过不同的方法（观察、调查、谈话、评量等）了解学生不同方面（生理、动作、感知、情绪、行为等）的实际情况，并找到影响身心发展的原因（家庭、学校、社会、生理、心理），了解学生自身发展的优劣势，做好教育诊断，为制订学生个别化教育计划提供尽可能准确的依据。

②发掘学生的潜力所在，拟订支持辅助系统的人员、方式和支持的程度、内容等。

③让各类人员对个案的情况有全面了解，并能互通信息，便于各类人员的相互理解和配合。

总之，个案会实际上就是"会诊"，是各领域专家针对某生的集会，这一会诊最后要开出对该生教育教学的"处方"。

二、个案会准备

首先，准备好各领域评估结果，汇总到教育诊断报告书中。

其次，选择联系各类测评人员。个案会召开前 20 天会议主持人通知各位相关人员，各自做好自己承担的评量、调查，并于开会前 10 天将结果与原件返回登录者，登录者将所有信息汇总做好摘录，于开会前一周将摘录交至各参会人员手中。再确认个案会时间、地点，并通知家长。

最后，个案会主持人与登录者应为同一人，此人为教学、教研主管，与学生有较为深入的接触，较全面了解并作过该生部分调查、测评，需有相当的专业知识和实践经验。

三、个案会进行

（一）程序

①主持人宣布个案会开始，简述会议目的、程序、规则。

②主持人介绍参会人员。

③各板块评量人介绍学生资料、家庭资料、各板块评量结果。

④主持人按"调查评量"各项请各类测评、调查人员汇报检测情况，参会人员可以就一些问题提问。

⑤主持人对各类情况进行综述。

⑥进入综合分析研讨（按序进行），参会人员广泛研讨，集思广益，主持人做好详细记录。

记录内容如下所述：

项目	内容
障碍类别	指出个案是哪种障碍类型及程度。
学习优劣	就个案学习特质，可以作总体优劣势描述。
未来发展潜能	主要根据其优势作今后职业、社会生活适应的预估。
障碍影响	就其主要障碍分析对环境适应的负面影响。
建议对策	主要针对其优劣势及需求程度而定，对策应该包括方法、内容、支持的程度、环境、人员等。
安置	指出安置在何校何班，教师为谁。
教育重点	根据课程评量而拟订，每个领域均应确立重点，教育重点可作为该生这一期或一年在这一领域内的长期目标。
其他建议	参会人员及家长的要求与建议。

⑦主持人总结后，参会人员签名，并记下会议进行的年、月、日。

⑧一个案会需 1 ~ 1.5 小时。

（二）个案会类别

一类为学生入学后首次召开的研讨会，此次会议要求最为严格，一般于新生进校一个月后举行，尽量准备充分。做好全面的测查、评量，让更广泛的相关人员参与，报告书由主持人整理，连带各类原件进入学生档案。

另一类个案会是在教育过程当中，一学期总结、遇到急需解决的困难问题时召开的会议，参会人员包括相关人员，如教师、家长等，针对问题作评量，并拟订后继个别化教育计划，提出解决问题的方案措施。

（三）一些问题说明

参加个案会的人员视具体情况而定，若不能请到检查医生、专业测查人员或专门教育心理咨询人员到场，个案会由主管教师主持，所有任教教师及该学生家长都应参加。

学生生理状况可通过病史、病历及家长了解。教师还可以向学生家长提出生理检查建议，比如听力测查、发育问题、学生的发音器官检查等，并与当地医院、医生联系。

教师若无法找到更多更好的调查测评表，课程评量一定需要，教师可自行设计部分调查、测评。"综合分析研讨"务必逐条认真分析、讨论。

第四节　拟订个别化教育计划[1]

一、拟订个别化教育计划的意义

个别化教育计划（IEP）的拟订，意味着教育诊断以后，教师及家长针对该学生的教育需求，着手对其教学目标、内容进行具体的计划、安排，并形成文字，以便为后面的教学活动设计提供各种教学支持。它将成为计划执行阶段的教育教学依据。

【IEP 管理】

IEP 管理包括制订与调整。这里 IEP 是以一个学期为计划的，教师先选定执行的学期，然后才可进入正式制订环节。在【添加目标】栏选择学科，在【评量报告参考】栏选择参考的评量报告。在【教育评量】环节做过的量表结果，就会在这里显示，系统会根据评量的分值自动分组，教师可以自行根据自己的标准，选择适合分值的选项，作为长短期目标。

长短期目标可以从【评量报告参考】栏里面选取设置，同时，其中的文字是可以编辑的，是为了在给教师提供便利的同时，也保留教师自主发挥的权利。

[1] 部分内容来自江津向阳咨询教师工作营 2013 年资料。

二、个别化教育计划的拟订过程

个别教育计划拟订在个案研讨会之后，即教育诊断以后。整体个别化教育计划的构成包括主要（核心、优先）目标、相关目标、次要目标。关键的基本能力与衍生的能力，可以学期中再补充，因为需动态产生。

（一）拟订长期目标

长期目标指较为概括、抽象、有指示性的，时间为一学期或一学年的目标。

拟订长期目标的依据有以下几点：

①个案研讨会着重在课程评量后各领域的教育重点；

②家长的意见与需求；

③学生下一个安置阶段的环境要求；

④教师对学生的了解和观察；

⑤学生能力的发展顺序。

长期目标给出了一学期或一学年所应达到的能力目标，是个别化教育计划的纲领，可以衍生出教学策略与评量标准。它包括学生所安置环境中的主观需要和学生发展上的客观需要。表 5-2 是对长期目标的内容、拟订原则的归纳。

表 5-2　长期目标的内容和拟订原则

内　容	拟订原则
学生所需	参考安置环境中阶段教育重点 参考安置环境中的适应需求 家长期望与教师观察
学生所能	参考课程评量的结果（能力的优弱点、原因分析、建议） 参考发展理论
各领域（学科）教学重点	将上述需要转换成各领域（学科）的分类（课程领域） 写出各领域（学科）的教学重点，叙写形成长期目标

（二）拟订短期目标

短期目标是达成长期目标的细致、具体的步骤或内容，是完成长期目标的保障。它由学生身心发展、知识能力掌握形成的序阶排列构成，内部联系较为紧密。随着短期目标的依次完成，最后达到长期目标的实现。

1. 短期目标选择依据和方法

以课程各领域长期目标为导引，勾选教育训练栏的四码细目中的 0 分项、1 分项和 2 分项，3 分项表明该项能力已经达到不必再选。给 3 分必须慎重，需在不同场景评量此项，反复确认此项达成的情况。

课程中并未列出的细目，但该生生活中确实需要的内容，教师可自行设计，进入短期目标和选择其他课程里的短期目标。

本着全人发展观，一学期中每个领域的短期目标以 6 ～ 8 个为宜，对学生的重点领域或一般性领域可作相应增加或适当减少。

形成学生 IEP 教育计划短期目标栏，每位学生 1 份，需认真填好、保存，并随时翻阅，教师尽量做到烂熟于心。班级所有教师均应有每个学生的 IEP 教育计划。

将学生的 IEP 中的教学策略栏填好（针对此项短期目标的教学策略），比如某生"能跨过 20 厘米""学生能双脚跳过 10 厘米"等，适合在体能和游戏活动中进行，这就是教学策略。

对学生能力也需要有个预估。

2. 短期目标分析的维度

短期目标的分析应在长期目标的指引下进行。

①长期目标所涉及的过程顺序，如会自己洗手（拧开水龙头→把手淋湿→抹肥皂→搓泡泡→冲洗泡泡→关水龙头）。

②长期目标所涉及的内容，如会做餐前准备（摆碗筷、摆椅子、放餐巾纸）。

③长期目标所涉及的难易梯度达到的水平，如提升数的理解能力（唱数→点数→数量配对→认数）。

以"会穿衣服"为例看短期目标的分析、评量、选择，如图 5-2 所示。

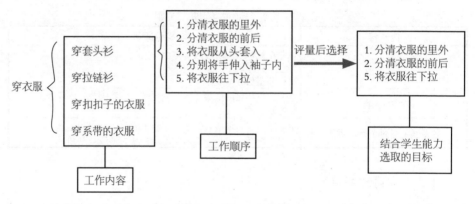

图 5-2　短期目标示例图

（三）IEP 拟订

IEP 拟订人员主要是教师、家长、学生，由教师带领家长并听取家长和学生意见一起拟订；也可由教师拟订后，征求家长、学生意见，作适当的修改和补充。

三、如何选择与叙写目标

（一）选择目标

1. 选择目标的基本原则

第一为学生"所能"。评量学生目前发展的成熟度，以此为基点制订下期可能学会的技能，即学生发展可能的趋势。比如，"目前已能烧开水"，下期就可以"学习泡茶"。

第二为学生"所需"。选择学生在生活上所需要的能力，主要看目前生活环境的需要和未来环境的需求。在所能范围内选择实用性的目标。比如，目前环境需要学生会"热剩菜、剩饭"，下一环境则需"会下面条或冲泡方便面"，我们就可将这两条选为目标。

2. 选择目标时需考虑的因素

①选择较容易的目标作为较复杂目标的基础。

②选择一些会培养儿童独立性、积极性及自信的目标。

③选择促进儿童发展的基础性技能。

④从不同领域中选择相关联、互相促进的目标，不要只在一个领域里选择，要家长学生参与决定。尊重儿童阶段性发展需求，并不是在每个领域平均使用力量，而是有重点目标、一般目标、相倚目标的区分。

（二）叙写目标

拟订个别化教育计划时，常需要叙写目标。叙写时可能有目标不明确、难以评量等问题出现。叙写目标是拟订 IEP 的基本功之一。

1. 叙写目标的原则

目标叙写应以简洁为本，不能拉杂、啰唆；目标叙写应就一能力、技能作具体描述，切忌空泛；可操作评量，目标应可操作，便于评量。

2. 长期目标的叙写

以一个动词加名词、词组（所需学习内容）形成该领域本学期的长期目标。长期目标所用动词大多为认识、增进、获得、熟练、加强，等等。如动作领域：增进腹肌力量、加强平衡能力；认知领域：认识社区常见的符号、了解数量概念。

3. 短期目标的叙写

（1）短期目标的特点

①客观的——可观察的；

②具体的——可以用动作描述的；

③量化的——可以评量的。

（2）所含要素

要素包含谁 / 在什么情况下 / 以多少成功比率 / 做什么。

如：王 × × 在视觉提示下将三组物品按颜色进行分类，需达成 4/5 的目标。

（3）目标叙写举例

具体动作描述有：说出、画、配对、分为两堆、洗、看、摸、跳、拿；

不具体的叙述有：喜欢、爱护、具有、合作、知道。

正确描述行为目标：能跨过 20 厘米高的障碍物，能唱数 1 ~ 10，能用笔仿画"+"。不正确的行为目标叙写："能注意听课""能主动物归原主"。

正确的行为目标、完整叙写：如"学生能看图说出三种动物名称""学生能仿画三角形""学生能模仿做舌头动作"等。

（三）长期目标如何叙写成短期目标

1. 方法一

长期目标：界定重要而优先的环境和活动。

短期目标：界定活动内容和技能成分。

举例：

- 课程领域：社会适应
- 长期目标：能完成在家中和社区餐饮场所中的用餐活动。
- 短期目标：能在家中用餐时，做餐前准备之擦餐桌及摆碗筷；

　　　　　能在家中用餐时和餐后收拾餐桌及碗筷；

　　　　　能依自己需要选择在社区中哪个小食店用餐；

　　　　　能在社区小食店用餐时，会自己看菜单点餐；

　　　　　能使用社区餐馆中的厕所。

2. 方法二

长期目标：界定重要而优先的技能。

短期目标：界定表现的情境（如环境和活动）。

举例：

- 课程领域：社会适应
- 长期目标：增进使用金钱的能力。
- 短期目标：能在小食店用餐时点 3 种食品并付钱；

　　　　　能在社区小商店购买日用品 5 种；

　　　　　能在菜市场购买菜 5 种；

　　　　　能独立付钱坐 1 路公车。

3. 方法三

由各科教师自行依长期目标叙写短期目标。

（四）长期目标和短期目标的关系

1. 长期目标之下的短期目标之间是并列关系的叙写方式

正例：短期目标之平行关系

领　域	长期目标	细目内容、分类例（短期目标）
1. 认知领域	1.1 加强抽象概念的理解能力	1.1.1 能指认 3 种以上的形状 1.1.2 能指认 3 种以上的颜色 1.1.3 能指认 3 个以上方位
	1.2 加强形状概念	1.2.1 能指认圆形 1.2.2 能指认三角形 1.2.3 能指认方形
2. 技能领域	2.1 增强身体清洁能力	2.1.1 刷牙时，能自己把水吐出来 2.1.2 洗手时，能将手上的肥皂泡冲干净
	2.2 能整理厨房	2.2.1 能自己洗碗盘 2.2.2 能擦干净流理台 2.2.3 能把厨房用品分类放好
	2.3 能整理厨房用品	2.3.1 能把刀具分类放好 2.3.2 能把餐具分类放好 2.3.3 能把调味品分类放好
3. 情意领域	3.1 增进自我认知能力	3.1.1 能介绍自己的特点 3.1.2 能接受行为方面的批评 3.1.3 能收集自己满意的作品

反例：短期目标之隶属关系（不适宜的短期目标）

领　域	长期目标	短期目标	
		正确的叙写方式	错误的叙写方式
1. 粗大动作	1.1 增进跳高的能力	1.1.1 能双脚并拢从约 10 厘米高的矮台跳下 1.1.2 能原地双脚跳一下 1.1.3 能跳过约 8 厘米高障碍物	1.1.1 能跳 10 厘米 1.1.2 能跳 20 厘米 1.1.3 能跳 30 厘米
2. 认知	2.1 加强形状概念	2.1.1 能分类至少 3 种形状 2.1.2 能辨认至少 3 种形状	2.1.1 能认 1 种形状 2.1.2 能认 2 种形状 2.1.3 能认 3 种形状
3. 生活自理	3.1 增强身体清洁能力	3.1.1 此种情况可仍沿用后面的短期目标，但是要修改长期目标为提高刷牙的能力。	3.1.1 会挤牙膏 3.1.2 会开水龙头 3.1.3 会刷左边的牙 3.1.4 会刷右边的牙 3.1.5 会吐水

2. 短期目标的功能性 / 发展性叙写方式

领　域	长期目标	短期目标	
		A 功能性的活动（情境的）	B 技能细目（内容分类）
1. 感官知觉	1.1 加强形象背景区分能力	1.1.1 能从衣柜中找到想穿的衣物来穿 1.1.2 能从一堆故事书中挑出一本请人说给他听	1.1.1 能从复杂背景中找到指定物品（可再列出该物品是什么、数量是多少） 1.1.2 能从复杂背景中找到指定图形 1.1.3 能从复杂背景中找到指定颜色
	1.2 加强听觉记忆力	1.2.1 能要求播放自己听过的某一首音乐 1.2.2 能要求重述以前听过的故事	1.2.1 能指出昨天听过的乐器声 1.2.2 能指出昨天听过的物品名称

续表

领域	长期目标	短期目标	
		A 功能性的活动（情境的）	B 技能细目（内容分类）
2. 沟通	2.1 能以替代方式达到写的功能	2.1.1 会盖章填写个人资料表 2.1.2 会盖章填写日期表 2.1.3 会盖章以标志自己的课本及作业本等所属物	2.1.1 会在 3 厘米 ×3 厘米的范围内盖章 2.1.2 会依上 / 下 / 左 / 右顺序盖章10 个以上 2.1.3 会选择正确的盖章处

（五）各短期目标的支持策略

一份个别化教育计划应用相配合的个别化教学计划、支持计划，可具体至每个目标，也可有各角度的人、事、物支持。

四、个别化教育计划实例

个别化教育计划在个案会以后，依据个案总报告书进行拟订，可以按一日活动拟订，也可以按所选课程领域拟订，一般情况下，按课程领域拟订 IEP 长短目标。若要按一日活动拟订 IEP，则将课程领域拟订的 IEP 中的短期目标分至一日活动中。所以，按领域和按一日活动两种个别化教育计划之间是相沟通、相连接的关系。以下为根据小柳教育诊断报告中的教育重点拟订的两种形式的个别化教育计划。

（一）按所选课程领域拟订的个别化教育计划

按课程领域拟订的个别化教育计划，长期目标主要以个案报告书中的教育重点叙写，短期目标是在长期目标下面的具体细目标，既参考课程细目又结合教育教学实际生成。所以按领域和一日活动两种方式个别化教育计划之间是相沟通、相连接的关系。

表 5-3　个别化教育计划

姓名：小柳　　　　　性别：男　　　　　　出生年月：2014 年 3 月 23 日
拟订教师：胡、雷、郭、湛　　　　　　　评量日期：2018 年 9 月 18 日
拟订计划日期：2018 年 9 月 30 日　　　　计划执行日期：2018.10—2019.1
安置：实验一班

领域	目标		负责教师	教学决定	测评结果	测评人员/日期	情境	策略
感官知觉	1.1 提高视觉应用能力	1.1.1 当专注于自己的事情时，有人或物的靠近能有所察觉：抬头看、起立、转身					上课、休闲	听觉及触觉，夸张的动作提示（由强到弱）
		1.1.2 能自如切换对老师和同学的注意力：在活动或人物变化时会注视、配合					团体课	活动调整、视觉、动作、声音的提示、兴趣物的诱导、同伴的支持
	1.2 提高听觉应用能力	1.2.1 当上课铃声响起时，能调整自己的状态参与到相应的活动中：收玩具、坐好					上课前	主教用视听触的方式让其注意；助教用手势、动作和声音提示帮其回到课堂上

领域		目　标	负责教师	教学决定	测评结果	测评人员/日期	情　境	策　略
粗大动作	2.1 提高心肺功能	2.1.1 在一次运动中，能坚持绕足球场跑3圈（一圈一歇或者两圈一歇）					体能课、生活中	增强、视觉提示（任务提示卡）、肢体协助、素材调整、坚持、个别指导
		2.1.2 会往返跑，至少30米/次；拿着沙袋跑，放到30米远处的篮子里						
	2.2 提高肌肉力量	2.2.1 能用双手平举500克的哑铃（也可用2瓶500毫升矿泉水代替），一次至少30秒，至少4次						
		2.2.2 会做地面手支撑，至少30下/次，至少5次						
		2.2.3 会开合跳，至少20下/次，至少5次						
精细动作	3.1 提高简单的劳作技能	3.1.1 能使用黏土或面团进行简单的造型，如用面团做包子馒头，包饺子，至少能完成3种					角落活动、展业课	素材的调整、活动的简化、特殊器材、支持、环境调整
		3.1.2 能使用颜料或水粉着色简单情境画，至少5幅						
		3.1.3 能用简易线条画出有造型的情境图：车撞人、救护车来了						
		3.1.4 能使用固体胶将剪好的图案粘成一幅画：房子、鱼、花						
		3.1.5 能使用不同的材料做粘贴画，如豆子、树叶、吸管等，至少能完成3种						
生活自理	4.1 提高穿脱能力	4.1.1 穿鞋时，能分清左右					到校、转换、放学、午休、午餐、间食、如厕后	环境支持、素材的调整、动作协助、视觉提示、工作分析、坚持、等待
	4.2 提高清洁与卫生的能力	4.2.1 会使用肥皂搓洗小毛巾						
		4.2.2 能使用毛巾擦脸						
		4.2.3 能用拖把拖地：用拖把将明显的垃圾、水渍拖干净						
语言沟通	5.1 提高语言理解能力	5.1.1 能听懂学校生活中常见的指令，如把水杯给×××					喝水时间、转换时间、小组课、小团体课、个别指导、晨会、一日活动	视觉提示（课表）、示范教学、简化、教材调整、环境支持、练习、重复、范化、座位安排、多感官学习、个别指导、生活化、动作和表情和图片
		5.1.2 能听懂描述性的语言，如去找胡老师拿水彩笔，至少8种						
		5.1.3 能理解有图片+文字提示的简单故事，至少5张图，20字以内						
	5.2 提高口语表达能力	5.2.1 能回答与教学相关的问题：是什么？做什么？在哪里？						
		5.2.2 会使用"什么？""谁？""在哪里？""怎么了？"等常见的问句						
		5.2.3 能看图讲故事，至少5张图片，如《小猪吃西瓜》《水果切一切》						

领域		目 标	负责教师	教学决定	测评结果	测评人员/日期	情 境	策 略
语言沟通	5.3 提高沟通能力	5.3.1 能用符合社会规范的方式表示道歉：×××，对不起					喝水时间、转换时间、小组课、小团体课、个别指导、晨会、一日活动	视觉提示（课表）、示范教学、简化、教材调整，环境支持、练习、重复、范化、座位安排、多感官学习、个别指导、生活化、动作和表情和图片
		5.3.2 能用符合社会规范的方式表达情绪：我生气了						
认知	6.1 提高模仿能力	6.1.1 能模仿使用器械：跳绸带舞					小组教学、团体教学、个别指导	视觉提示（课表）、示范教学、简化、教材调整，环境支持、练习、重复、范化、座位安排、多感官学习、个别指导
	6.2 增进符号概念的理解	6.2.1 能根据情境和图片认读简单字卡，如同学的名字、课表、值日安排表						
		6.2.2 能读出绘本中的简单完整句，如用小刀切土豆						
	6.3 增进记忆的理解	6.3.1 学校生活中，能正确将自己和相应数字配对，如午餐喊号，自己的学号、座位号等						
	6.4 增进排列的理解	6.4.1 能依故事内容排列图卡，至少5张图卡						
社会适应	7.1 增强自我概念	7.1.1 会根据视觉提示（老师呈现电话号码），拨打父母的电话——上学时报平安、放学时要求接回家					接园、放学、教学活动中	视觉提示卡、环境支持、素材调整、忽略、安抚、延迟满足、要求、增强、减弱、提醒、同伴支持、引导
	7.2 提高环境适应能力	7.2.1 会注意避免生活中的危险物品：电、火、尖锐物品					一日活动班级教学、午餐、电影时间、购买活动、放学、上学、课前	
		7.2.2 能遵守教室规则，如安静、排队、物品归位						
		7.2.3 能在适宜的地方如厕						
	7.3 提高人际互动的能力	7.3.1 在活动中，能适当等待、轮流						
		7.3.2 会和同伴合作完成一项简单的任务：抬桌子、摆桌椅、拼拼图						
		7.3.3 能与同学互动，如打闹、争抢玩具						

目标完成情况：0 完全未完成；1 达到25%；2 达到50%；3 达到75%；4 达到100%

教学决定：P 继续；S 更换

（二）按一日活动拟订的个别化教育计划

以按领域拟订的个别化教育计划为基础，将各短期目标分配到一日活动当中，进一步明确一日教学活动的目标引领。

个别化教育计划

姓名：小柳　　　　　性别：男　　　　　出生年月：2014 年 3 月 23 日

拟订老师：胡、雷、郭、湛　　　　　评量日期：2018 年 9 月 18 日

拟订计划日期：2018 年 9 月 30 日　　　　　计划执行日期：2018.10—2019.1

安置：实验一班

领域/科目/作息	目标	策略	教学决定	测评结果	测评人员/日期	完成情况
接园	会根据视觉提示（老师呈现电话号码），拨打父母的电话：上学时报平安、放学时要求接回家	提醒、同伴支持、引导				
晨会和早操	能对老师和同学有较好的注意力切换，在活动或人物变化时会注视、配合	活动调整、视觉、动作、声音的提示、兴趣物的诱导、同伴的支持				
	能模仿使用器械：跳绸带舞					
	能根据情境和图片认读简单字卡，如同学的名字、课表、值日安排表					
	能遵守教室规则：安静、排队、物品归位					
小组课	当上课铃声响起时，能调整自己的状态参与到相应的活动中：收玩具、坐好	示范教学、简化、教材调整，环境支持、练习、重复、范化、座位安排、多感官学习、个别指导、生活化				
	能听懂描述性的语言：去找胡老师拿水彩笔，至少8种					
	能理解有图片和文字提示的简单故事，至少5张，20字以内					
	能回答与教学相关的问题：是什么？做什么？在哪里？					
	会使用"什么？谁？在哪里？怎么了？"等常见的问句					
	能看图讲故事，至少5张图片如《小猪吃西瓜》《水果切一切》					
	能依故事内容排列图卡，至少5张图卡					
	能读出绘本中的简单完整句：用小刀切土豆					
转换时间	能听懂学校生活中常见的指令，如把水杯给××	视觉提示环境支持、练习、重复、范化、多感官学习、个别指导、生活化				
	能用符合社会规范的方式表示道歉：××，对不起					
	能用符合社会规范的方式表达情绪：我生气了					
	会注意避免生活中的危险物品：电、火、尖锐物品					
	能在适宜的地方如厕					
	能与同学互动：打闹、争抢玩具					
	当专注于自己的事情时，有人或物的靠近能有所察觉：抬头看、起立、转身					
展业课/角落活动	能使用黏土或面团进行简单的造型，至少能完成3种如使用面团做包子、饺子	素材的调整、活动的简化、特殊器材、支持、环境调整				
	能使用颜料或水粉给简单情境画着色，至少5幅					
	能用简易线条画出有造型的情境图：车撞人、救护车来了		.			
	能使用固体胶将剪好的图案粘成一幅画：房子、鱼、花					
	能使用不同的材料做粘贴画，至少能完成3种如豆子、树叶、吸管等					
午餐/午休	学校生活中，能正确将自己和相应数字配对：午餐喊号、自己的学号、座位号等	环境支持、素材的调整、动作协助、视觉提示、工作分析、坚持、等待				
	穿鞋时，能分清左右					
	会使用肥皂搓洗小毛巾					
	能使用毛巾擦脸					

续表

领域/科目/作息	目 标	策 略	教学决定	测评结果	测评人员/日期	完成情况
体能	在一次运动中，能坚持绕足球场跑3圈（一圈一歇或者两圈一歇）	增强、视觉提示（任务提示卡）、肢体协助、素材调整、坚持、个别指导				
	会往还跑，至少30米/次，如拿沙袋跑，放到30米远处的篮子里					
	能用双手平举500克的哑铃（也可用2瓶500毫升矿泉水代替），一次至少30秒，至少4次					
	会做地面手支撑，至少30下/次，至少5次					
	会开合跳，至少20下/次，至少5次					
周四活动	能依故事内容排列图卡至少5张图卡	视觉提示（课表、时钟）、示范教学、简化环境支持、练习、重复、泛化、座位安排、				
	能清点由5元和1元组成的10元以内的钱币，如8元、10元					
	在活动中，能适当等待、轮流					
	会和同伴合作完成一项简单的任务：抬桌子、摆桌椅、拼拼图					
放学	能用拖把拖地：用拖把将明显的垃圾、水渍拖干净	视觉提示、工作分析、时钟				

目标完成情况：0 完全未完成；1 达到25%；2 达到50%；3 达到75%；4 达到100%
教学决定：P 继续；S 更换

思考与实践

1. 以一个案为例，按教育诊断报告书项目组建教育诊断小组，用一个月时间完成项目所列各项内容的测评观察、调访。

2. 在第一题的基础上再收集资料，依诊断报告书各项和顺序召开个案会。

3. 完成完整的个案报告书。

第六章 / 个别化教育计划与学期总计划

> **本章摘要：**如何将个别化教育计划融入班级教育总计划是个别化教育执行的关键环节。本章介绍了在实际操作中反复练习的原则。这是个别化教育计划目标首次进入教学计划中，需认真对待并认真完成本章的"思考与实践"题目。

第一节　从个别化教育计划到学期总计划

个别化教育计划（IEP）拟订后，教师将每位学生的目标按情境类别汇总，提供给晨会、体育、音乐、美术、劳动、体能、游戏等活动的总计划拟订及教学活动设计，教学活动设计要纳入学生 IEP 中的目标，并于每次教育活动后作评鉴。

从教育诊断到 IEP 再到教学，其大致关系如图 6-1 所示。

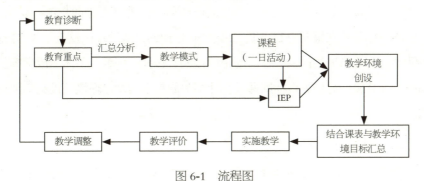

图 6-1　流程图

一、教学模式、功课表及个别化教学目标汇总

（一）分析班级教育重点，决定教学模式

教学模式是指"为实现特定教学目标，用来设计课程、选择教材、提示教师活动的基本范型[1]。"教学模式是连接教育理论和教学实践的桥梁，具概括性、

---

[1] 刘克兰. 现代教学论 [M]. 重庆：西南师范大学出版社，1993.

指导性、探索性、实作性，比如：选择学科课程和预选教材还是广域课程，或是以生活问题为核心、以发展为核心启动整合的综合教学活动而自编或选编教材。班级教育重点基于教育诊断结果，旨在汇总班级全体学生教育需求，据此确定课程，整合相关教学资源及配备相关专业人员，是一日活动设计的依据。

个案小柳所在班级教育重点分析基于按课程领域拟订的个别化教育计划，如表 6-1 所示：

表 6-1 班级教育重点汇总表

领　域	内　容
感官知觉	**对人的注意**、**视觉辨识**、**主题背景区辨**、倾听能力、**温度分辨**、紧抱、重压刺激
粗大动作	**快走**、**慢跑**、**连续跳**、**开合跳**、跨越障碍物、抛球、跳格子、**肌肉力量**、心肺
精细动作	旋开旋紧、**拧干**、撕包装、**黏土造型**、积木造型、仿画、描写、自发性书写、**剪贴**
生活自理	筷子使用、**餐前准备**、收拾、**用卫生纸**、**洗手**、**使用毛巾**、**擦鼻涕**、穿外套、分辨裤子前后、叠被子、拉拉链
语言沟通	**听懂语气**、形容词理解、空间词理解、复杂句理解、叙述性语言（3 个指令以上）理解、暗示性语理解、听懂故事、直述句表达、**表达需求**、回答问题、澄清不明信息
认知	事物联想、预期事物、**功能分类**、颜色应用、前后概念、左右概念、**认识物品**、**认识图卡**、**听懂口语**、认识文字、**数序列**、数的应用、找错误、挑不同、修正错误、阅读字卡
社会领域	**认识性别**、**知道电话号码**、**避免危险**、**完成工作**、**收拾整理**、**挫折忍受**、**帮助别人**、等待、**轮流**、**合作性游戏**、**规则性游戏**

备注：本班学生共有 5 位，其中加粗的为班上 3 位学生共有的目标。

从表 6-1 内容可以看出，该班学生共同的目标主要集中在粗大动作、生活自理和社会领域。由于本实验班学生分布在学前或学龄前期，因此本实验班选择的是"以适应性为目标的课程"为导向，以发展为核心的主题教学模式。

在一日活动中，加大粗大动作、生活自理和社会适应活动的比例。其中，粗大动作的目标分布在星期一到星期三每天 50 分钟的体能活动以及上午 30 分钟的户外活动；生活自理穿插在一日活动中的接园、转换、午餐、午休、放学等例行活动中；社会领域的相关目标则通过设计相关的教学活动、环境创设和个别指导实施。

（二）形成功课表

一个学校或班级决定教学模式后，就可以本模式为核心在一日活动中形成功课表。首先决定一日活动排定以及每项活动的称谓，比如主题活动、学科活动、间餐、游戏等。

一个班级总的教学模式确立后，便需将此模式通过一日、一周安排表达出来，教学按安排执行。这就是功课表排定，依学生情况有较为结构化的功课表和较为生态化的功课表两种形式。

功课表安排必须遵循选定的教学模式，每个时段有不同功能，具指导性（情境指导、单元指导、个别补救指导），一天应有不同形态、弹性的、不同环境及不同内容相结合的教学活动排定。

表 6-2 小柳所在班级功课表

时　间	周　一	周　二	周　三	周　四
8：30—9:00	接园			
9:00—9:30	晨会			
9:30—9:50	转换			
9:50—10:20	小组			
10:30—10:50	转换			
10:50—11:20	展业活动	展业活动	角落活动	角落活动
11:20—12:00	午餐			
12:00—12:30	转换			
12:30—14:30	午休			
14:30—14:50	起床整理			
14:50—15:40	体育	体育	体育	周四活动
15:40—16:00	放学			

（三）环境调整

1. 实验班环境创设理念

实验班即个案小柳所在班级。环境是重要的教育资源和儿童发展条件，儿童在与环境的相互作用中成长、变化。结合实验班的实际情况，老师本着"让教室的每一面墙都会说话"的原则，让环境成为孩子学习的"隐性课程"。让环境会说话：为孩子营造安全的环境，让孩子在环境中安心地学习；为孩子营造可观察环境，让孩子知道自己在环境中自己可以做什么、怎么做；为孩子营造可操作的环境，让孩子环境中有事可做；为孩子营造规则的环境，让孩子在此环境中学习规则；为孩子营造多样的环境，让孩子在环境中可获得丰富的经验；为孩子营造支持的环境，让孩子在环境中能愉快地学习；为孩子营造有干扰的环境，让孩子在环境中学会解决问题。因此，对实验班环境和课程做了探索与调整。

2. 实验班环境创设的实施

（1）大环境创设

接园区、放学区（玄关）
给学生一天活动的开始和结束以仪式感，准备空间提示家长学生到校了。

休息区（寝室）
例行活动需要，增加学生穿脱和整理的机会，培养好的睡觉习惯。

教学区（凌云阁、尚文轩）
分班教学、空间区隔。

洗手区（洗手台）
增加洗手、洗脸等机会，养成爱干净卫生的习惯。

活动区（群英堂）
大团体活动需要大空间。

用餐区（餐厅）
营造食堂的氛围，视觉提示让学生有排队等候的概念。

签到区
按标志、符号等要求签到。

换鞋区
增加练习穿鞋的机会。

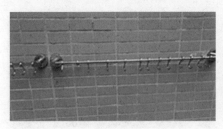

毛巾区

增加收拾整理和生活自理的机会。

放书包区

认识空间规划，收纳个人物品。

玩具区

丰富课间生活，培养兴趣爱好。

挂衣服区

练习整理、穿衣。

（2）小环境创设

水杯区

视觉提示、功能分区。

椅子放置区

视觉提示，物品整理、归位。

角落区（图书角、劳动角等）

培养学生的兴趣爱好。

作品栏

给学生成就感，让家长了解孩子的学校生活。

日期栏
帮助学生了解日期，将课表和活动结合，作视觉提示，帮助学习、记忆和运用。

通知栏
帮助家校合作沟通。

（3）资源整合

茶水吧
丰富教学情境，给学生使用钱币的机会。

展业活动
扩展兴趣活动，接触和适应不同的老师，不同的教学活动。

（4）活动环境创设

小卖部
模拟情境，让孩子学习更多的社会技能。

休闲区
学习如何打发休闲时光，提高生活品质。

电影院
模拟社区，帮助学生学习使用社区，学会做文明的小公民。

表演区
提供机会，展示自我。

娱乐区

丰富生活经验，培养兴趣爱好和为使用社区做准备。

烹饪区

丰富生活，增加动手的机会。

（5）户外

户外活动区

增加户外活动的机会，强身健体，培养安全意识。

种植园

体验劳作，培养爱劳动的习惯。

参观展览

丰富精神文化生活，单元教学活动。

公园行

主题教学活动需要。

喂鸽子

亲近大自然，爱护动物，保护环境，增加户外活动。

落叶知秋

应季节变化，感受大自然的美。

3. 实验班环境创设的调整

签到处: 班级签到（红绿两色为底、照片签到、名字卡签到、班级的照片提示、个别的照片提示）。

签到处: 性别签到（蓝粉两色的底，加男女的标志和文字、个别照片提示）。

水杯柜: 根据学生情况更换位置，如小宋和小柳的位置放在第一排明显的位置。

餐厅: 地板增加排队的提示线。

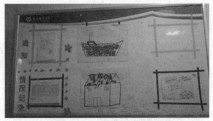

布告栏: 更改格局，增加内容: 通知、情况记录表、一周教学计划表、作品栏。

意见箱: 增加意见箱。

群英堂教室: 早操时间的地面提示由照片一部分换成名字，更换位置。

一日活动功课表: 10月在玄关入口处加入一日活动课表（照片）——一个星期后换成照片和文字。

图书角：更换图书、更换学生的位置、创设环境。

玩具角：尚文轩的玩具角换到群英堂电脑柜处，固定桌子、椅子、柜子，玩具分类（操作类的积木、橡皮泥、球类、汽车、玩偶、毽子、沙袋等），定期更换。

凌云阁教室：小组课时增加小学生用的桌椅。

凌云阁教室：书包柜照片的调整：小宋的照片加大，在小宋认识自己柜子后缩小照片。

教室调换：尚文轩与凌云阁的学生进行教室调换。

洗手台：增加镜子。

其他调整

小操场：爬网下加垫子、老师在操场上分工定位置：爬网、门口。

寝室：分上下床，贴好床号及照片——更换学生床的位置（明、陈、王、宋、尹），给宋加帘子。

玄关：增加电子时钟。

（四）结合功课表与班级教学环境作个别化教学目标汇总

在此环节中，首先，应看到每位学生在具体课程中（如发展性课程）的成长现状，发现学生发展性成长在（规律）大背景中的个性特征，给出这一学生在本学期发展性教育的起点目标与教学内容；其次，每位同学的课程评量结果依课程领域进行目标汇总时，呈现了全班学生在本学期发展性教育目标的全貌，为收集一学期班级教学下，个别化教育教学的第一手材料，使教师、学生、家长、学校管理者对本学期适应性教育目标清楚明了，较为充分地表达了发展性教育的全人成长内容。

学校生活通过学生一日活动完成，将表现全人成长的基于每个学生的适应性课程汇总目标分配于功课表的相关活动，意味着发展性目标进入了学生一日活动当中。具体按课程表上从一天开始至一天结束的所有活动为依据，将汇总目标一一配入。

目标配入原则是：

①目标首选一日中的情境活动。

②同一目标可以进入不同活动当中。

详情可参见表 6-3。

表 6-3　小柳所在班级一日活动表

时　间	活　动	内　容	功　能	学生目标
8:40—9:00	接园	学生到校、问候、整理、准备。	到学校开始新的一天，准备物品，调整心情。	能和老师、同学打招呼； 能按照要求签到，如班级名称、班级符号、盖印章、打钩、签字、男女生、学号； 能在规定的时间内完成签到、换鞋、放水杯、放书包这几个步骤； 能独立完成上学准备工作； 穿鞋时，能分清左右鞋； 会给日期墙更新当天的日期、星期和天气。
9:00—9:40	晨会早操	点名、认识同伴和老师、统计到校人数、律动； 连续的大动作模仿、找位置。	是每日例会，增加对同伴关注，增加对老师的关注。	能根据照片提示，找到班上的老师和同学； 当被点到名字时，能用相应的方式回应； 能正确数出班上同学的数量； 能根据提示统计当天的到校情况，如已到、迟到、请假； 能随音乐模仿肢体动作； 能找到自己做早操应该站的位置； 早操时，能站在位置上不随意离开； 能找到主教并模仿早操动作。
9:40—9:50	转换活动	上厕所、休息、收拾玩具。	学生处理内务，如上厕所、喝水等，同时转换心情。	能自己到厕所小便； 要出教室时，会换室外鞋； 想大便时会告知老师； 如厕前，会自己准备纸巾； 大便后，会自己擦屁股； 便后，会冲厕所； 会选择自己喜欢的休闲方式，如看书、玩玩具、和同学互动等； 上课铃声响起时，能将玩具放回相应的位置。
9:50—10:20	小组课	数前、数概念、运算、规律（上下、左右、颜色、形状）、语言理解、语言表达、阅读、书写。	本课根据学生能力进行分组；小组以主题活动的形式进行，使学生在主题创设的情境中学习认知与语言。	能遵守课堂常规，如安静、坐好、看黑板等； 能听懂并执行常见的指示； 能按规律进行上下、左右、颜色、形状的排列； 能分辨前后； 能分辨左右； 会 10 以内的数量配对； 会正确做 10 以内的点数； 会比较多少； 会写简单文字； 会自己找线索，回答与教学相关的问题； 能看懂情景图片； 能描述情景图片； 会认读与教学相关的字词和简单句。
10:20—10:50	转换活动	上厕所、休息、收拾玩具。	内务处理、转换心情。	能自己到厕所； 要出教室时，会换室外鞋； 想上厕所时会告知老师； 如厕前，会自己准备纸巾； 大便后，会自己擦屁股； 便后，会冲厕所； 便后，会（排队）洗手； 洗手前，会将衣袖挽起来； 会调节水的大小； 会选择自己喜欢的休闲方式，如看书、玩玩具、和同学互动等； 上课铃声响起时，能将玩具放回相应的位置。

续表

时间	活动	内容	功能	学生目标
10:50—11:20	周三、四兴趣活动	同时开设两个兴趣活动角：阅读角、手工角。	提升学生的自我概念，增加自我决策意识。	能帮老师做角落的布置，如摆桌椅； 会选择自己喜欢的角落活动； 能安静地看书； 能将看完的图书，按编号放回图书柜； 能在引导下，用所提供的材料，进行简单的创作，如蔬菜、豆子、吸管、面粉、树叶等； 会在引导下做粘贴画； 会用擀面杖将面团擀成长条形； 会给情景画添画简单的图案，如给菜园子画草、小鸡等； 会使用颜料、水粉等给情境画着色。
	周一、二展业活动	同时开始三个兴趣活动：音乐活动、美劳活动、绘本活动。	满足学生兴趣与需要，同时增进学生的自我决策的意识。	能选择自己喜欢的活动； 选活动时，会将照片贴到自己喜欢的活动版面； 能根据提示找到自己的教室； 能适应不同的老师； 能参与到相应的活动中。
11:20—12:30	午餐	餐前准备；用餐；餐后收拾。	提升自我照顾能力。	餐前会洗手； 能分发渣盘； 会准备抽纸、湿巾和椅子； 能排队取餐； 会选择自己喜欢的食物； 会使用筷子吃饭； 当有不吃的食物时，如花椒、辣椒等，会用勺子将其放进渣盘； 能在引导下接受几种不同的菜，如南瓜、肉丝、青菜、豆腐； 饭后，能将碗筷放到指定容器； 饭后，能照着镜子用湿巾将嘴巴擦干净； 饭后，能帮忙擦桌子； 饭后，能帮忙收椅子； 洗脸时，能调节冷热水； 能将打湿的毛巾对折； 洗脸时，能双手以反方向拧干毛巾； 洗脸时，能打开毛巾，擦洗脸颊、嘴巴、额头等； 会使用肥皂洗手； 会将肥皂泡泡冲洗干净； 洗手时，能调节水龙头水的大小，不打湿衣袖。
12:30—14:30	午睡	就寝前相关事宜、安静就寝。	提升自我照顾能力。	午睡前，能在引导下做好相关准备，如如厕、洗手； 午睡时，能将脱下的衣裤鞋袜放到指定地方； 午睡时，能自己换睡衣裤； 午睡时，能自己盖好被子； 午睡时，能保持安静，不影响他人。
14:30—14:50	起床	穿衣裤、鞋袜、整理床铺、如厕、清醒。	提升自我照顾能力。	起床时，能将裤子从反面翻成正面； 能分清裤子的前后； 起床穿衣时，能分清套头衫的正反； 能将睡裤叠好放在指定地方； 能在引导下叠被子； 会帮同学叠被子； 能在引导下如厕； 如厕后，能自己回教室； 会帮同学发水杯； 会自己倒水喝； 会在引导下喝水。

时 间	活 动	内 容	功 能	学生目标
15:00—15:40	周一到周三：体能活动周四：购物活动、看电影、外出活动	大肌肉及全身运动协调、平衡、反应、基本运动练习。	增强体能。	能一口气跑完至少400米； 在跑步活动中，能坚持慢跑100米； 在一次运动中，能坚持绕足球场跑3圈（一圈一歇或者两圈一歇）； 会做开合跳； 会做地面的手支撑，至少30下/次； 能参与有关蹲、走、跳、爬、翻滚、平衡木、跨越障碍物、运球等循环体能运动； 会将轮胎从定点翻滚到定点，至少15米； 会一边数数，一边走椅子，至少50张/次（脚的动作和嘴巴要一致）； 会从定点跑至终点； 能坚持快走，至少400米； 能提重物，从一处到另一处； 会连续向前跳，至少1米； 能参与跳格子的活动； 能将球投到指定的高度，至少1.5米； 能将沙包向前扔，至少2米。
15:00—15:40		使用社区、外出规则和安全、购物规则和、钱币的保管和使用及相关注意事项。	周四为放松的结束活动：电影、购物活动等，使学生感知与预设一周学习生活的结束。	电影时间，能在检票口排队入场； 能按照电影票的数字对号入座； 看电影时能保持安静； 能清点由1元和5元组成的10元钱币； 能做1元和5元的钱币配对； 能从钱包里面拿出1元或者2元到吧台处购买小吃； 能保管好自己的钱包； 会跟唱儿歌； 会自己用话筒唱歌； 别人唱歌时，能在引导下听、拍手等。
15:45—16:00	放学活动	收拾教室、整理自己的物品、通过打电话、微信、抽签等方式放学。	放学前的准备活动。	能收拾整理自己的物品，如书包、水杯、衣物； 能按照指定的形式签到，如班级、性别、抽签、打电话、发微信等； 离校时，会跟老师和同学说再见； 会找到自己的父母； 会按照值日表安排，做相应的收拾整理工作，如擦桌子、扫地、收桌椅、整理图书和玩具。

第二节　拟订学期教学总计划

　　学期教学总计划依功课表，每一活动均有相应总计划。学期总计划还含班级管理总计划、常规管理总计划等，总计划在旧学期结束或新学期开始时拟订。所有计划均以学生个别化教育计划为依据，并考虑教育教学中的实际情况拟订。预设性总计划，计划为期一学期，优点在于给出一学期生活实践的目标和主题梗概，使教学双方心中有数；不足在于一学期时间过长，预设不可能顾到主题细节，且难于反映具体月、周的实际生活和问题。故在总计划下有月、周规划设计，确保总计划落实。

　　下面以个案小柳所在班级为例介绍几种总计划的拟订。

一、生活实践总计划——核心计划

　　核心计划即核心单元主题因为本班秉执以生活为核心的整合性教学模式，故生活实践成为本班的核心活动。在所有计划中，首先拟订生活实践总计划。生活实践总计划呈现出的各主题称为单元主题，生活实践单元主题统领其他活动，如晨会、音、体、美、劳。

　　生活实践总计划在所有总计划中的地位为核心地位，其余总计划尽可能与生活实践匹配，有的活动（如数学、知动），不易匹配，不必强求（如图 6-2 所示）。

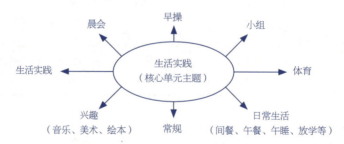

图 6-2　核心单元主题与生活实践匹配

　　生活实践总计划的依据：

　　第一，用发展性课程对每个学生进行评量后，拟订个别化教育计划，将每份个别化教育计划进行目标汇总后，进而写出生活实践的目标；

　　第二，这一学期的自然生活，如季节更替、社会生活、节庆、假日等；

　　第三，学生的生活实际需求，教学中的实际状况，如存在的问题、重难点；

第四，家长希望开展的活动；等等。

做好以上几点，我们就可以尝试制订预设性生活实践总计划。

表 6-4　小柳所在班级教学总计划

时　间	周　次	主题名称	主题要求	目　标
2018.9	上（1周）	开学了	布置新环境	1. 选择放置自己物品的位置； 2. 选择床铺。
	下（1周）	国庆节	认识自己的国家	1. 认识国旗； 2. 了解 10 月 1 日是国庆节。
2018.10	上（1周）	哇，颜色！	感知不同浓度的颜色	1. 了解不同的颜色； 2. 了解不同浓度的颜色。
	中（2周）	有趣的颜色	认识不同蔬菜水果的颜色	1. 认识不同颜色的蔬菜水果、花、树叶； 2. 用不同的果蔬进行创作。
	下（1周）	颜色变变变！	不同颜色混合出新颜色	1. 能将不同颜色分类； 2. 了解不同颜色混合会变色。
2018.11	上（2周）	品秋	食物的品尝、创作、礼仪	1. 认识各种食物； 2. 品尝不同种类的食物； 3. 利用食物创作； 4. 礼仪。
	中（1周）	比一比	生活常见物品比一比	1. 知道自己班级中老师高、同学矮； 2. 大熊、小熊与床配对。
	下（1周）	生日会	生日会流程	1. 了解生日会流程； 2. 准备生日礼物； 3. 庆祝生日。
2018.12	上（1周）	看电影	看电影流程	1. 知道看电影要对号入座； 2. 在电影放映前能够用钱买小零食。
	中（1周）	报纸千变	折纸	1. 感知报纸（声音、形状、变化、大小变化等）； 2. 能够用报纸折简单形状。
	下（2周）	吸管变变变！	吸管的手工	1. 了解吸管的用途； 2. 培养对手工活动的兴趣。
2019.1	上（1周）	新年演唱会	演唱会的准备	1. 了解演唱会的形式等； 2. 能分工布置场地； 3. 能唱简单的儿歌。
	中（1周）	新年舞会	化装舞会	1. 能依场所进行穿衣打扮； 2. 能大胆表现自我。
	下（1周）	学期总结	总结会	1. 总结学期学习与活动； 2. 展示学习成果。

二、与生活实践总计划相匹配的总计划举例

下面以接园、晨会早操、小组活动、兴趣课、午餐、午休、体育生活实践、教学为例，呈现与生活实践总计划相匹配的总计划是如何规划的。

表6-5 与生活实践总计划

月份	周次	主题名称	接园	晨会早操	小组活动	兴趣课	午餐	午休	体育	生活实践	放学
2018.9	1周	开学了	按签到表盖印章签到；放置自己的物品	晨会：认识同学、老师；早操：戏剧操	选择放置物品的地方、布置	建立图书角、手工角	餐前、餐后洗脸、洗手		体育活动：仰卧起坐、循环体能（走、爬、跳）		整理书包、检查身体
	2周	国庆节	根据颜色签到；整理物品	晨会：贴红旗、唱红歌、走方队，唱《1234歌》；早操：红旗操	制作国旗、认识中国地图，了解10月1日是国庆节	整理图书、装豆豆	餐前、餐后洗		练兵、跑、跳、踏步、齐步走	参观升旗台；观看阅兵式	检查身体
2018.10	1周	生，颜色！	根据照片提示签到，按小组签到；整理物品、值日生迎接老师、协助老师	晨会：认识同学、老师；早操：豆豆健身操	同用不同颜料调色的物品、用不同颜色的颜料创作	阅读角：引导看书；手工角：豆豆画	餐前、餐后洗脸、洗手、听名		蹲、跨越障碍、手支撑、跑步	自助选择饮品；选择材料制作饮品	确定值日生，整理书包，检查身体
	2周	有趣的颜色	根据照片提示签到；值日生更换日期板内容（日期、天气、星期）	晨会：认识同学老师；早操：豆豆健身操	搜集各种颜色的树叶，按颜色分类、制作树叶贴画	阅读角：引导看书；手工角：制作面糊			外出跑步	喝下午茶、买蛋挞	先整理值日的先回家
	3周	有趣的颜色	选择小组签到；值日生更换日期板内容；自己选择休闲方式	晨会：认识同学老师；早操操	搜集各种颜色的水果，按颜色分类、水果配对果汁	阅读角：引导看书；手工角：制作面粉团	字端饭	穿脱衣物，整理床上用品	外出跑步	小卖部买东西	自己选择自己回家的顺序
	4周	颜色变变变！	根据性别签到；整理自己的物品；值日生更换日期板内容；自己选择休闲方式	晨会：《小白小白上学去》；早操：豆豆健身操	《小白小白上学去》美院赏画、泡沫印画、做面具，围出特定区域，郊游	阅读角：引导看书、铺垫子，围出特定区域；手工角：制作面粉团	餐前、洗手、排队打饭		外出跑步	借钱购买	整理书包，抽签决定回家的顺序
2018.11	1周	品秋	按性别签到；自己的物品；值日生迎接老师；自己选择休闲方式	晨会：土豆土豆丝；早操：豆豆健身操	榴梨汁；柚子大变身；红枣养生茶；种豆豆	阅读角；兴趣；手工角	餐前、餐后洗脸、洗手、排队打饭、选择自己喜欢的菜品		外出跑步	挖红薯	整理书包；微信通知家人来接
	2周		按性别签到；整理物品；值日生更换天气、日期、星期	晨会：蔬果圆舞曲；早操：豆豆健身操	豆豆画；蔬菜拼贴画；蔬菜印记；土豆泥	阅读角；兴趣；手工角：蛋壳画			外出跑步	种豆豆	

时间	周	主题	晨间活动	晨会/早操	集体活动	阅读角/手工角	生活活动	运动	其他
2018.11	3周	比一比	按性别签到；整理物品；值日生更换天气、日期、星期	晨会：点名问好；听音乐找自己位置；早操：豆豆健身操	认识学号、班规；比较大小；比较高矮	阅读角：培养阅读兴趣；手工角：树叶画、蔬菜变变变	餐前洗手、脸，餐后排队打饭，选择自己喜欢的菜品；穿脱衣物、整理床上用品	跨越障碍物；手支撑	整理钱包；看电影；买蛋挞
	4周	生日会	按性别签到；整理物品；选择休闲角；值日生更换天气、日期、星期	晨会：点名；《有趣的杯子》；早操：豆豆健身操	给长颈鹿过生日；准备生日礼物；庆祝生日；火山爆发	阅读角：培养阅读兴趣；手工角：制作向日葵；展业课：绘本、音乐活动、手工		椅子运沙袋；外出跑步	整理钱包；买蛋挞；看电影
2018.12	1周	看电影	根据自己的物品整理日更换日期板内容	晨会：音乐律动—沙沙沙；早操：豆豆健身操	贴照片；做比萨	阅读角：维持阅读习惯；手工角：向日葵（面粉+胡萝卜子）		外出跑步	找钱包购物；看电影
	2周	好玩的报纸		晨会：点名活动；数数、举手、统计迟到的人数；早操：音乐找自己的位置；豆豆健身操	折帽子；折大炮；折打棒	阅读角：维持阅读习惯；手工角：豆豆贴鱼		外出跑步	购物：找钱、拿钱包、购买、借钱、还钱；记信通话号码
	3周	吸管变变变喜迎元旦	整理值日角（图书角、操作角）	晨会：音乐律动—我的小牙刷；早操：豆豆健身操	玩吸管吹、配色、吸管手链、项链；吸管相框	阅读角：维持阅读习惯；手工角：豆豆画		彩带舞游戏	收报纸，打扫教室
2018.12	4周	新年演唱会迎元旦	根据自己的物品整理日更换日期板内容	晨会：音乐律动—我爱擦香；擦唇膏；早操：元旦节尝试《小宝贝》	天安门贴画；吸管变口哨《小管吹纸》；吸管贴画；包包	阅读角：排练节目：擂台赛		彩带舞游戏	购物：找钱、拿钱包、购买、借钱、还钱
2019.1	1周	新年	按性别签到；整理物品；选择操作角；值日生更换天气、日期、星期	晨会：点名问好；早操：元旦节尝试	新年常识；新年快乐；按摩脸	阅读角；艺术角		彩带舞游戏	布置场地；开新年演唱会
	2周	新年舞会		晨会：点名问好；《新年好》音乐律动操	新年歌舞节目；制作新年贺卡；新年活动	艺术角；阅读角		跑步；健身操	布置场地；化装舞会
	3周	学期总结					自行安排		

思考与实践

1. 按教学活动设计流程，从确定主题、分析主题开始作全流程设计。
2. 在一个班级进行特殊教育常用教学法的实践性操作。

第七章
学期总计划与个别化教学活动设计

> **本章摘要：** 教学活动是个别化教育中关键的、极富实践性的一环，分为教学活动准备和教学活动实施。

第一节　个别化教学活动设计与教学活动实施

一、教学活动设计

（一）教学活动

教学活动包括教学活动准备与教学活动实施，是教与学双方按预先设定的活动方式、步骤（即按教学活动设计）在一定的教学场景和教学时空中展开的教学行动，是将写在纸上的目标方案，经师生双方努力，形成学生的知识与能力的过程。广义的教学活动指确定教学模式、设计教学活动、布置教学场景、进行教学、评量、修正教学等步骤；狭义的仅指进行教学。此处为广义的教学活动。

教学活动在个别化教育计划拟订、教学进度排出以后，将计划中的目标通过方法运用，借助教材、教具、学具等媒介，将教师头脑中的构想变为实际行动。教学活动是个别化教育中最关键、最富实践性的一环，使课程目标、个别化教育计划在学生身上呈现出客观效果。教学活动从策划到实现，是师生双向互动、共建知识、形成能力的过程。

教学活动的原则是以生活为核心、课程为导向，坚持个别化教育与教学。

一般教学活动从决定教学模式到安排功课表，到拟订教学总计划、设计教学活动，均可看成是教学的准备阶段；从实施教学、修正教学到再评量，可归为实施教学阶段。

（二）个别化教学活动设计流程

个别化教学活动设计的具体流程为：

确定主题目标 → 分析主题 → 了解学生特性及现状 → 配入活动目标 → 选择教学方法 → 设计活动（分配时间、活动安排与组织顺序、创设教学环境）→ 编选教材 → 运用教学资源 → 设计评量 → 形成教案。

（三）教学活动设计系统说明

教学活动设计犹如作战的准备，是规划和谋略，是一个系统地规划教学的过程。

1. 教学活动设计的特点

教学活动设计着重创设的是教与学的系统。作为一种技术，教学设计有着科学的依据、统揽全局、合理有序，其设计理念与方案纷呈。

2. 特殊儿童教学活动设计系统

（1）确定活动主题

主题是对教学结果的陈述，可以是行为目标、学习目标、作业目标，也可以是一个时段的活动题目。主题是进行活动的主要方向，可以是目标、内容，也可以是主要问题明示。

（2）完成主题目标

主题目标又称作一般性目标，是该主题下形成的相应目标，如"我会炒菜"是主题，而"会炒简单菜""我会与家人分享自己炒的菜"便是相应目标。

（3）分析主题

分析主题指在主题确立、主题目标形成以后，针对该主题所包括知识信息的相互关系、特点、规律，联系主题进行分析，为教学活动设计提供顺序、内容、方法、环境等具体的依据。

（4）了解学生特点与现状

学生是教学活动设计的主体之一，是教与学双方的重要一方，不关照教学对象的教学设计犹如无源之水、无本之木、无矢之的。可通过多种途径了解学生特点。比如：了解学生已有的经验、知识，运用认知心理学的理论与实践了解学生认知历程、认知层次、知识结构等，还应了解学习习惯、学习风格及学习动机、态度等。

（5）配入学生个别化教育目标

从教学活动设计的角度看，除了主题生成的一般性目标外，纳入学生个别化教育目标是特殊教育教学活动设计有别于普通教育的地方，由此表达了个别化教育计划的操作性实践的一环。

将学生 IEP 中的目标配入教学活动时，一般是指将 IEP 中的短期目标配入小组和团体活动中（个别活动将目标直接纳入）。将学生 IEP 目标配入具体的活动中，千万注意不可因短期目标条目限制而放弃发生在生活与教学实践中的机会，且还有大量个别化目标生成于生活、教育现场。

（6）选择教学方法

教学方法指系统地有目的地完成教学的程序手段，包括技巧、技术，是引导、调节教学过程的规范体系。教学方法体现特定的教育价值观，受特定课程内容制约和教学组织影响；教学方法很多，常有"无定法"之说。特殊儿童教育中常用的教育法有如情境教学法、工作分析法、单元教学法、直接教学法、游戏教学法等。

（7）设计教学活动

设计教学活动又称为教学活动的组织与结构，指教学活动在怎样的时间与空间，怎样的教学环境中，按何种组织形态，依怎样的程序、内容、形式、方法、途径、资源来组织、发展和完成，指对教学活动的规划与安排。

设计教学活动原则是：一日教学活动设计是关键，不只设计学科、单元活动，还应设计常规活动；整合的教学活动设计与分步教学活动设计相结合；设计教学活动应考虑各因素，避免遗漏。

设计教学活动在时空维度下均有开始、发展、结束，即在一个学期的考虑上，从一个大单元至周、月、单科层面都应有从起始到结束，有从过程到结果相互联结与依存的完整结构。

（8）编选教材

教学过程中，教学内容和教学活动资源均可称为教材。比如教科书、教学指导书、教学参考书、练习册、音像资料、教具、学具、课件等，这是教材的宽泛定义。教材的狭义是指教科书，这里取教材的狭义。教材是教学内容的媒体和材料，为实现教学目标和教学计划，考虑学生心理特点、认知特点，教师、学生通过教材这一媒体和材料进行教学活动。

特殊教育教材应该面向生活，合乎学生心理特点与知识逻辑特点，满足学生个别化教育需求。教材应是师生互动共建的产物，应促进学生的全面发展。在个别化主题单元教学模式下，教材是在教学活动设计与实施中呈现而不是之前选定，改变传统的教材先行、教材为本，而倡导学生为本，由学生个别化教育计划引领教学。

我国有统编特殊教育教材，多为分科教材。现地方及校本、班本个别化教育教材编选正处在百花齐放的时期。教材资源库建设成为个别化教育教材编选的必然产物。

（9）教学资源

教学资源指教学活动设计中必需的人、事、物资料，侧重于物的资料，包括教学场地及必需的桌、椅、教具、学具、辅具、多媒体设备、设施等。教学资源不仅为一节课所用，还可以为一个教学单元、一门课程教学选择。

教学资源选择原则是依据教学活动设计确定教学资源的内容、数量，并决定是选用、购买，还是自己制作。依据教学资源的功能、特性进行选择。

教学资源选择程序必须由资源来表现的教学内容，可选择的资源类型，宜选取高效低耗资源，设计资源出示的时机、方式、步骤、次数。

（10）教学评量

教学评量在此有两层含义：一层指教学设计当中有针对学生学习目标的评量设定，以检核学生在教学活动后教学目标达到情况；二指针对教学活动设计本身，各环节也应有把控。

（11）教案编写

教案编写是教学活动设计在执行全部流程后形成的教学方案。教案是教与学过程的记录，具提示性的教学依据。教学评价指标是教案中的教学前评量，是形成性、总结性评量。教案编写原则要求体现特殊教育目的，清楚明了、详略得当、项目全面，教案编写需对活动目标、特别针对每位学生在本活动中的个别化教育目标进行教学前评量和学后评量。

二、教学活动实施

教学活动实施是实战性活动，是按教学活动设计将纸上的策划变为行动的过程，是教师与学生之间的教与学行为。实施教学活动指教师与学生在互动中，双方按教学活动设计，教师教、学生学，促进学生达到教学目标的行动过程，是教学实践阶段，需教学双边参与、互动。从狭义来看，实施教学仅指按教学活动设计的实作过程，广义的教学活动还含修正教学和再评量。

实施教学活动含教学内容、教学方法、教学态度、教学顺序与组织、教学资源、教学环境六大要素，即指教师和学生均以自己的教与学的态度，运用教学方法及资源，组织教学内容，在一定教学环境中开始、发展、结束教学活动。

教学活动实施是教师与学生之间，即人与人之间的交互行为。教学活动实施是师生因教与学结成的特定关联，有以下特点：是知识的传递过程；以学生发生变化，有进步和成长为标准；教学活动实施具真实性、情境性，因而最具创造和挑战；课堂教学是教学活动实施的主要场景。

教学活动实施原则如下所示：

- 每位教师应在教学活动中实施特殊需求学生的个别化教育计划。

- 教学活动实施因应学生需求而多样化。

- 教学活动实施重点在于通过教学事件支持学习过程。

- 教学活动实施遵循理论联系实际、直观性、启发式、循序渐进等原则。

- 教学活动实施尊重学生的多元智能，促进每个学生的多元智能发展。

- 教学活动实施秉持公正与公平，不让一个孩子掉队。

- 教学活动实施导向学生的成功，形成学生自主学习、自我教育能力。

- 教学活动要传递知识、形成能力，教学活动必须要有情感的培养，既教书，更要育人。

在特殊教育课程改革中，教学活动实施更强调综合的、以生活为核心的教学活动开展，从单一的课程教学向更广泛、丰富的教学活动拓展，更注重发挥学生个性的个别化教育教学，提供创造性、探究式学习、合作式教学。由此而来的特殊教育教学观、教学模式、教学内容、教学组织形态、教学资源、教学方法策略、教学环境、教学评价、教师角色、学生角色均有大的变革和探索性突破。

第二节 常用教学方法与策略

一、教学法概述

教学法可用来教育指导、鼓励学生，引起他们自动学习，最终达到教育目的，形成学生自身的知识能力。教学法运用非常灵活，常常可在一个活动中运用多种教学法。我国中小学常用的教学方法主要有讲授、谈话、讨论、自学辅导、阅读指导、演示、参观、实验、实习作业、练习等[1]。

教学法有助于将设计在纸上、教师心目中的目标——原来学生"不会""不能"的内容，转化为学生自身真正拥有的"所会""所能"的内容。

---

[1] 刘克兰. 现代教学论 [M]. 重庆：西南师范大学出版社，1993.

所有的教学法都有其教育心理学的基础。教育心理学研究教与学的过程。

二、特殊教育常用教学法

特殊教育中教学法运用极为广泛，以下仅就几种常用方法进行介绍。

（一）情境教学

1. 情境教学的定义

在日常生活、学习、工作情境中，实施教育、教学，称为情境教学。

2. 情境教育的特点

自然，学生能主动参与，易收实效。

3. 情境教学适宜的活动

情境教学在诸多教学活动中列为首选活动，最适宜的是以下活动：

①需要长期、持续训练的目标；②需要在适当场所、时间、具体事件当中表现的；③与生活密切相关的活动；④与情境相适的一些行为培养；⑤与认知有关的目标。

4. 情境教学内涵

情境教学分两种：①利用情境，指对已有情境的使用。②创设情境，指教师目的非常明确、计划性也很强的人为安排、布置情境，以引发学生相应的心理与行动，并就此进行教育。

5. 情境教学步骤

情境教学分有计划地利用情境、随机利用情境、创设情境三类。实施的基本步骤是：调查情境，培养、调动情境，拟订计划，进行情境创设（或情境运用处理），进入情境教学，评量。

6. 情境教学的基本要求

情境教育中，教师要注意分寸的把握和自身的敏锐性。

（二）单元教学法

单元教学在特殊教育中颇受教师们注意，也是教学常用的方法。人们总是将内容相关、性质特点相似的问题放在一起，以此为中心组合成一个单元，便于组织教学，也利于学生学习。比如，算术教学中有"10以内加法单元""20以内不退位减法"教学单元，语文有"常用简单疑问句运用""写病、事假条"等教学单元，还有"热爱家乡""保护环境"等单元活动，这些是范围不相同的单元活动。

1. 单元教学法所指

单元教学法是以性质相近、目标一致的材料、内容或经验为单元范围，实施教学的方法。依单元范围可分为单科单元、合科单元、联合单元、大单元、普通单元等。

2. 单元教学的目的

- 通过单元主题统合一些较为分散、零碎的活动。
- 使单元内具体的活动之间有较为紧密的关联。

3. 单元教学原则

- 以课程评量为依据，以学生的需求为依据。
- 参考学生的家庭、社会、社区需要。
- 建立在学生已有知识、经验和兴趣上。
- 联系已有过的教育教学活动及教师的经验体会。
- 注意本土化、生活化。
- 单元活动内容结构应完整、有序，含准备、发展、综合三段。

准备活动为整个单元活动的预备、基础和铺垫阶段。发展活动为单元活动的主活动，将单元主题展开、深入。综合活动是对单元活动的清理、复习和整合。三段首尾相连，各段中又可分数个小活动。例如，"认识警察叔叔"单元中准备活动段就由"认识警察的服装、认识标志、与警察叔叔见面"几个小活动构成。

4. 单元教学活动程序

确定单元主题 → 分析单元主题 → 拟订活动的内容及课时 → 设计单元活动教案 → 拟订单元活动评量目标 → 实施活动 → 评量修正活动。

（三）工作分析法

1. 工作分析法所指

概括而言，工作分析指对某一技能或工作（整体的工作目标）依其顺序或构成而作的分解（分解为小阶段、小步骤、小目标），通过教学策略的实施，进行各小目标及最后目标的评量，从而获得整体工作完成。工作分析是一种化整为零、化繁为简、步步为营，再化零为整、综合而成的分析、评量工作，也是一种训练方法。分析评量的项目与课程内容一致。特殊教育中采用工作分析法较为广泛。

2. 何时运用工作分析法

工作分析法运用主要基于两种情况：一是较复杂较困难的工作；二是新学习的工作。工作分析法较适宜的活动是技能或某种能力培养，部分情境教学。

3. 工作分析维度

工作顺序分析、工作构成分析、工作水平分析。

4. 工作分析法运用步骤

工作分析的要素包含目标、内容、方法、过程、评量五大要素，运用步骤包括：确定工作最后目标 → 分析工作最后目标（活动）→ 排列目标（活动）序列和阶段、梯次 → 叙写项目（目标）→ 设计评量 → 实施教学。

（四）直接教学法

1. 直接教学法所指

直接教学法是教师应用组织精密、层次分明的教材与有效的小组教学方法，直接预防与补救学生学业及其他缺失技能的教学模式。直接教学法源于美国教育学者贝赖特及恩格尔曼的学前哲学及经验。它被应用到特殊儿童教材编选、语文 / 数学教学、社会技能学习、生活技能等方面。

2. 直接教学法的基本观念

- 任何学生都能学习，只要教师给予系统的教学，选择适当教材，应用适当教学法。
- 对于低成就学生应"多教"而不应"少教"。
- 让学生在短时间内学得多、保持久，能迁移类化到新情境。

3. 直接教学法的特点

- 非常结构化，没有第二种答案。
- 要求教师有充分准备。
- 一次只教一种新技能，容易成功。
- 强调学生在教师导引下进行较为充分的练习。
- 密集练习与分散练习结合，集体练习与个别练习结合，教师协助与独立操作练习结合。
- 强化学生知识、能力的形成。同时，养成学生独立工作的习惯。

4. 直接教学法三要素

- 教学计划与组织。
- 课程设计。
- 教学的技巧。

5. 直接教学法教学过程三阶段

介绍阶段：教师示范，给出教材，注意焦点提示，示范解决问题的策略、步骤。

协助练习阶段：教师协助学生做有组织、有系统的练习，学生应用所学原则在新的案例上，教师给予适当协助。

独立练习阶段：教师只给学生反应信号，学生独立应用所学的技能解决问题，这是学习迁移及独立操作习惯的培养。

6. 直接教学法课程设计

- 课程设计依教学计划与组织安排为依据。
- 确定教学目标，以行为目标方式编写，如"系鞋带""等号概念教学""认识生字"。
- 拟订教学顺序、过程及方法。
- 范例要求，教师给出的应该是正例与负例两类。
- 教学一般顺序是先易后难，先教常例再教例外，先教实用的，先教基础技能，先教旧有经验的技能，后教易混淆的。
- 设计练习，包括形态密集式练习与分散式练习、重点练习与系统练习、协助练习与独立练习等，在练习中应有考虑、分布。

7. 直接教学法实施步骤

引起注意 → 提示工作目标 → 指导 → 重复 → 整理活动。

（五）协同教学

1. 协同教学法的定义

协同教学法是一种异于一般传统的班级教学，由两个或两个以上教师，若干辅助人员组成一个教学团体，发挥个人才能、共同计划，在一个或数个学科中应用各种教学资源合作教学，重在改变教学形态的教学法。

2. 协同教学的特点

不受传统包班制限制，打破班级界限。

充分发挥教师们的个别差异，即充分发挥各科教师的专长，让教师能够深入钻研、精心安排并设计教学活动，全面执行教学计划，在教学中能获得其他教师的支持和协助，确保教学成功。行政琐碎事务由辅助人员处理，教师能更集中精力于教学设计与活动。

有较为广泛的支持。合作协同教学使教师个体变成了教师与其他辅助人员构成的教学团体，使参与教学的人员增多，教学能力增强，教学领域扩大。协同教学最大特点就是协作。

教学设计由教师团体共同讨论决定，多次的设计可保证教学活动质量，也可以提升教师的专业能力。

教学人手增多有利于对学生的辅导、关照，同时可以运用大班教学、小组讨论、独立学习等多种方法。

比其他教学组织形式能更多地运用教学资源和教学器材。

3. 参与协同教学人员

参与人员除教师外，还有相关专业人员，如学习安全交通时的交警、交通协管员等。

4. 协同教学中需重视的问题

- 协同教学应让教师有体会协作，经历协作，发展协作的教学心态和能力。
- 协同教学要让学生体会到团体教学过程中如何与他人相处。
- 协同教学必须考虑如何发展教师的个性。
- 协同教学中教学空间的灵活安排和运用，是教学中需统筹安排的事情。
- 协同教学涉及人员分工，应事前有交流与沟通。

三、教学策略

教学策略指教学中的谋略、方案、措施，教学法也可以归于教学策略中，但这里教学策略更侧重于针对问题而作的解决、处理方略。下面，简单介绍几种特殊教育策略。

（一）概念学习策略

1. 特殊儿童概念学习的特点

特殊儿童表象储备量少，原有的认知结构简单，语言词汇贫乏，语音、语义的记忆、理解差，概念形成困难。

2. 特殊儿童概念学习教学策略

- 用结构化的教学来教概念。
- 促进知觉学习。
- 依据概念形成过程来教学。
- 按学生认知发展阶段的特征教学。
- 按概念发展顺序组织教学。

（二）激发动机的教学策略

1. 学习动机的重要性

学习动机是学生学习的动力，有激励作用，且有明确的目的性，是学生学习态度的表现，直接影响到学习活动能否开展、进行。而部分特殊儿童身上存在着学习动机薄弱、动力不足的情况。因此，激发学生的学习动机是特殊教育中很重要的工作。

2. 如何激发特殊儿童学习动机

- 满足学生的基本需要。
- 了解学生的兴趣，满足、引导学生的兴趣。
- 让学生处于一定的竞争中。
- 树立榜样。
- 学生学习后应及时反馈。
- 学习中让学生成功。
- 让学生学习具实用性，能看到结果。
- 教育应灵活，有变式。
- 告知学生活动目的。

（三）培养注意力的策略

注意力是学习的心理学基础，在特殊教育中可以涉及下列培养内容。

1. 课程组织

- 表扬上课注意力集中的学生。
- 有意注意与无意注意联合运用。

2. 教学环境创设

- 教室尽量简洁。
- 教师着装雅致得体。
- 教态恰当，勿矫揉造作。
- 遇到分散学生注意力的偶发事件，立即交助教处理。
- 学生没注意听就将教材呈现到他面前。

3. 注意力练习

- 找到学生感兴趣的活动。
- 将注意力作为一项指标纳入活动当中。
- 让学生练习走迷津、跟踪紊乱线条、定点投沙袋、掷飞镖等与注意力相关的活动。

（四）记忆力培养策略

记忆力与注意力一样是学习的主要条件之一。特殊教育很重视对学生短时记忆、长时记忆的培养及记忆术的传授。

1. 依记忆阶段培养记忆力

- 强化各感觉通道的瞬时感觉训练。
- 出示视、听刺激。拿出学生常见物，如皮球、苹果、洋娃娃等的图片，给学生看一下后收好问学生：你刚才看到了什么?
- 让学生说出刚刚看到了什么图片。

2. 意义识记忆训练与机械识记忆结合

- 从学生最熟悉的日常生活入手。
- 让学生进行必要的机械记忆。
- 集中记忆与分散识记练习。
- 部分识记和整体识记练习。
- 记忆术的培养。
- 告知学生所记的目标。
- 进行联想记忆。
- 谐音、口诀记忆。
- 利用动作记忆。
- 给线索记忆。
- 象形记忆。
- 过度学习。
- 多重感官参加的记忆活动。
- 记忆以后立即回馈。

（五）模仿能力培养

模仿是学习的起始，是儿童的天性。而特殊儿童多存在模仿能力不足的问题，教育训练应关注。

示范下的模仿是提供范例，范例有视觉的、听觉的，还有视动配合的。应多次重复，且按固定程序；可模仿教师，更要注重同伴间的模仿。

逐步递进的模仿是指模仿从简单到复杂、从单一模仿到连接性模仿，从单一感官通道模仿到多重感官整合性模仿。

此外，还应注意范本的规范性。

（六）听从指令能力的培养

听从指令能力是学习的基本条件，也是特殊教育的难点，该能力培养可从以下几方面努力。

1. 培养日常生活中的听从指令能力

- 让学生能听懂生活中的口头、动作、表情等简单指令。

- 肯定、表扬，固定其听指令的行为，作即时反馈。

2. 特定场合中的听从指令能力

- 当学生无听从指令能力或不懂指令时，可拉着他的手做。

- 对学生不听从指令的行为，每次处理态度一致。

- 做一些按要求和指令去做的系统进阶练习。

- 在日常教学中给学生选择的机会，要求对自己的选择负责任。

- 事先告诉学生要做什么。

- 给学生指令时可在学生理解范围内示范。

第三节　一日教学活动设计

　　一日教学活动指学生在学校的一日教学安排、设计与实施，是普遍性的教学活动而并非特指某一天的教学活动。一日教学活动反映教学的整体构想和完整的教学活动之间的相互关系，是教学安排、教学设计的务实的表达。一日教学活动是教学理论与教学实践的重要概念。

　　本节展现的是重庆师范大学教育康复中心实验班的部分一日活动。本班有 6 名 5～7 岁的学生：1 名智力障碍，2 名发育迟缓，3 名中重度自闭症。选用《早期疗育课程》进行评估。本班课程安排旨在营造师生互动、生生互动，以及学生与环境之间的互动的氛围，探究和思考所需的教与学情境。通过设计足够丰富、多层次、多角度的学习情境，引导学生关注情境，并解决情境中面临的问题，激发学生的学习动机。同时，老师根据学生的反应做出灵活的回应，并进行课程的调整。

　　本班的一日活动以学生为中心、以发展为导向，通过一日活动的安排，为学生提供多样化的活动，丰富学生的经验（生活经验、情绪经验、社交经验等），旨在培养学生的主动性、独立性，合作以及运用心智解决问题的能力。

一、基于单元主题活动规划

此部分是指功课表上的某项活动，如晨会活动、小组活动、兴趣活动等，围绕单元主题的内容作各活动的规划，作一日中的及一周内该项活动的连续性设计。

（一）一日活动连缀的全单元设计

品秋单元共两周，主题分析如图 7-1 所示。

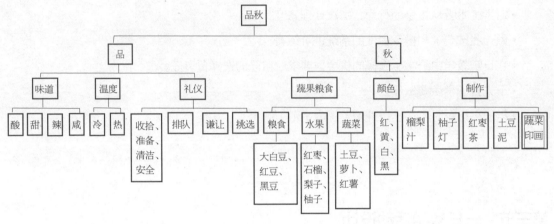

图 7-1 "品秋"单元主题活动

（二）以"晨会"为例的全单元连续设计

在 11 月 5 日 –15 日这段时间的主题活动中，晨会的常规活动大致为：学生根据椅子找座位；老师点名问好，学生回应；老师分发照片，学生将照片贴在晨会栏；学生将椅子摆放到指定区域；学生在早操区贴有名字卡的位置站好；老师整队（立正、踏步）；老师分发豆豆瓶，放音乐，和学生一起做豆豆健身操；老师整队，点名收回豆豆瓶，结束活动。每日晨会的其他活动，如表 7-1 所示。

表 7-1 晨会活动

时间	内容
11 月 5 日	问好： 老师边唱儿歌"××、×× 你好！"一边唱一边和同学握手，学生用动作或歌声回应老师； 老师出示照片或点名，学生将照片贴在晨会栏。 律动： 学生围坐圆圈； 老师声音示意学生模仿动作，拍手、拍腿、踩脚； 老师加入念白：土豆土豆丝丝，土豆土豆皮皮，土豆丝，土豆皮，土豆丝皮。 念白配合动作拍手拍腿踩脚； 学生将椅子收放在角落后到自己的早操位置站好； 老师分发豆豆瓶子，老师和学生一起做豆豆健身操； 结束后，学生将豆豆瓶放在指定位置。

11月6日	问好： 老师边唱儿歌"××、×× 你好！"，一边唱一边和同学握手，学生用动作或歌声回应老师； 老师出示照片或点名，学生将照片贴在晨会栏。 律动： 律动复习儿歌《土豆土豆》念白及动作，在模仿动作的时候加入速度的变化，可快可慢； 学生根据节奏的快慢调整动作的速度； 学生收拾椅子，在早操位置站好，请两个学生将装在筐里的豆豆瓶放在队伍中间，学生分别拿豆豆瓶； 老师和学生一起做豆豆健身操； 结束后，学生将豆豆瓶放回筐里。
11月7日	问好： 老师边唱儿歌"××、×× 你好！"，一边唱一边和同学握手，学生用动作或歌声回应老师； 学生在多张照片中找到自己的照片贴在晨会栏。 律动： 复习动作和儿歌《土豆土豆》； 学生找到一个朋友，一个学生在另一个学生的背上拍拍、捶捶摇摇； 学生根据歌词节奏加入动作拍、捶、摇； 学生之间交换角色； 学生收拾椅子，在器械角拿豆豆瓶在早操位置站好，老师和学生一起做豆豆健身操； 结束后，学生将豆豆瓶放回器械角。
11月8日	问好： 老师向学生问好； 老师将照片排在桌子上，学生根据照片的顺序依次将照片贴在晨会栏，老师点名，点到名的同学举手说"到"。 律动： 老师示意学生模仿，老师根据《土豆土豆》歌词的内容和节奏，固定土豆的动作拳头捶捶，随机变化丝丝和皮皮的动作，如搓腿、踢脚、甩手等； 学生收拾椅子，在器械角拿豆豆瓶在早操位置站好，老师和学生一起做豆豆健身操； 结束后，学生将豆豆瓶放回器械角。
11月12日	问好： 老师问好，学生回应； 老师展示同学照片，学生认一认，并请同学把照片给该生，拿到照片的同学贴在晨会栏。 律动： 老师展示乐器手鼓，用传递的方式分发手鼓； 学生探索手鼓的玩法，老师引导学生用拍、搓的方式发出不同音调的声音； 根据《土豆土豆》的节奏演奏； 学生收拾乐器和椅子； 拿器械，做豆豆操； 结束后将豆豆瓶放回原位。
11月13日	问好： 老师出示学生照片，并向他问好，"××、×× 你好！"； 该同学将照片贴在晨会栏，老师出示其他学生的照片，引导学生向他问好。 律动： 根据《土豆土豆》的歌词改编新歌《花生花生》，歌词为：花生花生米米，花生花生皮皮，花生米，花生皮，花生米皮； 根据儿歌旋律结合动作模仿，加入快慢的变化； 学生收拾椅子，拿器械，做豆豆操； 结束后将豆豆瓶放回原位。
11月14日	老师用敲鼓的方式问好，点到名的同学用敲鼓和声音回应"你好"，老师继续问好，该同学将鼓槌传给老师点到的同学。 律动： 根据《土豆土豆》的歌词改编新歌《玉米玉米》歌词为：玉米玉米粒粒，玉米玉米须须，玉米粒，玉米须，玉米粒须； 根据儿歌旋律结合动作模仿，加入快慢的变化； 学生收拾椅子，拿器械，做豆豆操； 结束后将豆豆瓶放回原位。

11月15日	老师问好，学生回应。 老师展示同学照片，学生认一认，并请同学把照片给该生，拿到照片的同学将照片贴在晨会栏。 律动： 老师分发蔬菜头饰：土豆、花生、玉米。学生选择喜欢的头饰，老师和学生拉个圆圈，跟着音乐跳圆舞曲，学生跟随老师，向左向右转圈，变大圈，变小圈，过山洞； 音乐结束后，学生收拾头饰； 学生抬椅子，拿器械，做豆豆操； 结束后将豆豆瓶放回原位。

（三）以"主题活动"为例的全单元连续设计——生成大单元下一日小单元主题

种豆豆	引入：老师播放播种的视频：同学们，今天我们也要去种植角种豆豆。 准备种植工具： 老师拿出种植要用到的工具，一一呈现在桌面上：铲子、小锄头、水壶、口袋、水桶、水、大白豆、黑豆、黄豆。 播种过程中让学生参与配对分类整理的工作，如黑豆放一起，铲子放一起。 分配任务： 黄豆组、白豆组、黑豆组 领工具： 请学生自己选工具，或给学生发工具。 种豆豆： 按照分组，到各自的菜地，在老师的带领下，参与和体验种豆豆的过程。 插标志牌： ××班种植园
豆豆创意画	引入：老师拿出装有不同豆豆的瓶子，摇一摇，听一听，然后分豆豆：红豆、白豆、黄豆、黑豆。 老师拿出画好鱼的大白纸说：今天我们要做豆豆鱼。 老师引导学生一起撕下贴在大白纸上的双面胶，让他们摸一下双面胶。 老师讲解做豆豆画的步骤（边做边说）。 分发材料，学生自己选择喜欢的豆豆贴在贴好双面胶的鱼画上。 老师：同学们都做好了，我们来比一比看哪位同学做的画最好看。 学生评比、投票。 老师：看，豆豆不仅可以吃，还可以用来画画呢，用处可真多呀！回家和爸爸妈妈一起想一想豆豆还可以做什么。 老师引导学生一起收拾。
原来是蔬菜	老师：今天老师要带同学们去蔬菜王国参观，看看那里都有些什么蔬菜。 了解认识蔬菜： 呈现蔬菜实物整体感知，引导学生说出蔬菜的颜色、大致形状等。 老师呈现同一种蔬菜不同状态的图片，如烂萝卜、萝卜丝、煮熟的萝卜，等等。 蔬菜配对： 学生做不同形态相同物品的配对，如烂萝卜、萝卜丝、圆萝卜、长萝卜、削了皮的萝卜都是萝卜。 猜一猜，说一说、找一找： 学生猜测蔬菜名称。 老师说出正确答案。 老师呈现蔬菜实物，学生找出蔬菜相应的图片。 老师和学生一起收拾桌椅和教具。

蔬菜的印记	老师：昨天我们认识了几种蔬菜，你们还记得吗？ 学生回答。 老师：今天我们就要用蔬菜来作画。 引出胡萝卜、莲藕、西兰花和颜料、调色盘、小喷壶、大白纸。 老师边示范边讲解步骤，并把步骤图贴在黑板上。如切莲藕、胡萝卜和西兰花，调颜料等。 分小组完成印画：三人切蔬菜；三人印画。（每组有任务图，两组任务都完成后调换任务） 老师：我们刚刚是怎么用蔬菜作画的？ 学生看图回答。 老师分配任务：2名同学整理桌面，2名同学扫地，2名同学将作品贴在展示栏。
好香的土豆泥	老师拿出提前削皮煮熟的土豆：大家猜猜这是什么？ 学生猜测。 老师：闻一闻。 学生闻，继续猜测。 老师引出土豆并告知这节课做土豆泥。 出示电磁炉、油、调味盐、醋、辣酱油、锅铲、盆子、盘子、勺子等。 老师引导学生一起参与制作土豆泥； 1. 煮土豆； 2. 插电、打开电磁炉； 3. 放油、倒土豆、炒土豆； 4. 放调料（让每个学生都参与压土豆环节，部分学生参与炒土豆、放调料环节）。 吃土豆泥： 学生自主选择辣的和不辣的，根据选择的口味品尝土豆泥。 老师分配清洁任务：打扫、洗碗。
好喝的榴梨汁	准备：座位的安排，桌椅的摆放，分组，分工，物品的准备等。 引入： 老师：今天要请你们喝果汁。 拿出用透明玻璃瓶装好的小半瓶榴梨汁和透明的小塑料杯；请几个爱喝果汁的学生品尝（创设好喝又喝不到的情境） 老师：还想喝的同学，我们一起来做。 分别呈现榨汁机、石榴、梨子、盘子、水果刀、垃圾桶、一次性塑料杯、纸巾、一次性手套等，并按照类别摆放在桌子上；呈现的过程就是认识的过程，也会让同学参与一起准备的工作，如拿垃圾桶，找出盘子，摆放盘子等。 分工准备： 老师请学生在桌子上找出石榴、盘子和水果刀； 分组剥石榴，将剥下来的石榴放在盘子里面，皮放在另一个渣盘里面； 老师请各组的学生代表将石榴剥好。
柚子大变身	引入和探索、认识 老师拿出经过包装的柚子，用抛、接、滚、转等方式玩耍； 老师请学生打开包装，用多感官的方式认识柚子，如看、摸、闻、拿、扣等。 制作柚子灯： 老师拿出柚子皮、绳子、打孔机蜡烛、打火机等，用工作分析的方法，按步骤示范制做柚子灯，如打孔、穿线、打结、插蜡烛、点蜡烛等。 练习： 将学生进行分组，主教再示范一次制作过程，助教根据情况做提示和协助。 柚子灯会： 拿出彩纸、笔等对柚子灯进行简单的装饰。再请学生关灯，各自点燃自己的柚子灯进行展示。 收拾整理：
暖暖冬日养生茶	引入：老师介绍食材——红枣、枸杞、红糖。 学生认识食材，摸、嗅、尝、剥。 在正式制作之前，老师将制作流程图卡按顺序贴到黑板上，并示范。 老师请学生一起制作红枣养生茶。 学生根据图卡的提示，将材料放到杯子里，调出红枣枸杞养生茶。 老师和学生之间分享自己的茶。 老师分配清洁工作：洗杯子、倒垃圾、擦桌子等。

二、一日教学活动

一日教学活动反映教学整体建构和完整的教学活动之间的相互关系，是教学安排、教学设计的务实表达，当大主题具体到每一天时，一日活动就有隶属于大主题的小主题。小主题决定了一日活动的主要目标与内容。例如11月5日这天的小主题是"品秋"，各项活动关系如图7-2所示：

图 7-2　生活实践核心单元

【教案编写】

　　该环节允许上传两种模式的教案，第一种是教师已经做好的教案，可以直接上传；第二种是根据云平台的模板，分模块填写教案上传。第一种比较适合资深特教老师，已有较多教案的积累，第二种模式适合新手老师。第二种教案的模块包括"目标及重难点分析""学情分析""教学内容及过程""教学环境及资源""课后反思和总结"等几个部分。

　　其中，"学情分析"模块需要添加学生，添加之后就会出现前面环节对于这个学生的评量结果，同样，也是允许教师自行编辑的，就会提醒教师"因材施教"，也帮助教师提取了信息，减少了输入文字的工作量，不仅仅起到督促的作用，更体现了辅助功能。

　　此外，还有与之相关的辅助功能，分为前端的【学生审核】，以及后端的【资源管理】。【学生审核】就是由教师搜集学生的资料，然后上传，如果有变动，及时修改并提交管理员审核。

　　【资源管理】是由教师上传制作好的资源，便于教学时使用。资源形式包括但不限于：图片、课件、音视频等。

　　下面呈现"品秋"主题下包含的部分一日活动单课案例。晨会和生活实践在前面单元连续设计中已呈现（可调出11月19日晨会和生活实践单课查看）。以下是11月5日的生活实践、体育、小组、美劳、科学等活动。

（一）生活实践

科目	生活实践	教师	黄老师、郭老师	班级	实验1班	课时数	1课时
课题	制作石榴汁		设计时间	2018.11.3	教学时间	2018.11.5	

教学内容分析

本节课是一节生活实践课，课题为制作石榴汁。在上本课之前，学生们已经在生活中见过了石榴，并在前面一个认识和尝了石榴，这些都为本课的学习奠定了基础。以此引出石榴汁的制作这一课题，学生就容易接受。本节课通过教师的示范与制作石榴汁，锻炼学生动手操作的能力，体验劳动的乐趣，同时提升他们对周围事物的观察能力。

制作石榴汁 → 固定果汁机 → 放好渣盘 → 放入石榴粒 → 放入梨块 → 摇动手柄 → 倒出石榴汁

教学目标

知识与技能：能按照正确的顺序制作石榴汁。
过程与方法：通过示范一模一样仿的方法学习如何制作石榴汁。
情感态度与价值观：在制作石榴汁的过程中体验劳动的乐趣。

教学重点与教学难点

教学重点：能制作石榴汁。
教学难点：能按照正确的顺序制作石榴汁。

学情分析

本班共有学生6人，其中3名中度自闭症（M1、L、L1），3名中度智力障碍（X、M、W），具体能力如下：
L1：能注意老师及其动作，能听懂简单指令，会模仿老师的简单动作；M1：模仿能力较好，能依据视觉提示做动作；M：具有较好的认知和模仿能力，模仿能力较好，能依据视觉提示做动作；X：记忆力及模仿能力较好，但参与活动的主动性较低；L：语言理解能力及模仿能力较好，但在精细动作方面还比较欠缺。所有学生生活中很少有参与多家活动的机会，几乎没有使用果汁机的经验。

个别化教学目标

领域	目标	学生							
		L1	M1	L	X	M1	M	L	W
知识与技能	能按照正确的顺序制作石榴汁	√	√	3	√	4	4	√	3
过程与方法	能根据流程提示图制作石榴汁		√	4	√	4	3	√	
过程与方法	能通过示范一模一样仿的方法制作石榴汁	√		4	√	4		√	
情感态度与价值观	能在肢体协助下参与制作石榴汁	√	√	√	√	4	3	√	4
	在制作石榴汁的过程中感受劳动乐趣和分享的快乐	√	4	√	√	4	4	√	3

教学资源

6个剥好的石榴，6个切成块的梨子，1台手动果汁机，10个一次性透明杯子，1个渣盘，制作石榴汁的分步图片，制作石榴汁的完整视频，制作石榴汁的分步图片，1杯提前榨好的石榴汁，2把勺子，1个垃圾桶，2张干抹布，1包湿巾，1包抽纸

教师活动	学生活动	教学方法	教学资源	个别化教学目标	教学评价 方式	达成情况
导入： 拿出一小杯提前准备好的榴梨汁呈现在学生面前，让学生观察老师呈现在学生面前的榴梨汁是什么。以此引出本节课教学内容：太好喝了，不够，那我们就来学习制作榴梨汁吧！今天就来学习制作榴梨汁吧！	生看一看，闻一闻，尝一尝；M、L、W看一看，尝一尝，猜一猜杯子里面的液体是什么。其中：L1、M1、X	X直接导入	事先制作好的一小杯榴梨汁	L1、X、M、M1、W：能注意到老师呈现出来的榴梨汁。	实作评量	全部，4
新授： 1. 老师分别呈现果汁机，剥好的石榴，切好的梨块，一次性水杯，勺子，垃圾桶，湿巾，抽纸。	1. 观察老师呈现的物品，并眼着说出示的物品的名称。其中：M、L、W主动说出示物品的名称，L1、M1、X看老师出示的物品，仿说物品名称。	模一模	仿一台手动果汁机，切好的石榴的石榴，切好的梨块，渣盘，一次性手套，勺子，一次性水杯，垃圾桶，制作榴梨汁的视频	L、M、M1、L1、X、W：能关注老师呈现要用的制作榴梨汁要用的材料；能认真观看老师播放的视频。	实作评量	L1、M、3；L、M1、X、W，4
2. 榴梨汁是怎么做出来的呢？接着引导学生观看榴梨汁制作视频：固定果汁机，放好渣盘，加入石榴、梨块、摇动手柄。	2. 观看制作榴梨汁的视频。	示范—模仿 策略				
3. 再看一遍制作榴梨汁的视频，在重要步骤处暂停，引导学生重点观察，并指出这步骤下榨榴梨汁要用的物品，为制作的学习做辅垫。	3. 观看制作榴梨汁的视频，暂停时，会重点看直接教学老师讲解的手势动作表情，倾听老师的讲解。	看直接教学	制作榴梨汁的视频			
4. 刚才我们看了制作榴梨汁的视频，到底要怎么做呢！老师拿出"固定果汁机"的图片，给学生看一看，说一说，然后贴到黑板上，请学生找出果汁机，和老师一起固定好果汁机。	4. M、L、W看到图片主动说出步骤名称"固定果汁机"，L1、M1观察老师和同伴，仿说"固定果汁机"，W找出果汁机，X找果汁机贴到黑板上，M检查果汁机是否固定好。	"固定果汁机" 直接教学 示范—模仿 策略	步骤图："固定果汁机"	L、M、M1、L1能理解步骤"固定果汁机"；W能找出果汁机；X交换能在老师示范下固定果汁机；M能分辨果汁机是否固定好。	口语评量；实作评量	全部，4
5. 接着老师拿出"放好渣盘"的图片，让学生看一看，说一说，然后贴在黑板上，示范放好渣盘，再请一位学生找出渣盘并摆放好。	5. M、L、W看图说出"放好渣盘"，L1、X、M1跟读"放好渣盘"，L1看图找出渣盘，其余学生观察并放好。	直接教学 示范—模仿 策略	步骤图："放好渣盘"	L、X、W能理解"放好渣盘"；L1能找出渣盘；M1能在老师示范下放好渣盘；M能分辨渣盘是否放好。	实作评量	全部，4

教学活动	教学策略	步骤图	教学目标	评量方式	对象、节数
6. 老师拿出"放入石榴"的图片，引导学生看一看，说一说，然后请L1将图片贴到黑板上，再请W端出石榴，请M1用勺舀一勺石榴放进果汁机。 6. 学生注意老师，观察老师拿出的图片，跟读"放入石榴"，观察老师指石榴放到指定位置，M1能用勺舀一勺石榴放进果汁机。	跟读直接教学。其中，W示范一模仿用勺舀一勺策略	"放入石榴"	L、X、M能理解"放入石榴"；L1能将"放入石榴"的图片贴到黑板的相应位置；W能找到石榴并指定位置放好；M1会用勺舀石榴放进果汁机。	实作、评量、故事、观察	全部，4
7. 老师拿出"放入梨块"的图片，引导学生看一看，说一说，M将图片贴在黑板上，再请L将梨块端端出来，用勺舀梨块放入果汁机。 7. 学生注意老师的手势动作，观察出示的图片，X跟读"放入梨块"。其中，M、X、W跟读并在黑板贴图片的相应位置；L找到梨块并指定位置；M1将梨块端到端并指定位置；L1用勺舀梨块放入果汁机。	直接教学，观察出示的图片。其中，M、X、W跟读并在黑板贴指定位置的相简策略	"放入梨块"	M、X、W能理解"放入梨块"；L1会使梨块放入果汁机；L会正确找出相应梨块并端到端；L会正确找出相应梨块并端到端位置放好；M1将"放入梨块"的图片贴到黑板的相应位置。	实作、评量、故事、观察	全部，4
8. 老师拿出"摇动手柄"的图片并示范摇果汁机的手柄，引导学生看一看，说一说，摇一摇。 8. 学生观察老师出示的图片，注意老师的动作，跟读"摇动手柄"，并练习摇动手柄。其中，M、X练习策略M1能根据老师刚才示范独立练习摇动手柄；L1、L在主教示范的再次示范下摇动手柄；W在助教的肢体协助下练习摇动手柄。	视觉提示，练习策略	"摇动手柄"	M、X、M1能独立摇动手柄；L1、L在主教示范下摇动手柄；W在助教的肢体协助下摇动手柄。	实作、评量	全部，4
复习巩固： 老师一边利用眼前的实物，一边指着黑板上的图片，复述和示范操作制作的过程。 看黑板上的流程图，学生和老师一起回忆和复述制作榴梨汁的过程；学生进行制作榴梨汁的排序。其中，M、L、W独立排列制作榴梨汁的步骤，并看图说出制作榴梨汁的步骤；L1、X、M1在黑板上找出相应的图片，教师的少许提示下找出相应流程图提示排列出制作榴梨汁的顺序图。	一起回忆和复述制作情境教学出制作榴梨汁的口语动作协助	制作榴梨汁的步骤流程图	M、L、W能正确排列制作榴梨汁的步骤流程图；能看图说出制作口语榴梨汁的步骤；L1、X、M1能正确指出相应的步骤，能根据少许排列流程图提示排列出制作榴梨汁的顺序图。	实作、评量、口语、评量	L、L1、W、3；M1、M、X、4

教师活动	学生活动	教学方法	教学资源	个别化教学目标	教学评价 方式	达成情况
练习： 1. 请两个小学生按照流程图提示来练习制作榴梿汁的全过程。 2. 主教请一个同学来摇手柄，助教协助两位同学一起制作榴梿汁。 3. 学生交换任务，尝试不同的操作。	1. M、X 按照流程图提示，独立制作榴梿汁；M1、L1、M、X 在主教和助教的提醒和引导下观察同伴的操作过程。 2. M1、L1 在主教的示范下参与制作榴梿汁的过程，如：使用勺子舀石榴粒和榴梿粒和榴梿块，几位同学一起制作榴和梨汁，W 能在动作提示下添加石榴和榴梿块，能在动作提示下摇动手柄。 3. M、X 愿意轮流，会将机会让给其他同学；助教重点协助 L 和 W，协助主教管理学生。	视觉提示	制作榴梿汁的步骤图；剥好的石榴、切好的梨和引导同伴粒块、勺子	M1、L1 会在动作示范下使用勺子舀石榴粒和榴梿汁放进果汁机；会在动作示范下摇动果汁机；X：能根据制作流程图提示，独立完成制作榴梿汁的过程；L 能在主教鼓动下和协助下参与制作榴梿汁的过程。W 能在主教的动作协助下添加石榴和榴梿块，摇动手柄。	实作评量	全部，4
分享： 老师将大家一起做好的榴梿汁分别倒在准备好的一次性水杯里面，然后分发给每位学生和老师，大家一起倒榴梿汁，品尝榴梿汁。	领取榴梿汁、举杯、干杯、品尝。其中，W 和主教一起忙将一次性透明水杯摆放在桌子上，L 和主教一起给大家倒榴梿汁，M 帮助教老师端一起给老师，L1、M1、X 自己端，主教请 X 帮忙端一杯，所有学生在老师的引导下举杯——"干杯"，一起品尝自己制作的榴梿汁。	W 帮情境教学	一次性透明水杯、纸巾	W 会将装榴梿汁的一次性透明水杯摆在桌子上面；L 会和老师一起将榴梿汁倒入水杯内；M 会帮助教老师端榴梿汁；L1、M1、X 会自己端榴梿汁喝。	实作评量	全部，4
结束： 总结本节课学习的内容，请学生根据黑板上展示的图片看黑板，一起回忆制作榴梿汁的流程。下课后置作业：回家和家人一起制作和分享榴梿汁。最后布置整理现场的任务。	一起回忆制作榴梿汁的流程，一起看黑板上展示的图片看黑板，一起收拾整理现场。	下课后直接教学	黑板上的流程图			

教学反思

教师协助策略较多，加上这些孩子们觉得新奇，容易看到结果，从一定程度上激动了孩子参与的积极性。教学内容是在原有经验上增加的，教学目标基本达成，教学内容在原有经验上增加的，学生的积极性。根据不同的教学策略与教学方法，选用不同的教学策略与教学方法，帮助学生达到最终发展。主助教学生的配合默契，帮助实现良好的教学效果。以至于延长了教学时间，不能很好把握某些教学细节。

优点：
手动果汁机操作简单，容易看到结果，加上这孩子们觉得新奇，从一定程度上激动了孩子参与的积极性。学生较容易理解，同时以果汁的形式呈现，激发了学生学习的兴趣。提高了学生的学习积极性和效率。

缺点：
本节课涉及的操作比较单一。本节课涉及的操作任务较多，需要主助教充分了解教学流程和班级每位学生情况，需要主教有很好的班级管理能力，才能实现良好的教学效果。

目标完成情况：0 完全未完成；1 达到25%；2 达到50%；3 达到75%；4 达到100%

（二）体育

科目	体育	教师	石老师、湛老师	班级	实验一班	课时数	1课时
课题	送豆豆回家		设计时间	2018.11.4		教学时间	2018.11.5

教学内容分析

本节课是体育课，课题是送豆豆回家。在本节课之前，跳圈圈、飞跃独木桥、穿越山洞作为体育课已经分别单独上过，而本节课让学生手拿装有豆豆的瓶子，跨越跳圈圈区、飞跃独木桥区、穿越山洞区等三个障碍区，将送豆豆回家，希望学生能够有规则地参与连续的体能活动，即循环体能。

送豆豆回家
- 通过要领
  - 各障碍区通过要领
    - 跳圈圈区：双脚跳进圈圈
    - 飞跃独木桥区：箸子上行走
    - 穿越山洞区：爬行通过栏杆
  - 整个障碍区通过要领
    - 连续通过各障碍区
    - 安全护送豆豆回家
- 通过步骤
  - 跳圈圈区→飞跃独木桥区→穿越山洞区

教学目标

1. 知识与技能：能有规则地跨越障碍区将豆豆送回家。
2. 过程与方法：通过示范、模仿及视觉提示，理解通过障碍区的规则，成功将豆豆送回家。
3. 情感态度与价值观：感受循环体能带来的乐趣，培养学生锻炼的意识。

教学重点与教学难点

教学重点：能有规则地跨越障碍区将豆豆送回家。
教学难点：能理解通过障碍区的规则。

学情分析

本班共有学生6人，其中3名中度自闭症（M1、L、L1），3名中度智力障碍（X、M、W），经过学习已经初步形成了班级常规的概念，静坐、等待、听指令等基础能力基本具备。具体能力如下：L1能注意老师及其动作，会模仿简单动作，能听懂简单指令，会遵守课堂常规；M1模仿能力较好，视觉占优势，能依据视觉提示完成动作，有较强的学习动机，注意力高度集中，但动作速度较为缓慢；L认知能力，语言理解能力，语言表达能力较好，动作模仿能力较好，上课积极，能理解简单的指令；X模仿能力较好，但参与活动的主动性较低；W语言理解能力较好，有积极主动的学习动机，上课积极，运动较为积极；M具有较好的认知能力，身体素质，运动能力，认知较好为积极。

个别化教学目标		目标	学生					
领域			L1	M1	W	L	X	M
知识与技能		能有规则地跨越障碍区将豆豆送回家	√ 3	√ 3	√ 4	√ 3	√ 4	√ 4
过程与方法		能根据视觉提示通过障碍区将豆豆送回家	√	√ 4	√ 3	√ 4	√ 4	√ 4
		能在示范下通过障碍区将豆豆送回家	√ 4	√ 4	√ 4	√ 4	√ 4	√
情感态度与价值观		感受循环体能带来的乐趣，培养学生锻炼的意识	√ 3	√ 4	√ 4	√ 4	√ 4	√ 3

教学资源	21 个装满豆豆的矿泉水瓶、豆豆的家 4 个、呼啦圈 4 个、椅子 5 把、栏杆 5 个、彩色胶带 1 卷、指示箭头 3 个、23 个⊗标志

个别化教学目标	教学资源	教学方法	学生活动	教师活动	教学评价	
					方式	达成情况
能主动观察老师手上装满豆豆的矿泉水瓶。	1 个装满豆豆的矿泉水瓶。	直接导入	1. 观察老师，注视老师所说的。注意到老师所说的教学主题。	导入：给学生展示礼物，摸包包，让包包发出响声问。问：老师的包里装的什么呢？（利用增强物引起学生兴趣）告诉学生老师的礼物发给会表现好的小朋友，以此引起学生注意力。豆豆找不到家了，我们帮帮它们吧！引出本节课主题：送豆豆回家。	实作评量	全部，4
W、X、M1、M：能主动观察老师运豆豆回家的动作。L、L1：在增强物诱导下能观察老师运豆豆回家的动作。	1 个装满豆豆的矿泉水瓶、障碍活动区（豆豆回家的家、呼啦圈 4 个、椅子 5 把、栏杆 5 个、彩色胶带 1 圈）、23 个⊗标志	示范教学 直接讲解 视觉提示	1. 观察老师动作，并倾听老师讲解。	新授：1. 助教老师示范送豆豆回家，主教老师讲解。助教老师从起点处出发，通过第一个障碍区（跳圈圈区）后停下，双脚跳进圈圈；同时在圈圈外贴⊗的标志并说明：不能跳出圈圈。沿着箭头方向通过第二个障碍区（飞跃独木桥区）后停下，主教老师讲解通过要领：脚踩着椅子两边的地上贴⊗的标志。不能跳地（同时在椅子两边的地上贴⊗的标志）。沿着箭头方向通过第三个障碍区（穿越山洞区）后停下，主教老师讲解通过要领，助教老师示范爬行通过，并在栏杆两边的地上贴⊗的标志。最后再沿着箭头方向将豆豆送回家。助教老师示范时，主教对 L 口头提示增强物存在，对 L1 呈现增强物提醒 L1 来维持注意力观察主教老师运豆豆回家的过程（利用增强物诱导）。	实作评量	全部，4

教学活动	学生活动	教学方法	教具	评量标准	评量方式	
2. 分发豆豆，组织学生按X、M、M1、L、L1、W 的顺序排好队。主教老师在前面示范带领学生送豆豆回家，根据标志图行事（手势提示，视觉提示）。主教老师以口语提示（增强物）增强 L 的主动性；主教老师调整环境（拉正椅子距离 5 cm）让学生 W 克服困难跨过障碍区。 练习： 1. 组织学生排队，让学生 M 排在最前面示范，带领同学送豆豆回家。主教老师提醒 M 观察环境中的视觉提示，按规则通过障碍区送豆豆回家，同时监督并控制其他学生送豆豆回家整个过程；助教老师提供个别协助①调整椅子距离调整为 10 cm；让学生 L、L1 按规则送豆豆回家。②口语提示 L，L1 按规则送豆豆回家。③手势提醒 M1 观察并眼随前面的同学。 2. 组织学生排队，让学生 X 排在最前面示范，带领同学送豆豆回家。主教老师提醒 X 观察环境中的视觉提示，按规则通过障碍区送豆豆回家整个过程；其他学生送豆豆回家，助教老师提供个别协助，将椅子距离调整为15 cm，让学生 W 克服动作困难跨过障碍区）。 结束： 展示成功回家的豆豆，总结学生表现，通观老师，回应老师；通过表现从增强物表中得成就感；分工收拾教具，然后收拾教具，下课。	2. 拿豆豆，按顺序排队，同时观察老师动作，倾听通过障碍区要领，然后眼随主教老师示范下送豆豆回家。 1.M 在前面示范送豆豆回家，其余同学观察 M 动作，并模仿按规则通过障碍区送豆豆回家。 2. 学生 X 在前面示范送豆豆回家，其余同学观察 X 的动作，在助教监督下根据视觉提示按规则送豆豆回家。	示范教学 协同教学 示范教学 协同教学 视觉提示 手势提示 口语提示 示范教学 协同教学 视觉提示 口语提示	7个装满豆豆的矿泉水瓶，障碍活动区（豆豆的家，呼啦圈4个，椅子5把，栏杆5个，彩色胶带1圈）、23个⊗标志 6个装满豆豆的矿泉水瓶，障碍活动区（豆豆的家，呼啦圈4个，椅子5把，栏杆5个，彩色胶带1圈）、23个⊗标志 6个装满豆豆的矿泉水瓶，障碍活动区（豆豆的家，呼啦圈4个，椅子5把，栏杆5个，彩色胶带1圈）、23个⊗标志 21个装满豆豆的矿泉水瓶，障碍活动区（豆豆的家，呼啦圈4个，椅子5把，栏杆5个，彩色胶带1圈）	M、M1、X、L1：通过观察前面老师/同学的动作，按规则独立跨越障碍区送豆豆回家。 L：能在增强物诱导号下按规则跨越障碍区送豆豆回家。 W：能在缩小椅子距离（5 cm）的情况下按规则跨越障碍区送豆豆回家。 M：能通过观察环境中的视觉提示按规则示范跨越障碍区将豆豆送回家。 X、L、L1、M1：通过观察 M 同学的动作，按规则独立跨越障碍区将豆豆送回家。 W：能在椅子距离为 10 cm 的情况下按规则跨越障碍区送豆豆回家。 X、M：能通过观察规则示范跨越障碍区提示按规则跨越障碍区将豆豆送回家。 L、L1、M1：通过观察 X 同学的动作，按规则独立跨越障碍区送豆豆回家。 W：能在椅子距离为 15cm 的情况下按规则跨越障碍区送豆豆回家。	实作评量 实作评量	X、M、W、4；M1、3；L、L1、2 X、M1、W、M、4；L、L1、3 L、M1、M、L1、4；X、W、3

教学反思	本节课活动设计趣味足够，同时使用增强物带动学生，以提高学生的积极参与度与参与度，过程中通过示范，视觉提示，增强，跟随等方式，最后学生大多能达成目标。在收拾教具时，对学生进行了分工，但是教具得比较混乱，现场显得比较混乱，在下次体育课时，可以尝试分组轮流收拾。
教学场地布置示意图	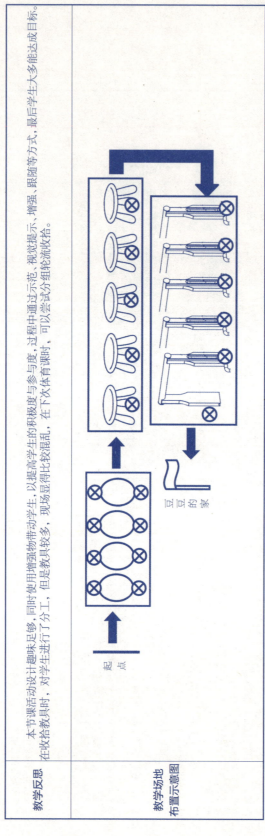

目标完成情况：0 完全未完成；1 达到 25%；2 达到 50%；3 达到 75%；4 达到 100%

科目	小组课	教师	胡老师、葛老师	班级	实验 1 班	课时数	1 课时
课题	蔬菜找朋友		设计时间	2018.11.3		教学时间	2018.11.5

教学内容分析

本节课是单元主题"丰收"下的小组课，课题为"蔬菜找朋友"，主要引导学生按照一定的逻辑给蔬菜找朋友，本节课的内容回顾"丰收"的蔬菜的前提下，通过操作故事图卡，让学生对蔬菜有一个基本的认识与了解，老师主要通过示范与操作的方式，让学生比较蔬菜的多少。学生主要通过观察和操作，尝试使用一一对应的方法，理解与区分两种物品是否一样多，理解"一样多"的概念，让学生体验在操作中学习的乐趣。

蔬菜找朋友 → 蔬菜（萝卜、白菜、土豆）；找朋友（一一对应、一样多）

教学目标

知识与技能：能区分两堆物品是否一样多。
过程与方法：通过示范／语言提示，对物品进行比较；通过观察、操作，学习一一对应。
情感态度与价值观：通过观察、操作，体验学习的乐趣。

教学重点与教学难点

教学重点：区分两堆物品是否是"一样多"，能进行一一对应。
教学难点：区分两堆物品是否是"一样多"，能理解"一样多"的概念。

学情分析

班级中共 6 位学生，其中 3 名中度自闭症（M1、L、L1），3 名中度智力障碍（X、M、W），具体能力如下：L1 能注意老师及其动作，能听懂简单指令，会模仿老师的简单动作；M1 模仿视觉提示做动作，能依据视觉提示知能力和模仿能力，参与课堂较为积极，能使用简单口语回答问题；M 具有较好的认知能力和模仿能力，记忆仿能力较好，但参与活动的主动性较低，能使用简单单口语，能理解简单单口语，上课积极，上课使用简单口语的问题；X 模仿能力较好，能使用简单口语进行沟通与简单交流；W 语言理解能力及模仿能力较好，能使用简单口语进行沟通，动作进行非语言的沟通，常使用声音或手势，动作进行精细动作，但在精细动作方面还比较欠缺。所有学生具备初步的课堂常规能力，如静坐、等待、听指令等基础能力。

个别化教学目标

领域	目标	学生						教学评价	
		L1	M1	M	X	L	W	方式	达成情况
知识与技能	区分两堆物品是否是一样多	√ 4	√ 4	√ 4	√ 3	√ 4	√ 3		
过程与方法	通过图表示范，能将两种物品进行一一对应的排列	√ 4	√ 4	√ 4	√ 4	√ 4	√ 4		
	通过动作模仿，能将两种物品进行一一对应的排列				√ 4		√ 4		
情感态度与价值观	在操作活动中体会学习的乐趣	√ 3	√ 4	√ 4	√ 4	√ 3	√ 4		

教学资源：1个《王老先生有块地》故事操作画板；42张萝卜图片；24张白菜图片；24张土豆图片；1首儿歌"王老先生有块地"；12张A4作业纸；7支水彩笔；3个盘子；6张土豆与白菜连线的作业纸

教师活动	学生活动	教学方法	教学资源	个别化教学目标	教学评价	
					方式	达成情况
导入： 由儿歌《王老先生有块地》作为引入，告知学生王老先生土地大丰收了，带领学生认识评价王老先生地里的蔬菜（萝卜、白菜、土豆），并将收获的蔬菜进行装盘。	注意情境定制激，倾听儿歌，观察并收获的蔬菜进行装盘。其中：X、W：将收获的蔬菜装进指定的盘子里面。	直接教学	1幅可操作的故事画板"王老先生有块地"、5张白菜图片、5张萝卜图片、5张土豆图片等	M1、M、L、L1、X、W：能注意到蔬菜。	实作评量	全部，4
新授： 1. 示范将萝卜图片排一排：将两个萝卜图片自左向右依次贴在白板上。	1. 观察老师排列萝卜的过程，注意老师排列的顺序。X、W将剩下的萝卜图片。	直接教学	6张萝卜图片	X、W：能依从左到右的顺序排列图片。	实作评量	全部，4
2. 示范在萝卜图片下面对应排列白菜图片。萝卜和白菜图片排列好以后，老师提问，萝卜和白菜一样多吗？问"大家想一想，萝卜和白菜一样多吗？我们可以用什么方法来判断？"	2. 观察老师在萝卜图片下白菜图片排列的过程，依次模仿练习，X、W根据一一对应的原则排列剩下4张白菜图片。	示范—模仿	6张白菜图片、6张萝卜图片	X、W：通过动作模仿，能将萝卜和白菜进行一一对应的排列。	实作评量	全部，4
3. 主教老师提示学生观察黑板上一一对应的萝卜图片和白菜图片，并将学生布置课堂小作业，助教发学具给学生，要求学生在位置上的方式模仿黑板上的萝卜和白菜一一对应排列，将作业纸放在课桌下）。	3. 根据黑板上的图片提示，进行萝卜和白菜的一一对应排列，完成课堂小任务后，将作业纸完成排列以后放在课桌下。	萝卜协同教学	36张萝卜图片、36张白菜图片、6张A4纸、6支胶棒、1支白板笔	能将萝卜和白菜进行一一对应的排列。	实作评量	全部，4

本节教学活动设计表（续）

教学活动	教具/材料	评量方式	评量目标	学生	评分
4. 示范连线前2组萝卜图片和白菜图片，请个别学生模仿连线后4组萝卜和白菜图片。老师在学生连线后请学组萝卜和白菜图片连线，其余学生观察，并告知规则。	6支水彩笔、作业纸	实作评量	6. 能将萝卜和白菜进行一对应的连线	全部	4
5. 布置课堂小作业：让学生拿出课桌下的作业纸，要求学生使用连线的方式，使萝卜和白菜一样多。	6张作业纸	口语评量	M1、L: 能找出"萝卜和白菜一样多"	全部	4
6. 讲解并强调重点：萝卜和白菜是一对好朋友，它们"一样多"，并进行描述：萝卜和白菜一样多，同时板书"萝卜和白菜一样多"。					
练习：1. 布置作业，助教发作业纸（排列好白菜图片的A4纸和土豆图片）给学生，要求学生根据A4纸上的白菜图片提示，连线白菜土豆提示，排列、对应排列和连线土豆图片。	6张作业纸、水彩笔	实作评量	6. 支 能将白菜和土豆进行一对应的排列	全部	4
2. 评讲学生的作业。发给学生新的作业单。请学生连线、对比第一张，找出哪张是"一样多"的。然后和第一张练习作对比，指出哪张是"一样多"的。	6张土豆与白菜连线的作业纸	口语评量 实作评量	6. 能将白菜与土豆连线 能辨别出"一样多"。	M1、L、L1、4；X、W、3	
结束：根据板书内容，总结本节课学习的内容，请学生回顾如何用一对应的方法帮助学生理解"一样多"的概念，并布置课后作业。注意老师所讲述的内容，回家完成课后作业。	黑板上的板书	直接教学			

教学反思

本节课的内容主要是给学生传递"一样多"的概念，鉴于"一样多"是比较抽象的概念，学生比较难理解，所以老师在教学的过程中，采用了比较多的示范模仿及个别指导策略，依据学生对内容把握的难易，采取少量多次的练习与操作，让学生手脑并用，加深对"一样多"概念的理解。从本堂课学生的表现可以看出，学生对"一样多"概念的理解比较单一，仍需进行更多的巩固练习。

目标完成情况：0 完全未完成；1 达到25%；2 达到50%；3 达到75%；4 达到100%

（四）美劳

科目	美劳	教师	雷老师、徐老师	班级	实验 1 班	课时数	1 课时
课题	蔬菜印画	设计时间	2018.11.3			教学时间	2018.11.5

| 教学内容分析 | 本节课是单元主题《大丰收》下的一节美劳课。蔬菜是学生生活中常见的东西，也是大主题丰收节的重要组成部分。在本课之前学生们已经在生活中初步认识了土豆、莲藕、胡萝卜等蔬菜，在此基础上引入本课。切开这些蔬菜，学生就较容易接受。切开这些蔬菜的横截面，从而让学生从不同的方面认识这些蔬菜，学习用这些蔬菜片蘸上颜料进行蔬菜印画。本课根据学生的生活经验和自身能力，在协助、示范、提示等教学策略下进行教学，让学生感知这种版画法的乐趣，丰富学生的想象。

| 教学目标 | 知识与技能：能用胡萝卜、藕这两种蔬菜的横截面做蔬菜印画。
过程与方法：通过示范—模仿的方式学习用胡萝卜、藕这两种蔬菜的横截面做蔬菜印画。
情感与态度：通过蔬菜印画，感受这种特殊画法的乐趣，丰富学生的想象。 |

| 教学重点与教学难点 | 教学重点：能用胡萝卜、藕这两种蔬菜印画。
教学难点：能用蔬菜印画图并组合形状。 |

| 学情分析 | 本班共有学生 6 人，其中有 3 名中度自闭症（M1、L、L1），3 名中度智力障碍（X、M、W），经过学习已经初步形成了班级常规的概念，静坐、观察、模仿听指令等基础能力较好。具体如下：L1 的模仿能力较好，能用词句表达能力较好，句子过长清晰度会受影响，想法、听者无法理解，在生活中已经认识胡萝卜与藕，也喜欢美劳活动，能用简单词句表达需求，能认识本课中的蔬菜，能通过观察的模仿观察活动；M 具有较好的模仿能力较好，认识常见的蔬菜，能独立完成任务，喜欢操作类的活动，在情绪的控制上有困难；X 的模仿能力较好，语言理解方面能听懂单字词，但在听常见能听懂单字词，但在听常见词句语言理解困难，主要通过视觉学习，模仿学习。该生有口语，能认知能力，能认识蔬菜和胡萝卜，有命名困难，喜欢自己的意愿行事；L 的认知能力，语言理解能力较好，观察常见的蔬菜，能认识常见的蔬菜，有蘸颜料作画的经验，但名有困难，需要提示；W 的口语沟通能力较弱，无口语但非口语沟通能力较好，乐于助人，无口语助人，但口语理解能力较差。 |

个别化教学目标

领域	目标	L1	M1	L	L	X	W
知识与技能	能用胡萝卜和藕的横截面在轮廓图上印画	√	4	√	√	√（3）	√（4）
	能用胡萝卜和藕横截面蘸颜色做印画	√	4	√	√	√（3）	√（4）
过程与方法	通过示范—模仿的方式学习用胡萝卜、藕这两种和蔬菜的横截面做蔬菜印画	√	4	√	√	√（4）	√（4）
情感态度与价值观	通过蔬菜印画，感受这种特殊画法的乐趣，丰富学生的想象	√	3	√	√	√（4）	√（4）

教学资源

紫色手工花；完整的土豆2个；切好的胡萝卜横截面8个；完整的藕2节；切好的藕横截面8个；装有调好的紫色水粉颜料大号方形盘子1个；A3白色卡纸的轮廓图；大号白色卡纸2张；湿纸巾、餐巾纸、油画棒；情境图

教师活动	学生活动	教学方法	教学资源	个别化教学目标	教学评价 方式	教学评价 达成情况
导入： 拿出已经做好的紫色手工纸花，引导学生看一看花的组成，指出花瓣和花蕊。请学生来指一指花瓣和花蕊，作答顺序为：W、M、L1、M1、L、X参照前面五位同学的答案作答。引出今天的主题：印花朵。	拿出已经做好的紫色手工花，M、L1、M1、L指出花瓣和花蕊，L指出花瓣和花蕊s 观察手工花	直接教学	紫色手工花	L1、M1、L、M、X：能观察手工纸花。	实作 评量	L1、M1、4；L、M、X、3
新授： 1. 拿出完整的藕请学生看一看，摸一摸，并请W、M、L1说一说是什么，X跟读，M、W判断其他同学说对了没有。	1. 观察老师手上的藕，看并抚摸。其中：M、L1、观察并说出藕的名称；X观察同伴并命名；M、W观察同伴作答，判断其正误。	直接教学	完整的藕			
2. 拿出藕的横切，请学生观察藕的横截面的形状面是否和花蕊的形状相似。请L、W、X找出和藕横截面相同形状的花蕊，X根据L、W的示范找到花蕊。	2. 观察并找出和藕心形状相似的花蕊，L、W、X找出和藕的横截面相同形状的花蕊，X根据L、W的示范找花蕊。L1、M1、M观察同学并看他是否找对。	直接教学	切好的藕、手工纸花			

教师活动	学生活动	教学方法	教学资源	个别化教学目标	教学评价 方式	达成情况
3.拿出调好的颜料和白纸，示范用切开的藕蘸颜料并印在纸上，然后拿出一盘切好的藕，请学生练习用切开的藕蘸在白纸上印花蕊。巡回指导学生如何向按压。肢体协助 W、X 按压印花蕊，X 如向按压。肢体协助进行。	3.观察老师如何用藕蘸颜料印花蕊。L、M、L1、老师肢体协助 M1 学生用藕的横截面蘸颜料印花蕊。老师肢体协助示范 W、X 按压两到三个后自己练习。	示范—模仿策略	调好的紫色水粉颜料、白纸、盘子	能用藕心蘸颜料印在纸上。	实作 评量	L1、M1、L、M、X、W、4
4.拿出完整的胡萝卜请学生看一看，摸一摸，并请 W、M、L1 说一说是什么，X 仿说，M、W 判断其他同学说对了没有。	4.观察老师手上的胡萝卜，看并抚摸。其中：M、L1、观察并说出胡萝卜的名称；X 观察同伴作答，判断其正误。	直接教学	完整的胡萝卜			
5.拿出横切的胡萝卜，请学生观察胡萝卜的横截面的形状再是否和花瓣的形状相似。请 L、W、X 找出和胡萝卜的横截面相同形状相似的花瓣。L、W 的示范看其他学生找到花瓣。	5.学生观察并找出和胡萝卜形状相似的花瓣。L、X 找出和胡萝卜的横截面相同形状的花瓣，X 根据 L、W 的示范找。根据 L、M1、M 观察并学着找对。	示范—模仿策略	切好的胡萝卜横截面	L、M1、X、W 能用胡萝卜横截面蘸颜料印在纸上。	实作 评量	L1、M1、L、M、X、W、4
6.拿出调好的颜料和白纸，示范用横切的胡萝卜蘸上颜料并印在纸上，然后拿学生练习用切开的胡萝卜蘸颜料印在白纸上印花瓣。肢体协助学生如何向按压 W、X 按压印两到三个，L、M、L1、M1 根据老师示范进行。	6.学生观察老师如何用胡萝卜蘸颜面蘸颜料印印花瓣。L、M、L1、M1 学生用胡萝卜的横截面蘸颜面蘸颜料印花瓣，老师肢体协助 W、X 按压两到三个后自己练习。	示范—模仿策略	切好的胡萝卜横截面、白纸、颜料、盘子			
巩固练习： 1.拿出一张花的轮廓图，请学生找到花蕊和花瓣。然后请 X 找出花蕊和花瓣。	1.学生观察轮廓图。L 找出花蕊和花瓣。M、M1、M1、L1 观察花蕊是否找到。		A3 白色卡纸的轮廓图	L1 能用藕轮廓图上印花蕊。	实作 评量	L1、4；L、L1、M、W、M1、X、4；X、3
2.拿出藕，请 X 找出它对应的花蕊，请 L1 蘸颜料印印花蕊上。然后拿出胡萝卜，请 X 找出它对应的花瓣，请 L 蘸颜料印对应的花瓣。着轮流请 L1、M、W、M1 印刷下的花瓣。	2.X 找出花蕊，然后 L1 蘸颜料印花蕊。接着 X 找到花瓣，然后 L1 蘸颜料印在其中一个花瓣上。W、M、M1、X 印刷下的花瓣。		A3 白色卡纸的轮廓图、颜料、胡萝卜	L1 能用轮廓图在上印花蕊。L、L1、M、W、M1、X 能用胡萝卜印在轮廓图上印花瓣。	实作 评量	L、L1、M、W、M1、X、4；X、3
3.给每一位同学分发纸，请学生用胡萝卜和藕做蔬菜印画，其中 L1、M1、W、X 在白纸，L、M 为轮廓图。轮流协助同学，完成作品后，请同学将作品摆放在作品区。	3.L1、M1、W、X 在轮廓图上做蔬菜印画，L、M 在白纸上做蔬菜印画。完成作品后，同学们将作品后将蔬菜印画摆放在作品区。		藕、胡萝卜、轮廓图、装有调好的紫色水粉颜料的盘子、大号方形盘子、白纸	L1、M1、W、X 在轮廓图上做蔬菜印画。L、M 在白纸上做蔬菜印画。	实作 评量	L、L1、M、W、M1、X、4；X、3

拓展活动：
老师拿出一幅大的图请学生观察图上的内容：有绿色的草地，有几朵印好的花，有几枝有轮廓的花，有几枝花的枝干……请学生找到可以印画图的地方，先请 W、X 找到花的茎的地方。L1、M1 找到有花茎的地方，X 在画有印花图的地方。L1、M1 找到画有花茎的地方。请学生根据自己的能力和兴趣，选择不同的方式合作完成整幅作品。老师巡回协助。W、X 在画有印花图的地方，老师分发蜡笔给 M、L 请他们在纸上自己画花茎，自己印花。L1、M1 在只有花茎的地方，老师分发蜡笔给 M、L 请他们在纸上自己画花茎，自己印花。

	直接教 视觉提示 模仿 视觉提示	切好的胡萝卜横截面，切好的藕横截面，情境图，装有调好的紫色水颜料大号画笔，粉颜料，方形盘子，蜡笔	L1、M1、M、L1 能根据示范用胡萝卜和藕横截面做印画； X、W 能用胡萝卜和藕的横截面在轮廓图上印画。	实作评量 L1、M1、W；M、L1、W、X 3、4；X，3

结束活动：
学生分工合作，M1、M 将完成的作品放入作品区晾干。L、L1 协助老师将印画作品的蔬菜放在一起，整理好盘子。L 和 W 协助老师将所有学生到清洗区洗手，最后所有学生到清洗区洗手。L 和 W 协助老师清洗盘子。

	视觉提示，示范模仿	湿纸巾，餐巾纸		

课堂延伸	1. 学生将完成的作品贴于班级作品区。 2. 放学后学生将自己的作品带回家，给家长分享自己的作品。 3. 学生在家和家人尝试运用其他的蔬菜来做印画。
教学反思	1. 教学的形式和内容是学生感兴趣的，学生的参与度较高。 2. 课堂纪律问题，团课中不能只管教学内容，课堂纪律也是一个非常重要的组成部分。课堂中的轮流等待，观察同伴，相互配合等能力十分重要，学生在印的时候容易上色。 3. 材料的准备，特别是切藕和胡萝卜的时候，要用锋利的刀，蔬菜的横截面才平，学生在印的时候容易上色。

目标完成情况：0 完全未完成；1 达到 25%；2 达到 50%；3 达到 75%；4 达到 100%

（五）科学

科目	科学	教师	梅老师、郭老师	班级	实验1班	课时数	1课时
课题	绿豆生长日记	设计时间	2018.11.4	教学时间	2018.11.5		

教学内容分析

本节课源自"丰收节"的单元主题，属科学学科，这节课既是对"种豆"这一社会实践课的延伸，同时也让学生对"植物"有更全面的认识，在教学活动编排上有延续性和逻辑性。此外，本节课通过让学生观察绿豆的生长，让学生了解绿豆发芽、生叶至长大的简单过程，从而锻炼学生的发现观察能力。

教学目标

知识与技能：能够理解解绿豆生长的三个过程：发芽、生叶、长大。
过程与方法：通过观察科学习，能理解解绿豆生长的三个过程。
情感态度与价值观：在观察绿豆生长的过程中，感受到植物生长的变化与趣味。

教学重点与难点

能够理解解绿豆生长的三个过程：发芽、生叶、长大。

绿豆生长日记
——过程
发芽—生叶—长大

学情分析

本班共有学生6人，其中3名中度自闭症（M1、L、L1），3名中度智力障碍（X、M、W），在上本节课之前有进行过"种豆豆"这一节课的铺垫，对植物有初步的认识。具体能力如下：L1：语言理解能力较好，能用简单的口语进行表达，注意力有些涣散要老师提醒才能注意指定刺激；M1：模仿能力较好，语言理解能力好，有简单的口语能力；M：具有较好的认知能力，语言理解较好，会仿写汉字；X：模仿能力较好，上课积极，有一定的口语但是语音清晰度较差；L：认知能力，语言理解能力较好，会仿写词语；W：口语理解加声音的方式表达，能用动作细动作操作方面需要协助。所有学生均未观察过种子发芽的过程。

个别化教学目标

领 域	目 标	学 生					
		L1	M1	M	X	L	W
知识与技能	通过观察和倾听理解解绿豆生长的三个过程	4	4	4	√	4	
过程方法	通过观察和操作练习理解解绿豆生长的三个过程	3	3	4	√	√	√
情感态度	在观察绿豆生长的过程中，感受到植物生长的变化与趣味	4	4	4	3	√	√

教学资源： 1份绿豆，1份不同生长阶段的绿豆（发芽、生叶、长大的）实物，绿豆发芽、生叶、长大的图片（A4纸大小）各1份，"发芽""生叶""长大"的字卡各1份（黑板用），绿豆发芽、生叶、长大的图片和文字卡。
作业单一：M、L 根据绿豆的生长阶段图片写出相应的文字。L1、X 将剪下的图片段落图片贴在相应图片长标在相应位置（不同图片到相应内容的配对）。M1 将有差异的图片和文字卡的连线。W 做图片和内容的配对。
作业单二：6个一次性透明水杯（M、L、W、M1 的杯子上贴上学生的名字卡，L1、X 的杯子上贴上学生的照片），6小袋绿豆，6份绿豆生长记录单

教师活动	学生	教学方法	教学资源	个别化教学目标	教学评价	
					方式	完成情况
导入： 拿出一小袋绿豆放在手心，摸一摸，引导学生听、看一看，猜一猜观察，并说出特点——圆圆的，小小的，在黑板上画出来，引导学生猜猜看。告诉学生"绿豆"并将黑板上的画染上颜色；给一两个学生猜，让学生一个同学看，最后展示给全班同学看，再请一个同学拿出来，将绿豆拿出来、生看同学。摸一摸，再请同学看。告诉本节课将要学习的内容为：绿豆的生长过程。	注意老师的动作，听一听，看一看，猜一猜。其中：M、L、M1 看老师的画——想，听老师的描述——看，L1 掰开老师的手，将绿豆拿出来；X、W 关注老师和同学。	直接教学	用透明袋子装好的一小袋绿豆	M、L、M1 能根据老师的口语和视觉提示猜出"绿豆"；L1 能掰开老师的手拿出"绿豆"；X 能关注老师和同学；W 能参照老师和同学的反应找出"绿豆"。	实作评量	全部，4
新授： 1. 什么是发芽？ 1.1 先展示一个杯子，请学生观察，并向学生解释这是绿豆发芽的样子。随后播放绿豆发芽的视频请学生观看。等视频观看结束后，再次拿出装有绿豆发芽的杯子，告诉学生"发芽"。	1.1 观察杯子里面发芽的绿豆，并观看绿豆发芽的视频。其中，M、X、L、W、M1 主动关注老师和教材，L1 看一看、摸一摸老师放在手心的发芽的绿豆，所有同学主动观看绿豆发芽的视频。	直接教学	装有绿豆发芽的杯子、绿豆发芽的视频	M、X、L、W、M1 能主动观察老师出示的杯子里面"发芽"的绿豆；L1 看着和摸放在杯子的"发芽"的绿豆。	实作评量	全部，4
1.2 拿出绿豆发芽的图片让学生观看，告诉学生"发芽"，然后将图片贴在黑板上，并在图片下面写上"发芽"两个字，引导学生看黑板。	1.2 看老师出示的图片，关注老师的动作，跟读"发芽"。其中，M、L、W、M1 主动看着"发芽"的图片，关注老师的动作；L1 在老师主动提醒下看黑板；M1、M、X、L 认读、指"发芽"，W 听老师和同学读、指"发芽"的图片，L1 在助教的口语提示下跟读"发芽"。	直接教学	"发芽"的图片、黑色白板笔	M、L、W 能够理解"什么是发芽"的图片并认读；X、M1 能指着"发芽"的图片跟读"发芽"；L1 能在助教的口语提示下跟读"发芽"。	口语评量	全部，4

续表

教师活动	学生	教学方法	教学资源	个别化教学目标	教学评价方式	完成情况
1.3 拿出装有绿豆发芽的杯子，指着"发芽"图卡和字卡，复习一遍，然后给学生发相应的字卡或图片，请学生从自己的图片中挑出"发芽"的字卡或图片，然后检查并给予点评。其中，给M、L表情+动作肯定的回馈（微笑，给L1、M、X动作+语言的回馈（拍拍肩膀、握手+对了、真能干等）。	1.3 根据老师黑板上的提示，找出"发芽"图卡和字卡。其中，M、L、W找出"发芽"的字卡；L1、M、X找出和刚才老师出示的一样的"发芽"的图片（需要帮助）；M1找出"发芽"的图片（和老师出示的不一样的"绿豆发芽"的图片）。	直接教学	学生用的"发芽"的图片、字卡	M、L能根据图片找出"发芽"的字卡；L1、M、X能找出和刚才老师出示的一样的"发芽"图片；W能在自己的图片中找出"发芽"的图片（和老师出示的不一样的"发芽"图片）。	实作评量	全部，4
2. 什么是生叶? 2.1 再次展示一个杯子，请学生观察，并向学生解释这是绿豆生叶的样子。随后播放绿豆生叶的视频，等视频观看结束后，拿出装有绿豆"生叶"的杯子，贴上"生叶"的图片，写上"生叶"，指着字"生叶"，请学生们跟读两遍。	2.1 观看绿豆生叶的视频，关注老师出示的"生叶"的绿豆。随后观看视频，再次观看"生叶"的杯子和绿豆，贴上"生叶"的图片，写上"生叶"，指着字"生叶"请学生们跟读两遍。	直接教学	装有绿豆生叶的杯子、绿豆的视频、生叶的图片、"生叶"的图片和字卡	M1、M、L能够理解什么是"生叶"；L1、M1能将"生叶"的图配对并正确说出"生叶"；W能正确指认"生叶"，能将"生叶"的图片贴在黑板的相应位置。	口语评量	全部，4
2.2 拿出装有绿豆生叶的图卡和字卡，请学生从三张图片中挑出绿豆"生叶"的字卡或图片并读出"生叶"，然后检查"生叶"，并给予相应的回馈。	2.2 根据老师黑板上的提示，找出"生叶"的图卡或者字卡。其中，M、L、W找出"发芽"的字卡并读出"生叶"，教同学读"生叶"；L1、M、X找出和老师出示的一样的"生叶"的图片（需要帮助）；M1找出"生叶"的图片并在M和L的提示下读出"生叶"（和刚才老师出示的不一样的图片）。	直接教学	学生用的绿豆生长过程图卡和字卡	M、L能根据图片找出"生叶"的字卡，会教同学读"生叶"；L1、M、X能找出和老师出示的一样的"生叶"图片，会在同学的口头提示下读出"生叶"图片；W能在自己的图片中找出"生叶"的图片（和老师出示的图片不一样）。	实作评量	全部，4
3. 什么是长大? 3.1 展示最后一个花盆，请学生观察，并向学生解释这是绿豆长大的样子（长大的叶子，大大的叶子），随后播放绿豆长大的视频请学生观看。等视频观看结束后，拿出装有绿豆长大的花盆，拿出绿豆"长大"的图片请学生们跟读两遍"长大"。	3.1 观察花盆里长大的绿豆（摸一摸和看一看长大的叶子），并观看绿豆长大的视频。观看视频后，倾听老师对绿豆"长大"的图片的讲解，跟读两遍"长大"。	直接教学	装有绿豆长大的花盆、绿豆长大的视频、"长大"的图片和字卡	M、L能了解什么是绿豆"长大"；M1、X、L、W、M能正确辨认"长大"的图片；M1、X、L能看着图片说出"长大"；L1能在手势提示下找到"长大"的图片。	口语评量、实作评量	全部，4

教学步骤	方法	学生表现		评量标准	评量方式	对象、节数
3.2 拿出 "长大" 的绿豆图片图片请学生看、认、读，然后请学生贴在黑板上，老师写上 "长大"，引导学生看黑板，跟读两遍。	直接教学	3.2 M1、X、L、W、M 主动看老师出示的图片和黑板并指认跟读；L1 帮忙将 "长大" 的图片贴在黑板的相应位置，L1 在助教手势提示下看黑板上老师手所指的 "长大" 的图片。		M,L 能根据图片找出 "长大" 的字卡，会教同学读 "长大"；L1、M1、X 能找出和刚才老师示的一样的 "长大" 读出 "长大"，会在同学的口头提示下读出 "长大"；W 能在自己的图片中找出 "长大" 的图片（和老师出示的图片不一样）。		全部，4
3.3 拿出装有绿豆长大的花盆，指着 "长大" 的绿豆长大的花盆，请学生从三张图片中挑出一张绿豆长大的图片和字卡，请学生从三张图片或者字卡；然后检查并给予回馈和点评。	直接教学 同样教学	3.3 根据老师黑板上的提示，找出 "长大"，找出 "长大" 的图片或者字卡。其中，M、L、W 找出 "长大" 的字卡并读出来，教同学读 "长大"；L1、M、X 找出和刚才老师出示的一样的 "长大" 的图片并在 M 和 L 的提示下读出 "长大"（需要助教提示）；M1 找出 "长大" 的图片（和刚才老师出示的不一样的图片）。	学生用的绿豆生长过程图的图片或者字卡	M、L、W 能正确排列出绿豆生长阶段的图长顺序：发芽、生叶、长大；M、L 能看图说出绿豆生长的三个生长过程；L1、M1、X 能根据桌面实物的提示找出相应的绿豆生长的图片摆好。	实作评量	全部，4
复习巩固： 完整地将绿豆发芽、生叶、长大的视频播放一次。完整呈现三个装有绿豆生长不同阶段的杯子和花盆，指着黑板上的相应图片与文字，带领学生再复习巩固一遍。	直接教学	M、L、W 跟随老师呈现的实物和复述；L1、M1、X 根据图片进行排列和复述，根据描述找出相应的实物或者图片。	完整的绿豆生长长视频、桌子上的绿豆生长不同阶段的实物和黑板上的三种不同阶段的绿豆：发芽、生叶、长大，黑板上的图片和文字的图片	M、L 能根据绿豆生长阶段写出相应的文字；W 会将绿豆生长阶段的文字用线连起来；L1、X 会将绿豆生长阶段的图片贴在相应的图片下面（图＋图的配对）；M1 能将相似的图片和相应的绿豆生长阶段的图片配对。	实作评量、口语评量	全部，4

教师活动	学生	教学方法	教学资源	个别化教学目标	教学评价	
					方式	完成情况
结束： 1. 给每位学生分发作业单，请同学们完成各自的作业单，主教与助教分别协助。	1. 完成练习作业： M、L 根据绿豆的生长阶段图片写出相应的文字。 W 做图片和文字的连线。 L1、X 将图片贴在相应生长阶段图片的下面（图片配对）。 M1 将有差异的发芽、生叶、长大的图片贴到相应内容的位置（不同图片内容的配对）。		作业单一			
2. 收取每位学生的作业单并进行批改，指出错误，让学生进行修订。	2. 同伴提示修改的内容，助教协助需要修改的同学。					
3. 拿出作业单二，给每位学生发一份绿豆，一个个贴好名字或照片的点豆杯。请学生回家和家长一起种种绿豆，观察绿豆的生长，并贴在 6 个杯子里面。每天的时候在记录单上打"✓"。	3. 分发和领取作业。其中：W 帮忙将 6 个一次性透明水杯摆放在讲台桌面上；L1 将 6 小袋绿豆分别装在 6 个杯子里面；M、L、M1、L1、W、X 领取自己的杯子和绿豆；M 和 L 帮忙给同学发绿豆生长阶段记录单。		作业单二			

教学反思	1. 教具准备。因为上课时间是冬天，绿豆并没有想象中长得那么快，于是老师要提前很久准备好发芽和生叶的绿豆，长大的绿豆苗，只有通过视频让学生观察和感受，因为时间为一课时，可能也不能让学生在一节课上就了解到绿豆生长的全过程；另外，在呈现时差别不是很明显，长大的绿苗、生叶、生芽、长大的时候无法持续追踪。 2. 该内容为科学课，老师上出来有点偏语言认知课，缺少了科学课的趣味性。 3. 教学过程：一节课的内容太多，很多内容快速带过，细节部分并未深入。 4. 作业：家庭作业形式无法持续追踪。

目标完成情况：0 完全未完成；1 达到 25%；2 达到 50；3 达到 75%；4 达到 100%

思考与实践

1. 请谈谈个别化教育计划与学期总计划之间的关系，并理清个别化教育计划纳入学期总计划的具体过程。

2. 与一所特殊教育学校（班）合作，依其功课表拟订该校（班）的 3 ~ 5 个学期教学总计划。

第八章

个别化教育中的再评量

> **本章摘要：** 本章给出了个别化教育计划执行与再评量的实例，并随之介绍了课堂教学中的评量与修正教学。

第一节　个别化教学计划执行中的再评量

　　了解个别化教育计划长短期目标的达成情况，可以进一步掌握学生的学习速度、范围、深度、所达到的水平及学习的态度、特点等情况，同时为教师提供反思教学的机会，检查 IEP 拟订是否合适，教材、教法、教学过程的选择与安排等是否有效，提供有说服力的依据，检查支持辅助系统的工作情况。IEP 执行一学期后，需对每一个学生的 IEP 进行评量，也可以在学期中进行一次评量、检查 IEP 执行情况，这样的评量是后续 IEP 的新起点。

一、再评量的方法

　　首先，应评量长短期目标的达成情况。IEP 中每个短期目标后面设有等级评量栏，教师设计情境或活动，观察学生在评量中的反应，按评量标准在该栏中填上该项目标实际达到的等级。综合分析讨论后确定该目标在下一期的个别化教育计划中是执行还是更换。

　　然后，就现有目标达成情况进行分析，具体项目如下：

- 学期分析：分析该生未达成该目标的原因、本学期该生在各领域或各科中的学习状况、针对本学期与下学期教学的教师教学建议及家长建议。
- 学年课程规划分析：涵盖学期目标的执行状况、课程评量、环境评量。

下一期个别化教育计划应考虑：

- 学生通过努力能达到的细目。

- 学生最急需具备的能力。

- 家长、教师希望学生获得的能力。

- 环境所要求的改变。

填写新的 IEP，完成后交相关人员保存，作为该生一学期教育的依据。

二、个别化教育计划评量实例

这里仍以前面介绍过的小柳为例。

（一）执行一学期后的个别化教育计划

个别化教育计划

姓名：小柳　　　　　　性别：男　　　　　出生年月：2014 年 3 月 23 日

评量人员：胡老师　　　　　　　　　　　　评量日期：2018 年 9 月 18 日

计划执行日期：2018.10—2019.1　　　　　负责教师：胡、雷、郭、湛

安置：实验一班

领域		目标	教学决定	测评结果	情境	策略	测评人员 / 日期	完成情况
感官知觉	1.1 提高视觉应用能力	1.1.1 当专注于自己的事情时，有人或物的靠近能有所察觉：抬头看、起立、转身	P	3	上课、休闲	听觉＋触觉，夸张（由强到弱）	雷老师、郭老师 2019.1.2	目标共有 3 个，其中 4 分有 0 个；3 分有 3 个，占 100%
		1.1.2 能自如切换对老师和同学的注意力：在活动或人物变化时会注视、配合	P	3	团体课	活动调整、视觉、动作、声音的提示、兴趣物的诱导、同伴的支持		
	1.2 提高听觉应用能力	1.2.1 当上课铃声响起时，能调整自己的状态参与到相应的活动中：收玩具、坐好	P	3	上课前	主教用视听触的方式让其注意；助教用手势、动作＋声音提示帮其回到课堂上		
粗大动作	2.1 提高心肺功能	2.1.1 在一次运动中，能坚持绕足球场跑 3 圈（一圈一歇或者两圈一歇）		3	体能课、生活中	增强、视觉提示（任务提示卡）、肢体协助、素材调整、坚持、个别指导	胡老师、湛老师 2019.1.2	目标共有 5 个，其中 4 分的有 3 个，占 60 %；3 分有 2 个占 40%
		2.1.2 会往返跑，至少 30 米 / 次；拿着沙袋跑，放到 30 米远处的篮子里	S	4				
	2.2 提高肌肉力量	2.2.1 能用双手平举一斤的哑铃（也可用两瓶 500 毫升矿泉水代替），一次至少 30 秒，至少 4 次	S	4				
		2.2.2 会做地面手支撑，至少 30 下 / 次，至少 5 次	P	3				
		2.2.3 会开合跳，至少 20 下 / 次，至少 5 次	S	4				

领域		目　标	教学决定	测评结果	情　境	策　略	测评人员/日期	完成情况
精细动作	3.1 提高简单的劳作技能	3.1.1 能使用黏土或面团进行简单的造型：用面团做包子馒头，包饺子，至少3种	S	4	角落活动、展业课	素材的调整、活动的简化、特殊器材、支持、环境调整	胡老师、湛老师 2019.1.2	目标共有5个，其中4分的有5个，占100%
		3.1.2 能使用颜料或水粉着色简单情境画，至少5幅	S	4				
		3.1.3 能用简易线条画出有造型的情境图：车撞人、救护车来了	S	4				
		3.1.4 能使用固体胶将剪好的图案粘成一幅画：房子、鱼、花	S	4				
		3.1.5 能使用不同的材料做粘贴画，如豆子、树叶、吸管，至少3种	S	4				
生活自理	4.1 提高穿脱能力	4.1.1 穿鞋时，能分清左右	p	3	到校、转换、放学、午休	环境支持、素材的调整、动作协助、视觉提示、工作分析、坚持、等待	胡老师、湛老师 2019.1.2	目标共有4个，其中4分的有2个，50%；3分的有2个，占50%
	4.2 提高清洁与卫生的能力	4.2.1 会使用肥皂搓洗小毛巾	p	3	午餐、课间餐、如厕后			
		4.2.2 能使用毛巾擦脸	S	4				
		4.2.3 能用拖把拖地：用拖把将明显的垃圾、水渍拖干净	p	4				
语言沟通	5.1 提高语言理解能力	5.1.1 能听懂学校生活中常见的指令，如把水杯给×××	S	4	喝水时间、转换时间、小组课、团体课、个别指导、晨会、一日活动	视觉提示（课表）、示范教学、简化、教材调整，环境支持、练习、重复、泛化、座位安排、多感官学习、个别指导、生活化	雷老师、郭老师 2019.1.2	目标共有8个，其中4分有7个，88%；3分有1个，占12%
		5.1.2 能听懂描述性的语言，如去找胡老师拿水彩笔，至少8种	S	4				
		5.1.3 能理解有图片＋文字提示的简单故事，至少5张图，20字以内	p	4				
	5.2 提高口语表达能力	5.2.1 能回答与教学相关的问题：是什么？做什么？在哪里？	S	4				
		5.2.2 会使用"什么？谁？在哪里？怎么了？"等常见的问句	S	4				
		5.2.3 能看图讲故事，至少5张图片：《小猪吃西瓜》《水果切一切》等	p	4				
	5.3 提高沟通能力	5.3.1 能用符合社会规范的方式表示道歉：××，对不起	S	4				
		5.3.2 能用符合社会规范的方式表达情绪：我生气了	p	3				

领域	目标		教学决定	测评结果	情 境	策 略	测评人员/日期	完成情况
认知	6.1 提高模仿能力	6.1.1 能模仿使用器械：跳绸带舞	S	4	小组教学、团体教学、个别指导	视觉提示（课表）、示范教学、简化、教材调整、环境支持、练习、重复、泛化、座位安排、多感官学习、个别指导	雷老师、郭老师 2019.1.2	目标共有6个，其中4分有6个，100%
	6.2 增进符号概念的理解	6.2.1 能根据情境和图片认读简单字卡：同学的名字、课表、值日安排表	S	4				
		6.2.2 能读出绘本中的简单完整句：用小刀切土豆	S	4				
	6.3 增进记忆的理解	6.3.1 学校生活中，能正确将自己和相应数字配对，如午餐喊号、自己的学号、座位号等	S	4				
	6.4 增进排列的理解	6.4.1 能依故事内容排列图卡，至少5张图卡	S	4				
		6.4.2 能清点由5元和1元组成的10元以内的钱币，如8元、10元	S	4				
社会适应	7.1 增强自我概念	7.1.1 会根据视觉提示（老师呈现电话号码），拨打父母的电话：上学时报平安、放学时要求接回家	S	4	接园、放学、教学活动中	视觉提示卡、环境支持、素材调整、忽略、安抚、延迟满足、要求、增强、减弱、提醒、同伴支持、引导	雷老师、郭老师 2019.1.2	目标共有7个，其中4分的有3个，43%；3分的有4个，占57%
	7.2 提高环境适应能力	7.2.1 会注意避免生活中的危险物品：电、火、尖锐物品	P	3	一日活动班级教学、午餐、电影时间、购买活动			
		7.2.2 能遵守教室规则：安静、排队、物品归位	P	3				
		7.2.3 能在适宜的地方如厕	P	3	放学、上学、课前			
	7.3 提高人际互动的能力	7.3.1 在活动中，能适当等待、轮流	P	3	午餐、洗手、如厕、游戏活动			
		7.3.2 会和同伴合作完成一项简单的任务：抬桌子、摆桌椅、拼拼图	S	4	课前准备、课后收拾、放学整理			
		7.3.3 能与同学互动，如打闹、争抢玩具	S	4	课间			

目标完成情况：0 完全未完成；1 达到25%；2 达到50%；3 达到75%；4 达到100%
教学决定：P 继续；S 更换

（二）期末总评

1. 本学期 IEP 完成情况

本学期共有目标 38 个，其中 4 分有 26 个，占 68%；3 分有 12 个，占 32%。

通过本学期的学习，该生在感官知觉领域有 3 个目标，均为 3 分。视觉应用方面，当专注于自己的事情时，有人或物靠近并有较大的动静时能察觉，在活动中人或物有较大的变化时，能在老师或同学之间做注意力的切换；听觉应用能力方面，当上课铃声响起时，需老师声音或动作的提醒才能调整状态参与到相应的活动中，收玩具、坐好。

在粗大动作领域有 5 个目标，其中 4 分有 3 个，占 60%；3 分有 2 个，占 40%。会往返跑，至少 30 米／次，在陪同下能绕足球场跑 2 圈，中途休息一次；能双手举 500 mL 矿泉水 30 秒／次，至少 4 次；能做地面手支撑 30 秒／次，至少 5 次；会开合跳 20 下／次，至少 5 次。

精细动作领域目标共有 5 个，其中 4 分的有 5 个，占 100%。能使用黏土或面团进行简单的造型，如用面团做包子馒头、包饺子，能使用颜料或水粉给简单情境画着色，至少 5 幅；能自己用简易线条画出有造型的情境图（车撞人、救护车来了）；能使用固体胶将剪好的图案粘成一幅画（房子、鱼、花）；能使用不同的材料做粘贴画，如豆子、树叶、吸管。

生活自理领域目标共有 4 个，其中 4 分有 2 个，占 50%；3 分有 2 个，占 50%。穿魔术贴的鞋子能分清左右脚，能使用毛巾擦脸，能用拖把拖地（用拖把将明显的垃圾、水渍拖干净），搓洗小毛巾需协助。

语言沟通领域目标共有 8 个，其中 4 分有 7 个，占 88%。3 分有 1 个，占 12%。语言理解方面，能听懂学校生活中常见的指令，如把水杯给×××，能在"动作／表情＋图片"的情况下，听懂描述性的语言，如去找胡老师拿水彩笔，至少 8 种；能理解有"图片＋文字"提示的简单故事，至少 5 张图，20 字以内，口语表达方面，能回答与教学相关的问题，是什么？做什么？在哪里？会使用"什么？谁？在哪里？怎么了？"等常见的问句；能看图讲故事，至少 5 张图片；沟通能力方面，能用符合社会规范的方式表示道歉。

认知领域目标共有 6 个，其中 4 分有 6 个，达 100%。能模仿使用器械，如跳绸带舞；符号概念理解方面，能根据情境和图片认读简单字卡，如同学的名字、课表、值日安排表；能读出绘本中的简单完整句，如用小刀切土豆；学校生活中，能正确将自己和相应数字配对，如午餐喊号，自己的学号、座位号等；能依故事内容排列图卡，至少 5 张图卡；能清点由 5 元和 1 元组成的 10 元以内的钱币，如

8 元、10 元。

社会适应领域目标共有 7 个，其中 4 分有 3 个，占 43%；3 分有 4 个，占 57%。环境适应能力方面，经提醒会注意避免生活中的危险物品，如电、火、尖锐物品；在社交压力或视觉提示下能遵守教室规则：安静、排队、物品归位；经引导能在适宜的地方如厕，不随地小便；人际互动方面，会和同伴合作完成一项简单的任务（抬桌子、摆桌椅、拼拼图）；能与同学互动，如打闹、争抢玩具；经提醒在活动中，能适当等待、轮流。

2. 课程评量结果

早期疗育课程中的七个领域按优弱顺序排列为：感官知觉、粗大动作、生活自理、认知、精细动作、语言沟通和社会适应。其中，生活自理领域进步最大，各领域总体接近适应值，相比较而言语言沟通是该生的弱项，学生整体发展（含各领域）呈上升趋势。

	感官知觉	粗大动作	精细动作	生活自理	语言沟通	认知	社会适应
4.完全适应	128 / 126 / 123	216 / 210 / 206	188 / 169 / 161	204 / 193 / 175	292 / 237 / 222	276 / 252 / 222	120 / 107 / 98
3.大部分适应	96	162	141	153	219	213	90
2.部分适应	64	108	94	102	146	142	60
1.小部分适应	32	54	47	51	73	71	30
0.完全无反应							

图 8-1 早期教育课程评量侧面图

感官知觉：在视觉应用方面，具有良好的视觉机警度，能够追视物品及人物，对感兴趣的物品和人具有较好的注意力，如在签到的时候，能找到自己的名字卡；能将书包和杯子放到规定的地方，能找到同学的名字卡，能根据自己的性别进行签到；早操时，能根据名字卡找到自己所要站的位置；在团体课时，在引导下能注意课堂的人、事、物，并参与教学活动。在听觉应用方面，具有良好的听觉机警度，能够反应声源，能够理解声音，如在嘈杂环境中，听到敲门声会去开门；当老师叫他的名字时，能对自己的名字立即做出反应，能有选择性的倾听，对自己感兴趣的内容，就会反应迅速，行动积极。在触觉应用方面，具有良好的触觉机警度，不排斥触碰或抚摸，愿意接受脸部、口腔等触觉刺激，如自己可以用毛巾擦脸，并且能擦干净；具有较好的触觉统整能力，如能拿自己的杯子喝水；能接受不同的温度刺激，具有较好的温度分辨的能力，如洗手的时候，能分辨冷热水且避免碰烫的水龙头，并尝试将水调到适合的温度；能分辨干湿，当袜子被打湿以后，能找老师拿吹风机并在陪同下使用吹风机吹干。味嗅觉刺激方面，能接受不同味道的食物；尝到不同味道的食物时，会有不同反应或表情；能接受不同嗅觉刺激；闻到不同味道时，会有不同反应或表情。前庭及本体觉刺激方面，可接受扶抱移动、加速运动、旋转活动等，如老师抱他时无排斥反应，会自己到操场上荡秋千。

粗大动作：在姿势控制方面，具有较好的头、肩部控制能力，且头肩皆可自由转动；能够维持坐、四点跪、站立、双膝跪直等姿势，能进行坐姿转身、站立转身、双膝跪直转身等姿势转换；能蹲且能向前蹲走 5 米；能够单脚跳 2～3 步。在转换姿势方面，能够进行爬、躺、坐、站、跪、蹲等姿势的自由转换，如能从户外活动区的高约 2 米的障碍物上下来。在移动能力方面，会左右翻滚，会用双手支撑，双膝、肚子离地的姿势爬行；能行走、跑步，并能控制方向，及时停止、转弯；能用脚尖脚跟相接的方式向前走一条直线、倒退走一条直线；能在有高低差的路面或软垫上行走，并保持平衡；能够一脚一阶上下楼梯，会由阶梯上跳下；能连续做双脚开合跳的运动；会用优势脚单脚连续向前跳；能在督促下小跑 400 米。在简单运动技能发展方面，能跨越 20 厘米高的障碍物；能连续上下椅子，连续跨越椅子桥；能坚持爬楼梯；能将球投到指定的地方；能单手将沙包向前扔至少 2 米；能连续向前跳。会上下脚踏车，并骑动脚踏车，会滑滑板车，且能控制好方向速度，会边走边滚大球，会踢球至不同定点，会双手接球，会连续单手拍球至少 3 下，会用双手将球高举过肩后丢出，会对准方向投球，会单脚跳格子。

精细动作：具有较好的抓放能力，看到有兴趣的东西时，会伸手去触碰，能以掌指拿握物品，能用大拇指与后四指相对抓握，能够用大拇指、食指、中指三指捡取小物品，能用拇指和食指捡取小物品，会把手中物品放入指定地方，用食指和拇指捡起红豆放到瓶子里，会把一物品交至另一手，手会跨过身体到对侧拿放物品；在操作能力方面，能够进行推移、搬和端移，如能将桌子搬到指定地点；能够提物，如能提着书包，从签到处走到放书包处；能够套接拨开，如能打开白板笔的盖子又盖上；能够一页一页翻纸质较薄的书；能够旋开拧紧矿泉水瓶盖；拧毛巾时，能一次拧一下；能够剥开至少两种包装纸，如棉花糖的锯齿包装、带小口的玩具包装；具有较好的掌指转换技巧，能把毛巾从挂钩上取下来，也能将毛巾挂到挂钩上。在简单劳作及书写技能方面，能进行简单的积木造型和黏土造型；会用前三指正确握笔；能够运笔走简单迷宫，且不超出范围；能够完成涂鸦，能写简单汉字。在剪贴技巧方面，能够使用剪刀剪断纸张或吸管；会撕下贴纸，且正确贴在一样大小形状的图案上，能画简单图案。

生活自理： 在饮食方面，能够饮食，能够使用辅助筷子用餐，能使用勺子（偶尔会用手帮忙），能使用吸管喝水，能给保温水壶加水，将学生水壶的水倒进杯盖里面，能自己端碗吃饭；在老师口头提示下会餐前洗手，能够自己进行餐前准备，如自己排队拿碗和筷子等待打饭；能够自己进行餐后收拾，如吃完饭会将剩饭剩菜倒进垃圾盆内，并将筷子和碗筷放到指定容器内。在如厕方面，能够大小便，并且会选择适合自己性别的方式如厕，如厕后会自己冲水并洗手。在清洁与卫生方面，能够开关水龙头，在提示的情况下，会正确洗手；洗脸时，能将毛巾放到水龙头下打湿，能双手拧一下毛巾，能使用毛巾擦洗脸和嘴巴，在老师给予卫生纸后，会自己擦鼻涕，能将垃圾丢到垃圾桶里面。在穿着方面，能够自己穿脱鞋、能够解开／粘好黏扣带，能够自己脱袜子、裤子、外套，能将袜子、衣服和裤子翻正；会自己穿上松紧带裤子，但稍有不齐；能够自己穿上袜子，但稍有不齐；能自己穿套头衣服，能在老师拿好外套以后，穿外套，能尝试对拉链头，在拉拉链时，拉链头会错开并寻求老师帮忙；能自己穿鞋，有时候会穿反；能将衣裤鞋袜放到固定的位置。

语言沟通： 具有良好的言语机转，有规律的呼吸，且速度正常；具哭、尖叫、笑出声之发声能力，且有变化，如到游泳池里游泳时，会大叫；大部分时间双唇可维持闭合；舌头在自主动作下，可做上下动作；可吹动纸张2~3秒，具有较好的口水控制能力，任何时候都不会流口水。在语言理解方面，具有较好的非口语理解能力，能够对自己的名字作出反应，能够听懂不同的语气，如老师批评他时会立即回到座位上坐好；能够理解情境中发生的事，如同学们都去拿红旗时，自己也会上前拿；在词汇理解方面，具有较好的人称词和动作词理解能力，能听懂"你、我"等人称代词，"吃、走、坐下、站起来、拿"等表示动作的指令；具有较好的名词理解能力，如听到"收椅子"会把椅子收起；能够理解6~8个身体部位名词，如会说"大腿痛""擦屁股等"；能至少理解两个空间词，如老师说"糖在凳子下面"，他会跑到桌子、椅子下面去找；能正确反应简单陈述句，如老师说"去吃汉堡"，他会露出高兴的表情；能理解简单疑问句如老师指"这是什么？""谁？"的时候，他能正确回应；能理解否定句，经常用"不要"来表示拒绝。在口语表达方面，可以用声音表示需求，会用声音表示情绪，能够使用拟声词，且量多；在语汇表达方面，能说出至少20个名词，如吉普车、奥特曼、赛车等；能使用至少5个动词，如关、吃、走、开、坐等；能说出自己的名字，如老师点名时，拿着他的名牌，说："柳……"，他会说"柳××"。在简单句使用方面，能进行需求的表达、打招呼，如早上见到老师之后会说"老师早上好"等；能够使用部分人称词，如"妈妈""王老师"，能使用第一人称，如"我要吃功夫鸡腿饭"等；在简单句表达方面，能使用主谓宾的简单句，如当看到同学在吃糖时会说"柳××要吃糖"；能使用否定句表示拒绝，如当老师要他喝水时，会说"不要喝水"。在沟通能力方面，会以短暂注视说话的人，沟通意图视兴趣物而定，对自己感兴趣的或新奇事物和活动有较强烈的动机，若是一般刺激则显得很被动；可主动表示基本需求或要求帮忙；可主动表示拒绝，能与熟悉者有主动互动行为；可作简单日常沟通，能在引导下跟老师打招呼，当意识到自己做错事情以后，会说"对不起"，能使用简单句描述事情或故事，当情绪较激动时，音量较大，语速较快，从而影响其沟通效度，能在引导下发微信语音或打电话，能唱儿歌的部分歌词。

认知：具有高级物体恒存概念，当没看到自己的水杯时，会去不同的地方寻找水杯，如餐厅、书包等；在简单因果概念方面，具有一定的事物联想能力，如看到同学去拿书包准备放学时，也会去拿自己的书包；具有一定预期事物的能力，如听到转换铃，会自行收拾椅子，进行转换活动。在基本物概念方面、能够作相同物配对，能将相同物品分类，听到物品名称时，会指认或拿给大人，如老师说"拿凳子"，会拿凳子；能依物品功能正确操作，如拿水杯喝水、拿筷子吃饭等；能依物品功能进行配对，如鞋子搭配袜子；会依物品颜色作不同物之颜色配对；会将同色之不同物品分成一堆；能依物品形状作不同物的形状配对；具有一定的大小、多少、长短概念；能反应上下，如老师说"糖在凳子下"，他会去椅子下面找。在符号概念方面，可正确反应实物，且理解量多，如汉堡、可乐、薯条等；能认识图卡，且理解量多，能看外卖单点餐。能认识部分文字，如自己名字、"小白兔"等词。在数概念方面，能认读数字1~100，能数10以内的物品，能够进行1~5的数与量的对应；在模仿能力方面，具有一定模仿动作的能力，能模仿身体及手部动作，如能模仿部分早操动作；能模仿操作物品，如看到老师挥动旗杆，他接过旗杆后，也会挥动。在记忆能力方面，能够记住教室中常用物品放置物品，如书包的位置、杯子的位置、鞋子的位置、袜子的位置；在解决问题方面，想要某些东西时，会想办法取得，有困难时会设法解决；有困难时，会主动找人帮忙解决问题，如衣服穿不起来时，会面向老师发出求助；具有较好的技能应用能力，能将所学技能自动应用于各种生活情境中，如将插棒技能，应用于插吸管情境中；在口头提示下，会发现错误且自我修正；在简单阅读方面，能够辨认图画书中的简单物品或人物；对故事书中的插图有反应。

社会适应：在自我概念方面，可认识自己、父母或主要照顾者的照片，能认识自己兄弟姐妹或同伴的照片，能认识自己的身体部位，能认识自己的东西，能够做出与自己性别相符合的行为，如能自己去男厕所小便、大便（会嫌弃学校厕所的环境，喜欢在家或在室外小便）。在环境适应方面，能和父母（或主要照顾者）分开整天而不哭闹；喜欢别人逗弄或和他玩；对陌生人会表现出怕生，经一段时间熟悉后，就有所改善；会避免接触日常生活中的危险事物，如烫的东西、尖锐物品；在口头告知的情况下能参与新的活动中来，如老师在口头告知其"走椅子"后，能参与；能适应陌生环境；能听老师的指示，并遵守教室规则，如做早操时，在老师口头指示下，会回到自己的位置上站好；在口头提示下会收拾玩具，如当老师叫他收玩具时，他会收玩具。在人际关系方面，看到父母或家人时，会立即出现高兴的表情；在与人互动时，会部分注视对方（课堂教学时，会在提示下注意教学对象和教学刺激）；当同伴靠近、玩耍、打招呼时，会有回应，如让其跟同学问好，会同同学问好；在口头提示下，会接近同伴，如老师说"去帮小明"，他会跑到小明在的地方；在别人要求下，会帮助别人，如老师叫他去搬桌子时，他会和同学一起搬桌子；能主动等待，如走凳子时，前面有同学还未走完，会停下来等待；会主动轮流，如上晨会课时，会主动轮流进行签到点名。在游戏特质方面，对各种不同类型的玩具有功能性的玩法，如会开赛车，会骑脚踏车，会滑滑板车等；对同一玩具有不同的玩法，如会把蓝色的凳子套在头上，当帽子；可以和同伴一起玩合作性游戏，如会和小薛一起推车轮胎。

3. 教学反思

经过本学期的学习，该生在认知领域、语言沟通领域、精细动作领域目标达成较好，感官知觉领域、社会适应领域目标完成度较差。经分析，本学期未达成目标的原因和改善的方法如下：

①未达成的目标为该生的核心障碍目标，需泛化在一日生活中的各种场景。

②在老师态度强硬的情况下能完成，有时老师关注其他同学，对其减少协助、督促，该生会用自己的方式偷懒。老师间应注意合理分工合作，要照顾到全部的学生。

③学校练习的机会较少，应结合家庭生活，增加练习的机会。

④在保证安全的情况下，学校和家庭环境中应创设一些环境，有意识培养学生的安全意识。

⑤对于学生的生活自理、生活礼仪方面，应提醒家长其重要性，在学生的日常生活中培养其习惯。

⑥对于个别在团体中不好达成的目标，可找时间个别辅导或者协同家长，培养家长，增加家长的参与度。

4. 主要问题及潜能

主要问题：

①自律性差，耐性不足，适应新环境时需要时间（如家里来客人，或走亲戚时，情绪会很兴奋）。

②技能需多次练习才能掌握，听觉理解能力不足，课堂教学中容易走神。

潜能：

①在他人的引导下，能遵守学校规则，能学习简单文化知识，为进一步入学做准备。

②具备自我照顾能力及居家生活能力。

5. 家庭活动建议

①让孩子参与过春节的准备，比如大扫除、置办年货等，让孩子参与其中，学会分担。

②生活中，注意培养孩子生活自理的能力，如洗脸、刷牙、洗手、擦鼻涕。

③坚持锻炼，如跑步、快走、爬楼梯。

④为孩子拟订一份假期作息安排，可细到以天为单位。

（三）期末总评后的个别化教育计划

以下是调整后的个别化教育计划。可以对比看看与之前的个别化教育计划有什么区别。

个别化教育计划

姓名：小柳　　　　　性别：男　　　　　出生年月：2014 年 3 月 23 日

拟订老师：胡、雷、郭、湛　　　　　　评量日期：2018 年 9 月 18 日

拟订计划日期：2019 年 1 月　　　　　计划执行日期：2019.2—2019.7

安置：实验一班

领域	目标		情境	策略	教学决定	测评结果	测评人员/日期	完成情况
感官知觉	1.1 提高视觉应用能力	1.1.1 当专注于自己的事情时，有人或物的靠近，能有所察觉：抬头、起立、转身等	团体活动、学校生活	活动调整、视觉、动作、声音的提示、兴趣物的诱导、同伴的支持				
		1.1.2 在大团体活动中会适时地注意人、物或事件；在活动或人物发生变化时注视、配合等						
	1.2 提高听觉应用的能力	1.2.1 当上课铃声响起时，能调整自己的状态参与到相应的活动中：坐好、放玩具	上课前	主教用视听触的方式让其注意；助教用手势、动作＋声音提示帮其回到课堂上				

续表

领域		目　标	情　境	策　略	教学决定	测评结果	测评人员/日期	完成情况
粗大动作	2.1 提高心肺功能	2.1.1 在每次的跑步活动中，会坚持绕足球场跑完 2 圈	体能课、生活中	增强、视觉提示（任务提示卡）、肢体协助、素材调整、坚持、个别指导				
	2.2 提高肌肉力量与协调能力	2.2.1 会站着用双手抓住弹力带做拉伸训练，每次 20 下，5 组	体能课、生活中					
		2.2.2 会做贴墙半蹲的练习，每次 1 分钟，5 组						
		2.2.3 会俯卧做前后跳 30 下 /5 组						
		2.2.4 会俯卧开合跳每次 10 下 /3 组						
精细动作	3.1 提高简单的劳作技能	3.1.1 会使用胶棒或者胶布粘贴图案，10 种	角落活动、兴趣活动	素材的调整、活动的简化				
		3.1.2 会选择相应的颜色画简单的情景画：汽车之家、肯德基等						
		3.1.3 会仿写简单的汉字，至少 30 个						
生活自理	4.1 提高穿脱能力	4.1.1 穿鞋时，能分清左右脚	例行活动	视觉提示（任务提示卡）、肢体协助视觉提示				
	4.2 提高清洁与卫生的能力	4.2.1 洗手时，会将肥皂抹在手心上						
		4.2.2 洗手时，会将肥皂泡冲洗干净	餐后清洁					
		4.2.3 洗脸时，会搓洗小方巾						
		4.2.4 大便后，会使用湿纸巾擦屁股	如厕后					
	4.3 提高收拾整理的能力	4.3.1 午休起床后，会在指定的时间内穿好衣裤鞋袜	例行活动					
语言沟通	5.1 提高语言理解能力	5.1.1 能理解情境中有关阿谀奉承、讽刺、鼓励等词汇	一日活动、团体活动	同伴的支持、环境的支持				
		5.1.2 能听懂学校生活中常见的指令：拿×、×和×		例行活动中安排事务				
	5.2 提高口语表达能力	5.2.1 能看图用简单完整句描述情境故事内容,10 种	一日活动小组课、个别辅导	教材调整、个别辅导、教材生活化、视觉提示				
	5.3 提高阅读理解能力	5.3.1 能结合图像理解常见的字和词语，至少 30 种						
		5.3.2 能一边手指字一边逐字阅读句子，10 个字以内："春眠不觉晓，处处闻啼鸟"等						
	5.4 提高沟通能力	5.4.1 能用符合社会规范的方式表达情绪		同伴的支持、环境的支持				
		5.4.2 在沟通时，若对方无法理解，会用适宜的方式让对方了解						

领域		目　标	情　境	策　略	教学决定	测评结果	测评人员/日期	完成情况
认知	6.1 提高注意力	6.1.1 能专注于团体活动 5~10 分钟	团体、小组、个别辅导	座位调整，环境安排、同伴引导、助教协助、视觉提示、增强				
	6.2 提高记忆力	6.2.1 能记住同学的所有物所放置的位置如书包柜		生活中安排事务练习				
		6.2.2 能记住并说出刚刚看到的 3~5 个物品						
	6.3 增进顺序概念	6.3.1 能根据记忆或者事件顺序排列出 5 张图卡的顺序						
	6.4 增进数概念的理解	6.4.1 会正确唱数 1~100		生活中运用、座位安排、多感官学习、个别指导				
		6.4.2 会正确读出由 1~10 组成的任意数字，如 135279688300 等						
		6.4.3 会正确写出 100 以内的数字						
		6.4.4 会做 15 以内数字和物品数量的配对						
		6.4.5 会正确数出 20 以内的物品数量						
		6.4.6 会正确拿出 10 以内数量的物品						
社会适应	7.1 提高环境适应能力	7.1.1 会注意避免生活中的危险物品：电、火、尖锐物品	学校、家庭	环境调整				
		7.1.2 能完成简单的事情，如清理桌面的垃圾		视觉提示、任务单、增强				
		7.1.3 能坚持做一项长期的工作，如每天整理图书						
		7.1.4 能遵守团体的规则	学校生活、家庭					
		7.1.5 能在适宜的地方如厕，不随地小便						
		7.1.6 能选择自己的休闲方式，如看书、画画、玩玩具、打游戏等						
	7.2 提高人际互动的能力	7.2.1 能接受同伴或者老师的嬉笑怒骂	团体活动、个别辅导	环境创设、视觉提示卡、素材调整、忽略、安抚、延迟满足、要求、增强、				
		7.2.2 在活动中，能适当等待、轮流						
		7.2.3 能在情境中意会他人需要协助，并给予协助						
		7.2.3 能按照拟订的计划执行，如当天要在角落活动做些什么事情						

目标完成情况：0 完全未完成；1 达到 25%；2 达到 50%；3 达到 75%；4 达到 100%
教学决定：P 继续；S 更换

第二节　课堂教学中的修正教学

一、对一节课的评量与修正

（一）修正教学所指

修正教学指教学活动当中或者是教学活动后对教学过程、教学效果进行检查，并对教学做即时的修改。对教学稍有感觉的教师都会不断修正自己的教学活动，此处的修正教学特指对教学本身的修正，不含行政措施或人际关系等对教学的影响。因修正教学在每日教学、每节课教学中均应思考，故在此讨论。

修正教学是教师对教学活动和效果的检查，是教学进步和教学更新的标志。教师通过修正教学提高了自己，增加了教学的主动性，又有利于满足学生教育需求。

修正教学的依据主要有以下几点：

- 学生的个别化教育计划。
- 教学活动设计中的教学目标、内容、方法、步骤等。
- 执行教学中方法运用、协助程度。
- 学生的学习特质。
- 教师的经验和理解。

（二）修正教学步骤

1. 找到需修正的目标

需修正的目标往往是教学活动设计当中，教学久而无法完成的目标。

2. 分析原因

影响教学目标达成的原因较多，在作原因分析时可按教学双方、教师方、学生方分别检查，也可按教学流程中的各阶段进行分析：

- 学生是否有机能上的障碍，而教育诊断或教学设计时考虑不周？
- 学生的行为是否因学生情绪、行为的障碍影响了教学的进行？

教学上的原因应逐项检查教学活动主题与活动目标：

- 学生的 IEP 目标搭配是否有误？
- 目标是否过高或不合学生目前实际？
- 对学生的学习态度把握是否不准确？
- 对学生的学习特性与学习能力评量是否有误差而致提供的支持、协助太过、太低或不当？

- 是否教学方法运用不适当？
- 工作分析不到位？
- 练习次数不足？
- 教学环境不好？
- 教具不适宜？
- 学生还没有基本学习能力？
- 教师教育态度不够，引起学生学习不良？

特殊儿童的教育教学活动以目标为导向，强调个别化教育的原则，但在具体执行中常出现：

- 不分析目标就直接教学；只有活动而无目标，缺少评量；
- 目标与活动无关；
- 小组教学变成每人各给 10 分钟的教学，齐头式而面面俱到的教学、注入式教学；
- 全凭主观臆断缺乏教学原则与策略；未建立教学常规；
- 教学未建立于学生已有经验与基础上，缺乏热情、缺乏创意的教学等。

教学活动中需不断进行这样的反思，才能修炼个别化教学真本领，使教学有所成长。

3. 针对原因寻找修正策略

针对学生机能上障碍可以作康复治疗，如语言治疗、职能治疗等。

行为上的问题可拟订行为矫正计划，建立积极行为支持，加强班级管理。

教学上的问题，学生学习能力不足可以作个别补救教学；教学目标不宜则可降低目标；教学活动不宜可以设计引发学生兴趣；更切合学生实际的教学活动；教学方法的问题，则可以改进方法，作更细的工作分析，重新规划教学环境和利用教具，改变教学态度，等等。

二、修正教学案例

修正教学的策略拟订好之后，即在新的教学中立即修正，如果不能马上修正，则留至下一步修正。

修正教学需要常常进行，每堂课需作目标评量，每月、每单元也需检查，应该让每学期的 IEP 中的目标在有效期内达到 75%。以下以重庆师范大学教育康复中心实验一班小组活动《冰糖葫芦》一课为例演示修正教学。

教案一

科目	小组课	教师	何老师	班级	实验1班	课时数	1课时
课题	冰糖葫芦	设计时间	2018.11.11			教学时间	2018.11.12

教学内容分析

本班小组课主要围绕认识规律的认知活动进行教学，认识规律是特殊儿童生活的重要能力。参与社会生活是特殊儿童自组织，深受孩子喜爱，冰糖葫芦是生活中常见的零食，其串法呈现出一定的规律性。本教案围绕冰糖葫芦展开教学，通过示范和实践的情境教学方法，让学生习得识别简单规律的技能，从而提高学生的识别规律的能力。

冰糖葫芦（ABAB式）

猕猴桃片、番茄片
猕猴桃球、小番茄

教学目标

1. 知识与技能：能够观察前项排列规律，继续排出ABAB式规律串冰糖葫芦。
2. 过程与方法：通过多感官学习，观察前项排列规律，继续排出ABAB式冰糖葫芦。
3. 情感态度与价值观：感受串冰糖葫芦的乐趣。

教学重点与难点

能够观察前项排列规律继续排出ABAB式规律串冰糖葫芦。

学情分析

本班共有学生6人，其中3名中度智力障碍（M1、L、L1），3名中度自闭症（X、M、W）6人经过学习已经初步形成了班级常规的概念，静坐、等待、听指令等班级常规，有时需要提示才会遵守课堂常规，能够在视觉提示下模仿提出ABAB式规律；M模仿能力较好，能够书写简单汉字，能够在少许口头提示下自主模仿摆出简单ABAB式规律，偶尔控制不住自己的情绪，能够在少许口头提示下自主摆出ABAB式规律；L认知能力，参与活动的主动性较低，能够书写阿拉伯数字，能够在视觉提示下模仿提出ABAB式规律；L1语言理解能力好，能够在视觉提示和肢体协助，能够在视觉提示下摆出ABAB式规律；X模仿能力较好，上课积极，情绪较好，乐于助人，在精细动作操作方面需要协助，能够在视觉提示和肢体提示下模仿提出ABAB式规律；W口语理解提出ABAB式规律。

个别化目标

领域	目标	学生					
		L1	M1	M	X	L	W
知识与技能	能够以ABAB式规律串冰糖葫芦	√2	√2	√3	√2	√3	√1
过程与方法	通过多感官学习，串ABAB式冰糖葫芦	√3	√3		√2		√2
	通过观察视觉提示，能够串出ABAB式冰糖葫芦	√4	√4	√2	√4	√2	
	可以根据口头提示，主动发现规律串出ABAB式冰糖葫芦						
情感态度与价值观	在串冰糖葫芦的过程中感受串冰糖葫芦的乐趣	√4	√4	√4	√4	√4	√4

教学资源 番茄片、猕猴桃片、小番茄、竹签、白砂糖、冰糖葫芦

教师活动	学生活动	教学方法	教学资源	个别化教学目标	教学评价 方式	达成情况
导入： 展示冰糖葫芦，请学生观察冰糖葫芦的特点（红绿红绿），引发学生学习兴趣，并引出本节课的内容：按规律串冰糖葫芦。	观察冰糖葫芦的特点（红绿红绿）。	直接教学	冰糖葫芦	W、X：观察冰糖葫芦由绿色和红色的组成，至少3秒。L1、M1、M、L：观察冰糖葫芦由红绿红绿的规律组成，至少3秒。	实作评量	W、X、2； L1、M1、1； M、L、1
新授： 1.展示材料（小番茄和猕猴桃球），并将材料与糖葫芦上的材料一一对应，串上竹签，引导学生发现其中的规律。 2.拿出新的竹签，请学生根据已经串好的冰糖葫芦相对应，选择材料串手竹签。 3.拿出串好的一半的竹签，让X、W在提示下选择颜色串在上竹签，番茄片（猕猴桃片，让L1、M1、L、M模仿将将竹签串完整。 4.拿出串好一半的竹签上的ABAB式，让W、X、L1、M1模仿ABAB式串出冰糖葫芦。	1.在老师引导下逐渐感知发现其中的规律。 2.根据串好的冰糖葫芦，选择相应食材。 3.X、W在提示下选择颜色串竹签；L1、M1、L、M仿将竹签串完整。 4.L、M延伸的ABAB式冰糖葫芦；W、X、L1、M1模仿ABAB式串出冰糖葫芦。	协同教学，示范一模一样	小番茄，猕猴桃球，竹签，白砂糖	1.W、X：观察冰糖葫芦由绿色和红色组成，至少3秒；M、L、L1、M1：观察糖葫芦由红绿红绿的规律组成，至少3秒。 2.W、X、L1、M1：根据手势提示，选择相应颜色串冰糖葫芦；L、M：模仿选色串红色串冰糖葫芦（红绿红绿）。 3.W、L：根据手势提示，选择相应颜色串冰糖葫芦（红绿红绿）；L1、M1、L、M：模仿ABAB式规律串竹签（红绿红绿）。 4.W、X、L1、M1：模仿ABAB式串出冰糖葫芦；L、M：延伸竹签上的ABAB式冰糖葫芦（红绿红绿）。	实作评量	W、X、3； L1、M1、2； M、L、2 W、X、2； L1、M1、1； M、L、2 W、X、3； L1、M1、2； M、L、3 W、X、1； L1、M1、3； M、L、1
结束： 展示串好的冰糖葫芦，并带学生复习冰糖葫芦上的颜色（红绿红绿）后上白颜色，砂糖分享给同学。	复习串好的冰糖葫芦上的颜色（红绿红绿）。	直接教学	已经串好的冰糖葫芦	W、X、L1、L、M：观察冰糖葫芦由红绿红绿的规律组成至少5秒。	实作评量	W、X、2； L1、L、M1、M、3
教学反思	以冰糖葫芦作为载体，确实吸引了孩子的兴趣，但是却过多地把孩子的兴趣引到了"吃"上，而弱化了教学，教学目标达成情况并不乐观，还需要更多练习的量。这样的活动课程可以练习巩固所学的知识。关于规律的学习，还需作进一步的分析、调整，工作分析应更细致。					

目标完成情况：0 完全未完成；1 达到25%；2 达到50%；3 达到75%；4 达到100%

教案二

修正说明：由于上节课直接采用实物，且选用的是学生极感兴趣的冰糖葫芦，因此学生对冰糖葫芦美味本身的兴趣淹没了规律的发现和寻找，故此节课将把教学资源由实物改为图片；除此之外，因教学目标达成情况并不乐观，此节教案将更着重增加练习的次数和多样性。

科目	小组课	教师	何老师	班级	实验1班	课时数	1课时
课题	冰糖葫芦	设计时间	2018.11.12			教学时间	2018.11.13
教学内容分析	本班小组课主要围绕认识规律的认知活动进行教学，认识规律是特殊儿童的重要能力。根据特殊儿童的生理发展能力和认知能力水平，参与社会生活的重要能力。我们自编了本节课的教材——"冰糖葫芦"。冰糖葫芦是生活中常见的零食，深受孩子喜爱，其串法呈现一定的规律性。本教案围绕冰糖葫芦展开教学，通过示范和实践的情境教学方法，让学生根据识别简单规律的技能，从而提高学生的识别能力。							
教学目标	1. 知识与技能：能够观察前项排列规律继续排出ABAB式规律串冰糖葫芦。 2. 过程与方法：通过多感官学习，观察前项排列规律继续排列出ABAB式冰糖葫芦。 3. 情感态度与价值观：在制作图片冰糖葫芦的过程中，感受乐趣。							
教学重点与难点	能够观察前项排列规律，继续排出ABAB式规律串冰糖葫芦。 冰糖葫芦（ABAB式） 颜色：红绿红绿 绿黄绿黄 红绿红绿 黄绿黄绿 绿黄绿黄 大小：大小 大小 大小 大小 大小 小 小 大 大							
学情分析	本班共有学生6人，其中3名中度自闭症（M1, L, L1），3名中度智力障碍（X, M, W）6人经过学习已经初步形成了班级常规的概念，静坐、听指令等基础能力基本具备。L1语言理解能力较好，具有简单数概念，有时需要示范示意才会遵守课堂常规，能够在视觉提示下模仿排出ABAB式规律；M1模仿能力较好，能够书写阿拉伯数字，能够书写的认知能力，M具有较好的认知能力，能够书写简单汉字，能够在视觉提示下摆出ABAB式规律，上课积极，能够少许口头提示，参与活动，语言理解能力，L认知能力，语言理解能力较好，时而控制不住自己的情绪，能够少许口头提示下摆出ABAB式规律，能够少许口头提示下模仿摆出ABAB式规律；W口语理解能力较好，情绪较好，乐于助人，在精细动作操作方面需要协助，能够在视觉提示和肢体提示下摆出ABAB式规律。							

个别化目标	领域	目标	学生					
			L1	M1	M	X	L	W
	知识与技能	能够以ABAB式的规律贴出冰糖葫芦	√ 3	√ 3	√ 3	√ 3	√ 3	√ 3
	过程与方法	通过观察视觉提示，模仿摆出ABAB式（大小）规律	√ 3	√ 3	√ 3	√ 3	√ 3	√ 3
	过程与方法	通过观察前项排列，主动发现规律摆出ABAB式规律			√ 3		√ 3	
	情感态度与价值观	在制作冰糖葫芦的过程中体会到成就感	√ 4	√ 4	√ 4	√ 4	√ 4	√ 4

教学资源 冰糖葫芦、红色半圆（直径5厘米）、绿色正方形（边长5厘米）、红色大圆（直径10厘米）、红色小圆（直径5厘米）、纸质竹签（长100厘米）

教师活动	学生活动	教学方法	教学资源	个别化教学目标	教学评价	
					方式	达成情况
导入：展示冰糖葫芦，请学生观察冰糖葫芦的特点（绿红绿红，大小大小），引发学生学习兴趣，并引出本节课的内容：按规律串冰糖葫芦。	观察冰糖葫芦	直接教学	纸质冰糖葫芦	W、X：观察冰糖葫芦由绿红绿红的规律组成，3秒。L1、M1、M、L：观察冰糖葫芦由大小大小的规律组成，4秒。	实作评量	W、X、2；L1、M1、2；L、M、3
新授：1. 展示材料（红色半圆和绿色正方形），并将材料与冰糖葫芦上的材料一一对应串上另一个竹签，引导学生发现其中"绿红绿红"的规律。	1. 在老师引导下逐渐感知发现其中ABAB式的规律。			W、X、M、L、L1、M1：观察冰糖葫芦由绿红绿红的规律组成，3秒。	实作评量	W、X、1；L1、M1、2；M、L、3

教师活动	学生活动	教学方法	教学资源	个别化教学目标	教学评价	
					方式	达成情况
2.展示材料（红色圆和红色大圆），并将材料与冰糖葫芦上的材料一一对应串到另一个竹签，引导学生发现其中"大小大小"的规律。	2.W、X在提示下选择大小贴上竹签；L1、M1：根据现有冰糖葫芦模仿完成"大小大小"冰糖葫芦；L、M：在口头提示下，延伸完成"大小大小"规律。			W、X：在视觉提示和手势提示下选择大小圆贴上竹签；L1、M1：根据现有冰糖葫芦模仿完成；L、M：在口头提示下延伸完成"大小大小"规律。	实作评量	W、X，2；L1、M1，2；L、M，3
3.拿出贴好一半的竹签，让X、W在提示下选择大小串上竹串；让L1、M1、L、M模仿将竹签串完整。	3.X、W在提示下选择大小串竹签；L1、M1、L、M模仿将竹签串完整。	协同教学、合作学习	红色圆、绿色圆、竹签	W、L：根据手势提示，选择相应颜色串冰糖葫芦（绿红绿红）；L1、M1、L、M：模仿 ABAB 式规律串竹签（绿红绿红）。	实作评量	W、X，3；L1、M1，1；L、M，2
4.拿出串好一半的竹签，让W、X、L1、M1模仿 ABAB 式串出冰糖葫芦；后让L、M根据同学们所贴规律独立完成。	4.L、M根据竹签上的 ABAB 式冰糖葫芦；W、X在视觉提示下贴出 ABAB 式冰串出冰糖葫芦；L1、M1模仿 ABAB 式串出冰糖葫芦。			L、M：通过观察前项排列，贴出竹签上的 ABAB 式（小大小大）冰糖葫芦；W、X在视觉提示下贴出冰糖葫芦（小大小大）；L1、M1 模仿 ABAB 式串出冰糖葫芦（小大小大）。		W、X，2；L1、M1，3；L、M，2
结束：展示贴好的冰糖葫芦，并带领学生复习冰糖葫芦上的颜色、大小规律。	复习冰糖葫芦上的颜色、大小规律。	提示：视觉提示		W、X、L1、M1：观察冰糖葫芦由绿红绿红、大小大小的规律组成，至少 5 秒。	实作评量	W、X，2；L1、L、M1、M，3
板书设计						
教学反思	1.在模仿环节，并无大问题。纸质竹签有点短，需要加长； 2.一节课里涉及颜色和大小，内容过多，显得两边都没顾到。					

目标完成情况：0 完全未完成；1 达到 25%；2 达到 50%；3 达到 75%；4 达到 100%

教案三

修正说明：上节课采用了图片进行教学，教学进度有所跟进，但是涉及了"大小"和"颜色"两要素的规律变化，一课时内容较多，重难点难以把握，故此课将去掉"大小"规律的学习，而着重于红绿两种颜色规律变化的巩固和练习。

科目	数学	教师	何老师	班级	实验1班	课时数	1课时
课题	冰糖葫芦	设计时间	2018.11.13	教学时间	2018.11.14		
教学内容分析							

教学内容分析

本班小组课主要围绕认识规律的认知活动进行教学，认识规律是特殊儿童能够组织、参与社会生活的重要能力。根据特殊儿童的生理发展能力和认知能力水平，我们自编了本节课的教材——"冰糖葫芦"。冰糖葫芦是生活中常见的零食，深受孩子喜爱，其贴近生活呈现一定的规律。本教案围绕冰糖葫芦展开教学，通过范例和实践的情境教学方法，让学生根据识别简单规律的技能，从而提高学生的识别规律能力。

圆形与圆形　半圆形与圆形　半圆形与半圆形　圆形与圆形　半圆形与半圆形　半圆形与半圆形

红绿红绿　　　　　　绿红绿红

冰糖葫芦（ABAB式图片）

教学目标

1. 知识与技能：能够根据已经摆好的冰糖葫芦串出ABAB式规律。
2. 过程与方法：通过视觉提示摆出ABAB式规律。
3. 情感态度与价值观：在制作冰糖葫芦的过程中，体会到成就感。

教学重点与难点

能够观察前项项列规律继续排出ABAB式规律串冰糖葫芦。

学情分析

本班共有学生6人，其中3名中度智力障碍（M1、L、L1），3名中度自闭症（X、M、W）6人经过学习已经初步形成了班级常规的概念，静坐、等待、听指令等基础能力较好，能够遵守课堂常规，有时需要提示才会遵守课堂常规；M1模仿能力较好，能够书写阿拉伯数字，能够模仿摆出简单ABAB式规律，时而控制不住自己的情绪；M具有较好的认知能力，能够书写简单汉字，能够在视觉提示下摆出ABAB式规律（红绿红绿、大小大小）；X模仿能力较好，上课积极，能够在视觉提示下摆出ABAB式规律（绿红绿红）；L认知能力、语言理解能力较好，参与活动的主动性较低，能够延伸摆出ABAB式规律（红绿红绿、绿红绿红）；W口语理解能力较好，情绪较好，乐于助人，在精细动作操作方面需要协助，能够在视觉提示下摆出ABAB式规律（红绿红绿）。

个别化目标	领域	目标	学生					
			L1	M1	M	X	L	W
个别化目标	知识与技能	能够以 ABAB 式规律贴出冰糖葫芦	√ 3	√ 3	√ 4	√ 4	√ 4	√ 4
	过程与方法	通过观察视觉提示，模仿摆出 ABAB 式规律	√	√	√	√	√	√
		通过观察前项排列，主动发现规律摆出 ABAB 式规律	√ 4	√ 4	√ 4	√ 4	√ 4	√ 4
	情感态度与价值观	在制作冰糖葫芦的过程中体会到成就感	√	√	√	√	√	√

教学资源　冰糖葫芦图片，红色圆（直径 5 厘米），绿色圆（直径 5 厘米），红色半圆（直径 5 厘米），绿色半圆（直径 5 厘米），纸质竹签（长 100 厘米）。

教师活动	学生活动	教学方法	教学资源	个别化教学目标
展示冰糖葫芦，请学生观察冰糖葫芦的特点（红绿红绿），并引出本节课的内容：按规律串串冰糖葫芦。	观察冰糖葫芦	直接教学	冰糖葫芦图片	W、X、M、L、L1、M1：观察冰糖葫芦由红绿红绿的规律组成，糖葫芦由红绿红绿的规律组成，至少 3 秒。

教学评价		
方式	达成情况	
实作评量	W、X、3；L1、M1、L、M、4	

导入：
展示冰糖葫芦，请学生观察冰糖葫芦的特点（红绿红绿），引发学生学习兴趣，并引出本节课的内容：按规律串串冰糖葫芦。

新授/结束活动	教学策略	教具	个别化目标	评量	
新授: 1. 在一根竹签上贴出一半"红绿红绿"，让L、M（半圆形与半圆形），L1、M1（圆形与半圆形）根据前项排列的规律将竹签补充完；后再在一根竹签上贴出一半"红绿红绿"让W、X分别模仿先前L、M；L1、M1补充完的冰糖葫芦。 2. 在一根竹签上贴出一半"绿红绿红"，让L、M（半圆形与半圆形）、L1、M1（圆形与半圆形）根据前项排列的规律将冰糖葫芦串完整，后让W模仿贴；在一根竹签上贴出一半，让L1、M1（圆形与半圆形）补充完，让X模仿先前同学补充完的冰糖葫芦。	协同教学，合作学习	红色圆、圆、纸竹签	1.L、M 观察老师所贴图片的规律，并完善；L1、M1 观察老师和同学所贴的图片规律，并完善；X、W 观察老师和同学贴图片的规律，并完善。 2.L、M 观察老师所贴的图片规律，并完善；L1、M1 观察老师和同学所贴图片的规律，并完善；X、W 观察老师和同学贴的图片规律，并完善。	1.L、M、L1、M1 延伸完红红绿绿规律，X、W 模仿贴红绿红绿规律。 2.W、X：选择绿红圆贴上竹签；L1、M1：根据现有冰糖葫芦模仿完成"半圆形与半圆形"冰糖葫芦；L、M：在口头提示下，延伸完成"圆形与半圆形"规律。	实作评量	W、X、3; L1、M1、3; M、L、4 W、X、3; L1、M1、3; L、M、4
结束: 1. 展示贴好的冰糖葫芦，并带学生复习冰糖葫芦上的颜色、大小规律。 2. 布置作业:让学生回家制作冰糖葫芦。	协同教学，合作学习，提示	绿色、红色圆、竹签（粗）	1.复习冰糖葫芦上的颜色、大小规律。 2.W、X：模仿串绿红绿红式冰糖葫芦；L1、M1、L、M：通过观察前项排列串绿红绿式冰糖葫芦。	1.W、X、L1、M1：观察冰糖葫芦由绿红绿红的规律组成；L、M：说出相应规律。	口语评量	W、X、3; M1、L1、4; M、L、4

板书设计

目标完成情况: 0 完全未完成; 1 达到25%; 2 达到50%; 3 达到75%; 4 达到100%

思考与实践

1. 依据你班每位学生个别化教育计划中短期目标，进行最适合进入的一日活动。

2. 依一日教学活动的名称将全班每位学生个别化教育计划的短期目标归总后，分别配入相关活动中。

3. 拟出本班最主要的教学活动总计划（例如：单元活动总计划）。

4. 再列出其他活动总计划，如：语文总计划、数学总计划、常规活动总计划、休闲活动总计划。

5. 确认每位学生的个别化教育计划的短期目标已进入各类总计划当中。

实施

第九章

个别化教育在融合背景下的实施

> **本章摘要：** 本章给出了融合教育背景下学前、学龄两份个案报告书及个别化教育计划。

　　融合教育中的特殊需求学生处于常态学校、班级当中，个别化教育计划的拟订流程与特殊教育学校中的拟订并无大异，但参与人员更多，含所在班级班主任、各科教师，还有资源教师和相关服务人员，如义工、社工、语言训练、动作训练、作业治疗、心理咨询服务、科技辅具、艺术治疗等人员，还有医生、康复人员、家长等。诊断评量除发展性、适应性、全人领域评量外，还需运用常态学校、班级采用的课程进行评量。个别化教育计划的拟订与执行均看重所处环境中的生态学习内容、目标，并充分发挥环境学习中支持系统尤其是自然支持系统的作用，追求在常态生活中过上有品质的生活。本章侧重于融合教育中个别化教育计划和个别化支持计划的拟订，分为学龄前和学龄期融合教育中的个别化教育计划的拟订实施。

第一节　学前融合教育中的个别化教育计划

一、选择支持模式，形成个别化支持系统

报告人：赵老师　报告日期：2008 年 6 月 17 日

项目	内容
支持模式名称	定期随班辅导
支持者	赵老师
合作幼儿园及大致状况（用化名）	幼儿园为一栋三层楼独立房子，每个班有独立的教室及与之相连的寝室、厕所等。有专门的幼儿活动场所和活动器材，舞蹈教室等。园内有 8 个班，约 250 名幼儿就读，每个班有三名老师，即两位任课老师、一位生活老师。幼儿园使用的教材为重庆出版社出版的幼儿园教材。该幼儿在大二班就读。

项目	内容
选用本模式的原因	该生已经在这个班级就读，老师和班上的同学都接纳他，都乐于帮助他，但是在教育和协助他的方法方面了解很少，所以很希望能学习。比较能接纳特殊教育老师进入班级去观察特殊儿童，示范一些问题的处理方式，同时可以解答他们遇到的一些问题。同时家长也很重视孩子的教育问题，常积极和幼儿园老师、特殊教育老师沟通孩子的情况。
本模式的做法简述（时间、方式）	本模式的实施时间为每周二或三上午。特殊教育老师到幼儿园，观察孩子上课时的问题，给予协助，然后把可以尝试的方法介绍给老师和家长。 在课后，和老师讨论孩子的问题，共同寻求解决方法。和孩子的家长交流，提出希望家长在家里配合的地方。幼儿园、家长、特殊教育老师共同配合教育。
名字（化名）、年龄、障碍类别	小李，男，6 岁半，X 脆性综合征
支持次数	12 次
支持时间及重点统计	2008 年 3—6 月中每周二或者每周三上午。 3 月：午睡时，能保持情绪稳定，安静； 4 月：处理情绪激动、大声自言自语的问题； 5 月：模仿同学做一些简单的事情； 6 月：能用后果刺激更好地控制自己的行为。
支持成效	1. 评量结果（辅导前、后） 在幼儿园课程评量部分，虽然辅导前和辅导后他都还是在主动互动这个阶段，但是，他在每个领域都还是有一定进步，许多能力稍微提醒他都可以自己完成，而不是像以前需要协助才能完成。 在学前训练大纲的评量部分，在学习能力和学习常规方面都有进步，学习能力已经达到评估表的最高要求，但是与此相对的，学习常规部分虽有进步，但是很多常规还是需要在协助和提示下完成，自己独立遵守还有困难。 2. 来自家长、幼儿园的评估 家长和幼儿园都认为个案在适应幼儿园的活动、遵守幼儿园的规矩、参与幼儿园的学习方面有进步。 3. 辅导前后的表现（辅导记录） 个案在遵守课堂基本要求（静坐、安静）方面有进步，能够观察并模仿同学的活动方式，接受同学对他的辅导，通过课前预习和课后复习，在上课时能部分参与老师的教学活动。
辅导中的问题解决策略	特殊教育老师分析问题、尝试问题的解决方式，和家长或者老师沟通问题，引导他们自己寻求解决问题的方式，提供他们一些问题可能解决的方法，让他们去尝试，并进行追踪。 具体问题如下： 1. 午睡时大声自言自语，笑；消化不好，常反胃；无法安静入睡，对环境中的声音很敏感，易惊醒。 解决问题策略： ①妈妈陪同午休。 ②饭后由妈妈带领到活动区域走一走、动一动。 ③盖的被子上加重 2 kg 左右。 ④睡觉时候，个案如果能够安静躺在床上，即使睡不着也可以，放学回家就可以看个案最喜欢的天线宝宝。如果睡觉的时候，个案笑、说话，则被带到教室外面处罚，安静后再回寝室，晚上回家后不能看个案最喜欢的电视。 2. 上课过程中，常站起来踮脚尖、跳、挥动双手，或者玩口水、咬指甲。 问题解决策略： 每天早晚做全身触压按摩，穿重力背心 3~4 次，手脚加重力圈行走，做旋转或者摇晃的活动。在他上课玩手、玩口水、咬指甲的时候，让同学帮助一下他，把他的注意力转移到老师那里去。
待解决问题	1. 咨询教师小组找到更好解决孩子问题的方法。 2. 咨询教师和普通班级教师良好沟通。 3. 在孩子学习的环境中为孩子寻找到自然支持。 4. 普通班级教师能自发地去寻求帮助孩子的方法。

二、进行环境分析，提出教学建议

环境分析卡

姓名：小李　　性别：男　　年龄：6 岁　　报名日期：2008 年 2 月

时间	活动名称	活动内容	学生表现	建议
8：20	早餐	根据到校早晚以一桌为单位随机坐好吃早餐，一般都吃稀饭或牛奶加干粮。	妈妈一般都陪他吃完才离开，他吃稀饭一般比较好，但是不爱吃干粮，一直包在嘴巴里，需要多次提醒才可以吃下去。不爱吃豆干和豆制品。还没吃完就有同学帮他舀咸菜，喂他吃完后带他下去操场。	可以让小朋友提醒他吃快点，好去做早操。
8：35	早操前准备	老师弹琴，小朋友听音乐收好椅子排队，准备出门下楼去做早操。	同学带他排队去操场。	自己排队去操场。
8：40 — 9：20	做早操绕场律动	小朋友做武术操、徒手操、广播体操、器械操等，还有音乐律动。	到操场上可以找到自己的位置，但是不做操，看别人做。需要老师提醒或协助偶尔才可以做几个动作，在绕场律动时，需要老师提醒才可以跟着队伍。在拿圆环时，需要前面同学拉着他去拿。	在绕场时可以跟着同学走，可以拿做早操用的圆环。
8：40 — 9：20	自由活动	小朋友在操场追逐玩。	他有时候跑跑，有时候站在原地。	
8：40 — 9：20	排队、进教室	小朋友们分男女生各一行排队进教室	一般都是女生拉他排在女生的一行。	排在男孩子的一行。
8：40 — 9：20	解便、喝水	小朋友分男女生解便洗手后，自己拿杯子接水喝。	他一回到教室就进厕所解便，然后跑回自己的座位，小朋友帮他接好水递给他喝。他边喝水边吐着玩，班长帮他擦桌子上的水，帮他收杯子。	男生解便的时候才可以进去，自己接水喝，收杯子。
9：30	点名	老师点名，学生答应。老师点到个案的名字。	他没有回应，同学提醒他回答，提醒几次后，老师再大声点他的名字，他才回答：到。	听到自己的名字要回答。
9：30	节奏活动	老师拍铃鼓，小朋友拍手。	他没有拍手，老师走到他面前，他马上就拍了，在老师批评其他同学时，他自己跑到厕所去了。	模仿同桌拍手，上厕所要请假。
9：30	语言课	听音乐做动作。	另外一个老师辅助他做动作。	
10：10 — 10：40	讲《狐狸和小兔》的故事	小朋友边听，边回答问题，边自己慢慢学讲故事。	他自己低着头，偶尔咬一下手指甲，没有回答老师的问题，眼睛也没看着老师。	
10：10 — 10：40	发语言课本	老师叫同学翻书到第8页，然后老师讲故事，小朋友指出讲的图案。	他站起来跳一下自己又坐下，别人帮他翻到第8页，他自己又乱翻到其他页。老师提醒他翻回第8页。咬指甲，眼睛还是看着书。突然很大声地问：妈妈到哪里去了？老师没回答他的问题，提示他安静，他没再说话。	能翻书到指定页数。上课保持安静。
10：10 — 10：40	请小朋友回答问题	老师请他指出公鸡，又问他公鸡身上背了什么。	他可以指出来，并且回答正确了老师的问题：背了镰刀。	
10：10 — 10：40	分角色朗读故事	老师请几个小朋友分角色表演故事。	他坐着咬手指甲，玩口水。	
10：45	解便、洗手	听不同的音乐男女同学各自排队、解便、洗手。	他突然很大声说：圣诞老人哪里去了？（上语言课的时候掉了）然后马上走过去找，找到了就拿给老师贴好。老师说，圣诞节过了，圣诞老人回家了。然后提醒他去洗手。他看到赵老师，又问：赵老师，回哪里？	上课保持安静。
10：50	加餐	自己拿3个小番茄吃。	他洗了手拿了一个小番茄吃，吃了又拿一个，没有数好3个再拿回座位吃。	
10：50	突然事件处理	有一个同学打人，老师请同学帮忙想怎么处理。	个案没理解，自己吃番茄。	拿指定数目的物品。

时间	活动名称	活动内容	学生表现	建议
11：00	角色扮演	老师请个案去演，有几个同学说，他不会演。老师提示大家要帮助他。	他很兴奋，一直想把头饰拉下来，又蹦又跳，他模仿老师说狐狸的话。演完后回到自己座位坐好。	
11：30	解便、洗手、吃饭	同学解便后洗手，回座位坐好，每一组的组长去数筷子，分发筷子。老师分好饭才才后报菜名，小朋友自己去端饭回位置吃。吃完后收拾。	同学带他去解便洗手，在等待吃饭的时候他站起来跳跳又坐下来。自己端饭回位置吃，但是很喜欢用手去拿一根一根的菜，吃得很慢。自己收拾碗筷。	在提醒下可以大口吃饭。
12：20	午休	洗手、解便、睡觉	妈妈带他到操场上走一会，然后再回寝室睡觉。	午睡可以保持安静。
15：00	游戏活动	大家做游戏	其他小朋友拉着他做。	观察同学游戏。
16：00	艺术课	学唱歌	他没怎么唱。	
16：20	饭前准备吃饭	饭前准备吃饭	饭前准备吃饭。	

三、学前融合教育个别化教育计划实施

（一）评量结果报告书

报名序号：　　　　报名日期：2008 年 2 月

一、学生基本资料（姓名、性别、年龄、医院诊断结果、生理状况、出生史与发育史）

李××，男，6 岁，X 脆性综合征，个子比较矮小，出生时比较顺利。在 3 岁左右家长发现其不太会说话，不爱看人，在医院检查，有发育迟缓，医生建议服药。一段时间后无明显好转，再去看医生，建议其教育训练。在重庆一所训练机构训练一段时间后，就读幼儿园，接受爱心玩具图书馆的辅导。

二、学生能力

1. 学生基本学习能力（感官、认知、语言、动作等）

学生的感觉统合有失调的现象，其他部分发展相对较好。

2. 学生基本学习态度（注意力、听指令的能力、模仿、动作等）

学生的听指令、模仿动作能力都有基本水平，但是注意力比较容易分散。

3. 学生学习资源（人力、物质）

学生的家人很关心孩子的学习，能坚持按照老师的要求完成作业和要求孩子。

三、环境分析

国家课程大纲评量结果：大致在主动互动阶段，但是主动互动的时间还比较少。

校本课程大纲评量结果：_____

环境生态分析结果：_____(见评量表)_____

四、发展评量

1.评量工具：_____

2.标准化评量结果：_____

3.动态化评量结果：_____

五、优弱势的分析

优：基本学习能力已经具备。

弱：感觉统合部分有失调，影响其能力的进一步提升。

六、未来学习建议与策略

加强感觉统合的训练。运用课前学习与课后复习帮助其更好掌握书本知识。

七、与会人员签名_____

（二）幼儿园教育课程评量结果与分析

领域	辅导前	辅导后
健康	在主动互动阶段，得分25分，基本上主动完成还比较困难，很多时候需要大人的协助才能了解一些健康知识和做一些有益健康的活动。	在主动互动阶段，得分26分，比以前有进步，很多时候仍需要大人的协助才能了解健康知识和做有益健康的活动，进步的地方是自己可以穿脱衣服及整理床被。
科学	在主动互动阶段，得分27分，基本上主动完成还比较困难，很多时候需要大人的协助才能了解和参与一些科学知识方面的学习。	在主动互动阶段，得分33分，比以前有进步，主要表现在可以在提示下去观察感知大自然，可以在协助下进行一些简单的因果关系的推理，在协助下尝试不同的方法解决问题。
社会	在被动参与阶段，得分43分，基本上是被动与人互动，但是不排斥别人对他的互动，对周围的事物缺乏热爱，自觉养成良好的品德方面还比较差。	在主动互动阶段，得分51分，基本上主动完成还比较困难，很多时候需要大人的协助才能了解爱的情感，可以在协助下去体会别人的想法感受，遵守一些规则，尝试解决问题。
语言	在主动互动阶段，得分20分，基本上主动和别人交流沟通还比较困难，很多时候需要大人的协助才能和别人维持一定的对话。	在主动互动阶段，得分25分，有进步，能回应别人的简单问话，也可以自己主动和别人说一些自己感兴趣的话题，但是主动的语言还是比较少。
艺术	在被动参与阶段，得分15分，基本上要在协助下进行一些艺术的欣赏及创作。	在主动互动阶段，得分20分，比前面有进步。能选择自己的喜好，在协助下完成一些节奏的演奏，可以自己把熟悉的歌串在一起唱。
综合	在主动互动阶段，得分130分，但是处在主动互动的低级阶段。综合来看，几个领域都发展到主动互动中，但是能力还不够好，所以还需要进一步提升。社会和艺术的发展要弱于健康、科学和语言，要加强社会和艺术的发展。同时要加强其科学和语言的发展，让其在数学和语言的学习中得到更大的进步，为下一阶段学习作好准备。	在主动互动阶段，得分154分，比以前有进步，但是处在主动互动的低级阶段。综合来看，几个领域都发展在主动互动中，但是能力还不够好，所以还需要进一步提升。要加强其科学和语言的发展，让其在数学和语言的学习中得到更大的进步，为下一阶段小学学习作好准备。同时要加强健康和社会的发展，让他的身体素质能得到提升，与人交往的能力能得到更大进步。

（三）融合目标

本学期目标	评估标准	教学情境	评　鉴
能模仿同学，听到不同音乐做出不同反应	听到男女生不同排队音乐排队	每天早操，解便前排队的时候	需协助下才能分辨
上课时能坐在自己座位上	每天只有一次在上课中离开自己的座位	上课时	可以完成
能在要求下注意老师讲课的内容，不一定听懂	可以在提示下注意指定刺激	上课时	可以完成
能在提示下与老师和同学问好和说再见	每天上学、放学时要在提示下和老师同学问好说再见	上学、放学时	可以完成
能在班级中完成自己的简单工作	自己收拾椅子，拿书包，发筷子等	生活中	需要提醒
能够翻书到指定页数	可以自己翻书	上课时	需要提醒
能在提醒下较快吃完饭	可以在 25 分钟左右吃完	就餐时	可以完成
能够在协助下做早操	可以自己做 1/4 的动作	早操	可以完成
能够在协助下做课前预习及课后复习	每天回家后做课前预习及课后复习	家里	可以完成
能在协助下与同学进行简单交流	能够在协助下回应别人的问话	课间休息	需要提醒
能举手表达自己的需求	上厕所前先举手	上课	不能完成

计划执行人：赵老师、妈妈、龚老师、周老师

时间：2008 年 3 月—2008 年 7 月初

评量时间：2008 年 7 月初

（四）咨询计划表

日期 / 时间	咨询主题	咨询方式	讨论后调整
3 月	午睡时，能保持情绪稳定、安静。	现场观察＋电话咨询	给他加重盖被，对他保持安静的行为予以增强。
4 月	如何处理他情绪激动、大声自言自语的问题。	电话咨询＋现场示范	给他一些重压或穿重力背心；对他保持安静的行为予以增强。
5 月	如何模仿同学做一些简单的事情。	现场示范	提示他观察别人在做什么；让其他小朋友提醒他看自己在做什么，不直接帮他做。
6 月	用后果刺激让他更好地控制自己的行为。	书籍提供＋现场示范	呈现后果，告诉他好的行为会被增强，不好的行为会被惩罚；在他行为时给予一定的提醒，让他把后果联系起来，慢慢学会自己要求自己。

此计划从 2008 年 4 月 1 日起至 2008 年 7 月 1 日，需咨询支持的内容与进度。

（五）咨询执行记录表

日　期	参与人	内　容
2008.3.27	老师、妈妈	观察
2008.3.28	老师、妈妈	观察

日 期	参与人	内 容
2008.4.8	个案、幼儿园老师	1. 协助他自己穿衣服整理床铺；2. 提醒他在自己位置上喝豆浆，并且快速喝完；3. 协助下观察艺术书，并涂色
2008.4.15	个案、幼儿园老师、小伙伴	1. 提示同学提醒他回答老师的点名；2. 提醒他观察并模仿别人正确排队；3. 数学课上，让老师了解他现在数学学习的阶段，有针对地对他教育；4. 校正他的英语发音，鼓励他说出来
2008.4.22	个案、幼儿园老师、小伙伴	1. 小朋友提示他看别人做音乐律动；2. 语言课，怎样调整教材让他学习语言知识；3. 正确处理他玩口水、咬指甲等行为
2008.4.30	个案、幼儿园老师、小伙伴	1. 怎么协助他做早操；2. 协助他举手表达自己的需求
2008.5.11	个案、幼儿园老师、小伙伴	1. 协助他较快吃完东西；2. 课堂上怎么对他提出正确的学习要求；3. 和老师沟通，可以适度地批评他
2008.5.26	个案、幼儿园老师、小伙伴	怎么打发无聊的时间
2008.6.3	个案、幼儿园老师	1. 怎么协助他做早操；2. 怎么处理他情绪激动的问题；3. 怎么让他和小朋友正确互动
2008.6.11	幼儿园老师、小伙伴、妈妈	1. 幼儿园的小朋友怎么帮助他；2. 怎么调整他的作业和教学要求
2008.6.17	个案、幼儿园老师、小伙伴	1. 怎么帮助他控制自己情绪；2. 怎么教他和小朋友互动
2008.6.24	妈妈	1. 幼儿园老师的沟通；2. 下一步学习的选择

（六）幼儿园融合教育支持模式探索之家长访谈问卷

本问卷由特殊教育辅导老师进行家长访谈后填写。

亲爱的家长：

谢谢您接受我们的访谈，也谢谢您愿意信任我们，让我们和您一起度过孩子上幼儿园后的美好时光。现在学期即将结束，我们想听听您对孩子这学期上幼儿园的看法。主要集中在孩子上幼儿园时遇到的问题，这些问题有没有因为我们提供的辅助获得一些改变。您的宝贵意见将是我们日后协助特殊孩子上幼儿园时的重要改进依据，请您针对每个问题详细、真实地回答，让我们得到最真实的第一手资料！谢谢您！

1. 第一部分，我们想知道，您的孩子当初要上幼儿园有没有遇到"被拒收"的情况？您觉得被拒收的真正原因是什么？（能否被接受）

没有被幼儿园拒收，但当试图上学前班时，被老师委婉地拒绝了。拒绝的原因是影响课堂纪律（如下位、有自主语言、有时笑等），影响其他的孩子，老师被迫中断讲课维持纪律。

2. 现在孩子已经上了幼儿园了，您觉得孩子现在有比较被幼儿园的老师、小朋友接受吗？具体的表现是什么？

是，比较接受，早操、游戏时，老师和小朋友都会热心地协助他；兴奋时，老师会照着家长提供的方法去协助他安静。

3. 您觉得造成这种情况（有改变或没改变）的原因是什么？和我们提供的协助又有什么关系？

一是老师能理解他的特殊情况，有爱心、有耐心，这样的融合提供的协助有用得多。如果换个班或者换个老师，不一定会这样。当你的协助方法有效时，班上老师在家长和特殊教育老师不在时会协助他。

4. 如果要您用分数来表示的话，您觉得您孩子在"幼儿园老师对孩子的接受度"这件事上，一学期以前您会打几分，现在的情况您会打几分？（我们用传统的100分为满分，60分为及格的标准）

一学期以前：① 10 ② 20 ③ 30 ④ 40 ⑤ 50 ⑥ 60 ⑦ 70 ⑧ 80 ⑨ 90 ⑩ 100

现在：① 10 ② 20 ③ 30 ④ 40 ⑤ 50 ⑥ 60 ⑦ 70 ⑧ 80 ⑨ 90 ⑩ 100

5. 第二部分，我们想知道，您的孩子在我们尚未辅导以前，在他班上上课时是由谁协助他参与老师组织的教学活动的？他参与的情况如何？

有时老师协助，有时同学协助，大部分时间无人协助。参与度很差，基本上不能参与活动。

6. 现在，孩子的参与状况有什么改变吗？

改变较大，主要表现在早操、游戏、活动，大部分时间有老师协助他参与，他比较接受协助，参与较好。

7. 您觉得造成这种改变（或难以改变）的原因是什么？和我们提供的协助有什么关系？

原因有几个：一是孩子的配合性有提高，理解能力也越来越好了。当有人协助他时，参与性较好。二是特殊教育老师、普通老师的协助很重要。久而久之，他能接受要求，模仿能力有很大进步。

8. 如果要您用分数表示的话，您觉得您孩子在"能参与老师组织的活动"这件事上，一学期以前您会打几分？现在的情况您会打几分？

一学期以前：① 10 ② 20 ③ 30 ④ 40 ⑤ 50 ⑥ 60 ⑦ 70 ⑧ 80 ⑨ 90 ⑩ 100

现在：① 10 ② 20 ③ 30 ④ 40 ⑤ 50 ⑥ 60 ⑦ 70 ⑧ 80 ⑨ 90 ⑩ 100

9. 第三部分我们想知道，孩子在与人交往的人际互动方面有什么改变？您记得在我们尚未辅导以前，孩子在幼儿园会注意到周围的人吗？他会主动和他们互动吗？或者别人会常找他吗？一般他都是怎么表现的？

孩子在他有需求时，如想吃别人的东西，会注意到周围的人。他不会主动和他们互动。别人经常找他，他一般不理人。现在改变了，老师批评别人时，他会注意并提问："谁被批评了？"

10. 现在，不管主动或者被动，您觉得孩子和人交流互动的机会、行为是不是更多了或更好了？怎么看出来的？

现在，他与人交流的机会更多、行为更好了。想玩别人玩具，别人不愿时，他会主动说"玩一会儿……"，愿意到别人家去玩。

11. 这样的改变(更多或更少)可能是什么原因？又和我们的辅导有什么关系？

主要是理解能力的提高，得益于特殊教育老师的辅导、引导。

12. 如果要您用分数来表示的话，您觉得您孩子在"能有更多人际互动"这件事上，一学期以前您会打几分，现在的情况您会打几分？

一学期以前：① 10 ②20 ③ 30 ④ 40 ⑤ 50 ⑥ 60 ⑦ 70 ⑧ 80 ⑨ 90 ⑩ 100

现在：① 10 ② 20 ③ 30 ④ 40 ⑤50 ⑥ 60 ⑦ 70 ⑧ 80 ⑨ 90 ⑩ 100

13. 第四部分，我们想知道的是孩子课业学习的情况，以前他能跟得上幼儿园的课程内容吗？换句话说，幼儿园老师上课的内容他能听懂吗？他学会了哪些内容？（课程学习）

幼儿园上课的内容大部分听不懂。

14. 当我们开始辅导后，对他理解上课内容的帮助是什么？他具体有哪些进步？

开始辅导后，理解能力明显提高。在这一块上特殊教育老师提供了很大帮助，如教家长视觉提示法、奖励惩罚等方法，使他的理解能力得到很大提高。

15. 如果在课业学习方面有进步，是由于什么原因？和我们提供的辅导有什么关系？

课业学习方面的进步并不明显，对生活中事物的理解能力提高很大。特殊教育老师的支持、方法对我们家长教育和引导小孩方面帮助很大。

16. 如果要您用分数来表示的话，您觉得您孩子在"幼儿园课程学习"这件事上，一学期以前您会打几分，现在的情况您会打几分？

一学期以前：① 10 ② 20 ③ 30 ④ 40 ⑤ 50 ⑥ 60 ⑦ 70 ⑧ 80 ⑨ 90 ⑩ 100

现在：① 10 ② 20 ③ 30 ④ 40 ⑤ 50 ⑥ 60 ⑦ 70 ⑧ 80 ⑨ 90 ⑩ 100

17. 除了上述行为外，您觉得孩子上幼儿园还有哪些改变或收获？

能听得懂话了，情绪行为方面有很大进步，与家长沟通越来越多。主动语言也增多了，在幼儿园小朋友也都很喜欢他。

18. 最后，目前若有人想帮助上幼儿园有困难的小朋友适应好一点，您觉得用什么方式会更好？您还会给他什么建议？

如果家长有条件陪读，及时解决孩子在幼儿园的不良状况，家长可以陪读。当然允许陪读并不容易，最好是有融合教育的幼儿园，有特殊教育老师在普通班协助孩子。

访谈者：赵老师　被访者：小李　家长：吴××　访谈日期：2008.6.16

（七）融合教育支持模式探索之幼儿园师长意见调查表

尊敬的＿＿＿＿＿＿园长／老师：

　　谢谢您这学期对学生＿＿＿＿＿的关照，更谢谢您容许我们对他的学习情况进行观察和辅助。这学期即将结束，为了想要了解您对＿＿＿＿的表现，以及我们提供的辅助的看法，烦请您抽空填写下列问卷，一周后我们会来取回。此份来自幼儿园老师的意见，能为我市特殊幼儿就读普通幼儿园的努力提供更多真实、宝贵的观点，期望特殊教育老师和普通教育老师的持续合作，能为特殊幼儿铺设圆满的融合教育之路。感谢一路有您！

幼儿园融合教育支持模式探索计划小组

特殊教育咨询教师

　　（一）行为方面

　　1.您觉得班上（园内）的这位特殊幼儿刚来时，有哪些与一般孩子不同的行为会影响或干扰您上课？

　　上课时坐不住，随意下位、讲话。

　　2.您觉得这些行为随着上课天数的演进，有些什么改变吗？

　　有，进步特别大。下位的次数能在老师、同伴的提醒下慢慢地减少，甚至到现在几乎没有了。平常能控制自己的一些不好行为，如讲话、随意起立等。

　　3.您觉得会造成这些改变的原因是什么？

　　小朋友的妈妈经常与赵老师相互沟通、交流得出的方法与指导，让宝贝进步了。

　　（二）参与教导

　　4.您觉得班上这位特殊幼儿刚来时，要吸引他参与您上课的活动有什么困难？

　　无法交流，对老师的语言无动于衷。

　　5.您觉得这些行为随着上课天数的演进，有些什么改变吗？

　　有。在相互交流方面有些进步。平常能够在老师与同伴的帮助下参与各类活动，如早操、户外活动、简单的游戏活动等。

　　6.您觉得会造成这些改变的原因是什么？

　　同伴间的相互帮助。

　　（三）人际互动

　　7.您觉得班上（园内）这位特殊幼儿，平时都怎么和老师、同学沟通互动的？

　　不太主动。基本上是老师及其他幼儿主动与他交流。

　　8.您觉得这些行为随着上课天数的演进，有些什么改变吗？

　　在沟通方面主动性表现得不突出，凭他的兴趣与同伴说话。

　　9.您觉得会造成这些改变的原因是什么？

　　指导老师的良好训练。

（四）课业学习

10. 您觉得班上这位特殊幼儿刚来时大约能学会幼儿园的哪些教材？哪些很难学会？

语言方面稍微好些。英语能够跟着读单词，简单的能记住。数学对于他来说较难。

11. 您觉得这些行为随着上课天数的演进，有些什么改变吗？

语言类：能说些简单的句子；数学类：能数 1～10 及点数。

12. 您觉得会造成这些改变的原因是什么？

家长与赵老师的悉心辅导。

13. 您觉得让幼儿园愿意收特殊幼儿需要的资源和协助有哪些？（请选出优先的 5 项打√）

☑增加班级教师人手

☐减少班级幼儿人数

☐增加经费的支持

☑增聘特殊教育老师

☑提供特殊幼儿个人的教材教具

☐得到家人的信任和表扬

☑得到普通幼儿家长的认可

☐特殊幼儿本身具有能带动普通幼儿爱心的特质

☐普通教育老师具有能带动普通幼儿爱心的特质

☐幼儿园的教育理念、校园氛围有乐于接受挑战的特质

☐法令或主管机关的规定

☐幼儿本身的明显进步

☐幼儿园的教学应比较严谨有序

☑幼儿园的教学应比较自由开放

☐其他 _____

☐其他 _____

☐其他 _____

填表人：龚老师、周老师

日期：2008.6.1

第二节 学龄期融合教育中的个别化教育计划

学龄期学校学科教学增强，知识学习从量到面均呈现出多而广的特点，以下以成都新津县花源小学个别化教育计划（2012—2013学年第一学期）为例。

一、基本资料

1. 个人资料

学生姓名	廖××	性　别	女	出生日期	2002年8月15日	身份证号码	略
户籍地址	新津县花源镇白云渡						
居住地址	新津县花源镇白云渡						
家长或监护人	陈××		关　系	母女			
鉴定类别：脑积水＋脑颅外伤修复＋轻度智力障碍　鉴定文（略）							

2. 家庭现况及背景环境

家长教育程度	父：初中　母：高中		主要照顾者	父母
家长职业	父：个体经营户　母：个体经营户		主要学习协助者	母亲
家庭经济状况	一般	父母婚姻状况　良好	民族	汉
家长期望	希望孩子能够健康快乐地成长，生活能够自理，将来能够自力更生。			
家庭生活简述	廖××是家里面的第一个孩子，父母、外公、外婆等主要直系亲属对她都比较宠爱，但在廖××学习表现不佳的时候，其母有时候会因性格急躁对其责骂。2008年，廖××有了一个弟弟，姐弟关系十分融洽，廖××有时能够帮助妈妈照看弟弟。			
家庭对个案的支持	父母均在镇上做生意，有较稳定的经济收入来源。该家庭在廖××的医疗、辅具方面都能尽力给予支持。			
家庭需求	1. 孩子的学习希望能够得到各科老师更有针对性的指导，尽量不对孩子降低学习要求。 2. 孩子能够得到一定的康复训练。			

3. 发展史

项目	内容
专业诊断治疗情形	廖××出生时，出现新生儿黄疸，住院1周；1岁多时，曾在四川省华西医院做了头颅修复手术以及脑积水分流管手术。 服用药物：（√）无（）有　药物名称　略　服药时间　略　副作用　略
其　他	廖××在出生后第四、五个月时被诊断为脑积水，但因家庭经济困难未做手术；家长曾带孩子到一些小诊所进行按摩、针灸。

4. 教育史

项目	内容
过去教育安置情形	1. 未接受过学前教育。 2. 目前就读于普通班级接受特殊教育服务，校内接受同班小伙伴学习生活支持，校内外有退休老教师课业辅导及社区大学生志愿者提供休闲娱乐活动支持。

二、测验与评量

工具名称		测验结果／分析解释	施测者	施测日期
WISC—Ⅲ 修订版 农村卷	结果	语言智商分量表：知识 4；领悟 12；算数 5；相似类同 4；词汇 10；语言分 35。 作业智商：数字符号（编号、动物下蛋）0；填图 5；模块 5；图片排列 迷津 4；图形拼凑（视觉分析和几何图形）6；作业分 20。	成都市第四人民医院　李医生	2012 年 9 月 18 日
	分析	语言智商 80 分，作业分 56 分，全智商 66 分。语言分优于作业分。		
GMFM 粗大动作运动评估表；ASWOSH 肌张力评估表（修订版）	结果	目前能独立行走，但左脚踝内翻较严重，步行时髋膝踝稍屈曲，呈内收内旋状。躯干前倾，四肢协调性较差。双上肢前屈后伸动作较缓慢。	成都市残联康复中心　江医生 新津县残联康复中心　朱医生	2012 年 9 月 4 日
	分析	双下肢肌张力增高明显，主要表现为大腿内收肌，小腿三头肌，股胫骨前肌及股骨后肌增高明显。躯干部肌肉力量较差（腹直肌、腹内、腹外斜肌）。		

注：本表所列测验结果应结合于下表现况描述中使用。

说明：此项填写标准化测验的结果及分析。

三、语数学科能力现况描述

项　目	现状描述	建　议
识字	现认识约 100 个简单汉字，基本会读由这些字组成的词语，用这些字进行简单的组词练习和说简单的句子；对汉字的结构观察不仔细，区分形近字时经常混淆。	在认字环节中，注重教学方式的多样化，提高识字兴趣，注重对形近字的区分。
写字	书写比较差，汉字间架结构掌握不好，写字不能入格。	加强手腕、手指的康复训练；加强汉字的书写训练。
阅读	对图文结合的材料感兴趣，能在老师和同学的帮助下理解课文的内容。	在学校和家庭阅读中多提供生活化、多样化的图文并茂的阅读材料，并逐步增强其阅读基本技能。
写话	能独立写出一句简单通顺的话；在老师和同学帮助下能够写出几句连贯的、清楚的话。	结合生活实际，训练孩子说连贯的话，再进行写话训练。
口语交流	口语表达清晰，能够与人正常交流，但语速较慢，声音较小。	多提供其课内外口头表达的机会，增强口语表达的自信心。
数与代数	对数的概念及应用有一定的基础，能用百以内的数来表述生活情境，会口算整十数的加减法，能用列竖式的方法计算百以内的加减法，在教师或伙伴的帮助下才能完成百以内的口算和三位数的加减法。	在数学教学中多为其提供生活化问题情境，练习百以内的口算和三位数的加减法。
空间图形	空间感及想象力有一定的发展，能辨别和使用东、南、西、北四个方位词，但对东北、西北、东南、西南的认识和表述比较困难；能表述简单的线路，但对于三个分句及以上的线路的表述困难较大；长度单位米、厘米掌握较好，对于其他的长度单位的表象建立较差；能正确认识角及各部分名称，但对于角的分类不够清楚；已掌握正方形、长方形的外形特征，但是对认知和掌握平行四边形的特征有困难。	注重在实际生活中学会进一步辨别方位和路线，加强对角、长方形、正方形、平行四边形的实物感知。
统计概率	能读写数据和对简单的数据进行分析。	在生活中学习收集和整理数据的简单方法。
综合实践	语言表述方面，能比较慢地表述她日常经历和一些简单的生活情境，对书面的数学应用题理解较为困难，实践动手能力较差。	在生活实践中来加强数学基础知识的学习，运用功能性课程帮助其解决有关数学问题。

四、发展性、适应性领域综合课程评量（发展及适应能力现状）

项　目	能力现状	评量方式	评量者及评量日期
健康状况	身高：135 cm，低于同龄儿童平均水平 6 cm。 体重：30 kg，低于同龄儿童平均体重 2.5 kg。心肺功能、视力、听力均正常。运动功能：无法独立完成其中任何一个动作。神经系统：有脑积水的后遗症。	新津县花源镇乡镇医院健康检查表	新津县花源镇乡镇医院　朱医生
感官知觉	优势：视觉和听觉正常，在课间活动时间和放学后，能够和伙伴一起玩耍。 限制：视觉和听觉记忆较弱，粗大动作和精细动作协调度不佳，肌力和耐力较弱，重心转移能力迟钝，连续动作计划差，均可进一步训练。	课堂观察与评量	蔡老师、曹老师、彭老师、李老师
粗大动作	优势：能独立行走 3~5 步，头部能够自由转动，坐着时能够自由转动身体。 限制：四肢协调性较差，蹲、爬、翻滚、上下楼梯均很困难。	评量	蔡老师、曹老师、彭老师
精细动作	优势：右手的抓放能力、作业能力、工具使用能力基本正常。 限制：左手抓放能力、作业能力较弱，不能够使用工具，均需要进一步训练。	评量	蔡老师、曹老师、彭老师、李老师
生活自理	优势：能使用餐具独立就餐，能自己穿脱简便的衣裤鞋袜；在辅具的支持下，能够自己如厕，餐后能够收拾自己的碗筷和做简单的清洁。 限制：洗澡、洗头、穿脱复杂衣裤鞋袜需要有人协助，如厕需要有辅具的支持，不能够自己剪指甲。	家庭和学校生活观察	李老师
认知	优势：当物品多次更换位置后，能够寻找此物品，对物品位置和地点的记忆较好，肯定性单维度配对和分类能力较好。 限制：注意力较不集中，推理能力欠缺，理解能力比较有限，顺序及解决问题能力有待进一步提高。	评量	蔡老师、曹老师、彭老师
沟通	优势：听的能力较好，对交流中的肢体语言和表情能够正确理解，能够正确表达自己的需求和想法。 限制：说话声音比较小，书面沟通难度较大。	观察与评量	蔡老师、曹老师、彭老师、李老师
情绪及社会行为	优势：情绪稳定，无情绪问题，个性比较温和。在校内外都能够与同学和伙伴玩耍和互动。 限制：因为行动不便，所以社区和学校的户外活动很难参与。	家庭和学校生活观察	李老师、王老师

五、综合分析与建议

项　目		内　容
优势能力分析		各学科有一定基础，有一定的听读能力、表达能力、理解能力，强化训练后，有一定的短时记忆，模仿能力较强，对感兴趣的事物能持续一定的注意时间。右手精细动作及手指和手掌的合作动作有一定的发展。基本能生活自理，在与他人的口语交流中能够较正确表达自己的需求和想法，情绪稳定，个性比较温和，和同伴及志愿者相处融洽。
教育需求分析	健康状况	进一步加强营养。
	感官功能	无需求。
	知觉动作	粗大动作、手眼协调和精细动作需要重点训练。
	生活自理	加强穿衣、洗头、洗澡训练。
	认知	教学目标和内容简短具体，教学方法和手段多样化。
	沟通	增加口头表达的机会，鼓励其大胆表述，在书面表达上，结合其具体的生活经历，多采用说写结合的方式。
	情绪及社会行为	进一步学习与同伴合作分享的方法，提高社会交往技能；通过辅具和伙伴支持增加户外活动的机会。

续表

项　目		内　容
教育需求分析	语文学业能力	通过辅具支持和精细动作的训练，帮助其写字逐步入格；通过多样化教学手段和方法，提高识字兴趣和识字量，并扩大阅读量、提高阅读能力和写话能力。
	数学学业能力	尽量让数学问题生活化，提高其动手操作和解决实际问题的能力。
障碍状况对其在普通班上课及生活之影响		在大班教学中，非常容易分心，注意力不集中，有意注意差；因为书写困难，涉及与书写有关的学习任务难以按时、按量完成。
适合之评量方式		根据其书写困难，采用问答、画圈、打钩、配对等方式对作业和考试进行恰当设计和灵活评量。

六、教育支持与相关服务

1. 安置情形

☐床边教学　　☐在家教育　　☐特殊学校　　☐集中式特殊班
☑资源教室　　☐巡回辅导　　☑普通班　　　☐学前融合班

2. 参与普通班的时间与项目（领域及活动）

领　域	地　点	节课/周	起讫时间	负责教师
语文	教室	8	2012.08.31—2013.01.18	李老师
数学	教室	4	2012.08.31—2013.01.18	王老师
英语	教室	2	2012.08.31—2013.01.18	张老师
音乐	教室	2	2012.08.31—2013.01.18	陈老师
美术	教室	2	2012.08.31—2013.01.18	周老师
体育	教室	3	2012.08.31—2013.01.18	任老师
信息技术	教室	1	2012.08.31—2013.01.18	王老师
品德	教室	2	2012.08.31—2013.01.18	李老师
生命安全	教室	1	2012.08.31—2013.01.18	李老师
书法	教室	1	2012.08.31—2013.01.18	周老师
班会	教室	1	2012.08.31—2013.01.18	李老师

3. 特殊教育服务

领　域	地　点	节课/周	起讫时间	负责教师	备注（抽离/外加）
学业补偿	资源室、家庭	6	2012.08.31—2013.01.18	李老师、臧老师、郭老师	抽离 + 外加
精细动作训练	资源室	1	2012.08.31—2013.01.18	李老师	抽离 + 外加

4. 相关专业服务（职能、物理、医疗、心理治疗、听语治疗、社工等）

服务内容	地 点	频 率	时 间	起讫日期	负责人	备 注
动作训练	新津县残联	1周1次	星期五 16:00—17:30	2012.08.31—2013.01.18	朱老师	
体检	花源社区医院	1月1次	每月1日 10:00—11:00	2012.08.31—2013.01.18	王老师	
理疗	花源社区医院	1周1次	星期三 17:00—18:00	2012.08.31—2013.01.18	王老师	
动作训练	家里	每天	每天 19:00—20:00	2012.08.31—2013.01.18	父母	需专业指导
动作训练	学校	每周2次	星期一、四体育课	2012.08.31—2013.01.18	任老师	资源室教师协调

5. 行政与环境支持

项 目	方 式	负责人
交通	家长接送	家长
辅具	矫正鞋、助行器、45° 矫形站立板	家长 新津县残联
无障碍设施	厕所扶栏 把教室固定在一楼	叶老师
助学伙伴	班级小伙伴助学、课外大学生志愿者和老年退休教师	李老师
咨询服务	社区医生、残联康复员、资源室教师、资源中心专家提供相应咨询服务	王老师、江老师、朱老师、蔡老师、曹老师、彭老师

七、学年学期教育目标（长期目标：3个月以上）

（2012年—2013学年第1学期）

（一）学业支持

1. 语文学科

（1）识字与写字

培养学习汉字的兴趣，坚持在生活化语言环境中识字。能了解几种基本的识字方法（听读认字、看上下文猜字、看拼音认字、分析字形认字等），重视书写指导，要求字能入格，学会查字典。

（2）阅读

通过提供图文并茂的阅读材料和多样化的阅读方法和手段，鼓励学生扩大阅读量和提高阅读能力。能看一些简单的绘本、看图阅读浅显的童话、寓言、故事和理解文章的部分内容。能够读文中简单的重点词语。学会默读。

（3）写话

能够独立摘录优美的词语、独立写出完整的句子和模仿写一段话。

（4）口语交流

能够用完整的话表述自己的意思，能围绕一个主题与同学进行简单的交流。

2. 数学学科

（1）数与代数

①乘除法：能结合具体情境，感受乘除法与实际生活的密切联系；能掌握一位数乘两位数和一位数除两位数的笔算方法，能用已学会的乘除法知识解决生活中的简单问题。

②千克、克、吨：能认识重量单位千克、克、吨，初步了解千克、克、吨的实际大小和关系，基本能进行重量单位的简单换算和结合生活实际解决简单问题。

③乘法：能掌握两位数、三位数乘一位数和连乘的方法，基本能正确计算并解决生活中的简单问题。

④除法：基本能掌握两位数、三位数除以一位数的除法和连除的方法，初步学习乘除混合两步运算，能应用已学的除法知识解决简单实际问题。

⑤年、月、日：认识年月日，了解它们间的关系，了解平年、闰年，体会并认识24时计时法。

（2）空间与图形

①观察物体：会根据学习指令搭简单的立体图形，会从正面、后面、上面观察并辨认简单立体图形的形状；发展空间观念，初步培养观察能力和动手能力。

②掌握周长的概念：基本掌握长方形和正方形的周长计算方法，结合具体情境，感知图形知识与实际生活的联系。

3. 统计与概率

了解事件会发生的确定性和不确定性，知道事件发生的可能性有大有小，感受和体会有些事件发生的确定性。

4. 综合与实践

运用所学知识和方法解决简单问题，感受数学在日常生活中的作用。获得一些初步的数学活动经验，发展解决问题的能力，在与同伴合作和交流过程中，发展数学学习的兴趣和自信心。

其他学科略。

（二）动作训练

改善内翻足畸形及改善步态。

八、短期教育目标（短期目标：4周内可完成的目标）

（2012—2013 学年第 1 学期第 1 学月）

（一）学业支持

1. 语文学科

（1）识字与写字

培养学习汉字的兴趣。坚持在语言环境中识字，能认识 80 个字左右，会写 20 个字左右。

（2）阅读

看一本绘本或一篇童话，能在绘本和童话中勾出喜欢的词语并认识文中的主人公。

（3）写话

能独立写 1~2 个完整的句子。

（4）口语交流

能够用简单的话大胆表述自己的意思。

2. 数学学科

第一单元：乘除法

①掌握整十、整百、整千乘一位数的口算方法。

②掌握两位数乘一位数的口算方法。

③掌握整十、整百、整千除以一位数的口算方法。

④掌握两位数除以一位数的口算方法。

⑤尝试用已学的乘除法知识解决简单实际问题的能力。

其他学科略。

（二）动作训练

提升平衡骨盆前后肌肉控制能力；在训练次数方面则尊重自主，少量多次。

①跪走、交替半跪、高跪。

②肌肉维持性处理；穿有足弓垫的矫正鞋。

思考与实践

参考本章提供的融合教育个别化教育计划项目。对一个特殊需求学生进行调查、访谈、教育诊断评量。召开个案讨论会、拟订个别化教育计划。

第十章
个别化教育在教康整合相关服务中的实施

本章摘要： 针对我国特殊教育课程改革教康整合、医教结合的多学科相关服务发展趋势，本章分析我国特殊教育相关服务课程成长以及机遇和挑战，着重讨论了以教育为核心的相关服务课程行动。

第一节　特殊教育教康整合相关服务课程建设

一、相关服务课程

1. 相关服务课程定义

相关服务课程是指在我国目前特殊教育现有课程中拓展出的课程。具体而言，主要包含六大类：物理治疗、作业治疗、语言治疗、心理治疗、社会工作、科技辅具等。此类课程是个别化支持计划的重要构成，意在提供支持服务，常称为康复课程。

2. 相关服务课程发展背景

相关服务课程基于对特殊儿童需求的关注，社会发展和特殊教育专业成长。因为特殊教育面对问题中有障碍论、潜能论和环境支持论，相关服务课程反映特殊教育关键核心概念及趋势。

3. 在特殊儿童全人教育思考中的相关服务课程

特殊儿童全人教育是真、善、美、圣、健、富的教育，也是包含德、智、体、美、劳的全人格教育。特殊儿童全人教育处于特殊儿童身心发展缺陷障碍和优势、潜能等矛盾的对立统一中，是生理、心理、社会统一的全人；共性与个性统一的全人；全面性与针对性相统一的全人；主观与客观，自主与支持相统一的全人；阶段性成长与贯通性生涯发展相统一的全人；缺陷与潜能，障碍与超越相统一的全人。只有思考以上的关系，才会有特殊儿童全人教育的有效实施。

二、特殊教育相关服务课程成长

1. 特殊教育相关服务课程动因

从特殊教育课程历程可以看出，特殊教育课程的步步探索从沿袭普通教育课程，到对特殊儿童缺陷的重视，进而转为对潜能的关注，再到提供支持服务。每思考一步就发展出相应的课程体系，在相应的课程观点下形成课程模式和实作性课程运用，因而有了发展性课程、适应性课程、生态课程、支持性课程等较为完整的课程开发，成为特殊教育课程成长的重要历程和成果。但是特殊教育课程追求并不止步于此。

重视整体缺陷的发展性课程存在"面面俱到"而又不能真正面面俱到的问题，适应性、支持性课程在对优势、长处的关注时，忽视了关键问题的存在和解决，功利性选择和替代方案失去了生活的丰富和自我成长。因而特殊教育针对全人教育、个别化教育，对发展性、适应性、生态化等课程理论，结合特殊人群的需求及相关新专业的成长，经深入反思后，清理核心关键问题，从关键点深入，通过整合、专门化分解、运用，就成为新的专业化学科。这也促使动作治疗、语言治疗、作业治疗、音乐、美术治疗等应运而生。相关服务课程由此形成，增进了原有课程的专业性与服务的有效性。

2. 相关服务课程意义

相关服务课程是以原有的发展性课程、适应性课程为基础的拓展性课程，是走向更专业化的课程，是螺旋前进中的提升课程，是创新的课程，是多学科跨专业的课程。

三、我国特殊教育拓展相关服务课程的机遇与挑战

1. 特殊儿童需求量大面宽

我国特殊儿童需求量大、需求面广，但提供的相关服务远远不够。以康复为例，当前我国康复人员多由医疗、卫生系统培养，但是面对辽阔地域、众多人口的各种特殊教育、康复需求，医疗卫生系统培养的康复人员如杯水车薪。应该加强加快康复人员的培养。

2. 特殊教育需学习第二专业，推动自我成长专业整合

各特殊教育学校、机构不能被动等待医疗卫生系统的康复人员到来，需有主动担当，让特殊教育教师学习第二专业弥补康复人员的缺失，并增进特殊教育服务能力，推动特殊教育专业的自我成长。

3. 特殊教育新课标中已设置康复课程

特殊教育新课程改革课程设置方案已列康复课程，本门课程将在特殊教育学校正式开设，教师、教材、教学随即跟进，各特殊学校（班）需认真思考执行。

4. 特殊教育学习多学科多专业的有利条件

与特殊儿童高频度密切接触。特殊教育教师是除儿童家长外与特殊儿童接触频率最高的人群，特殊儿童在校时间占一天时间的三分之一甚至更多（如住读生），且教师是教育介入的角色，与学生接触除时间、空间的频密外，教师对学生的了解、相互关系以及可持续的教育教学长达数年，这是任何一个康复人员所不可比拟的。

第二专业学习机会增多。从某种意义上说，特殊教育处在社会科学和自然科学交叉处。本专业要求专业人员知识、能力的交叉发展，即复合型人才培养。随着现代化进程，特殊教育欲获取其他专业知识已远非当年的不可求不可得。今天各专业已逐步打破专业壁垒，敞开胸怀，让其他专业进入且主动进入其他专业交流，特殊教育专业工作者的第二专业学习已成为可能和可行。

四、相关服务课程运作中的问题

1. 相关服务课程的自身专业化

相关服务课程从某门课程的切入点进入，由属于本课程的专门知识、内容与能力构成。相关服务课程具探索和创新性，有诸多发现、领悟，需不断归纳、总结。相关服务课程是正在建设的新兴课程，每门相关服务课程均处在打造自身的专业化过程当中。

2. 相关服务课程之间的跨专业整合

相关服务课程从某一个角度进入，是关于某个领域的专业服务，但特殊儿童是一个完整的人，其需求往往是多方面的。这就提出了相关服务课程之间发挥各自专长，同时与其他专业之间形成整合性服务。

当前提倡多学科跨专业整合问题，是特殊教育课程与发展的新趋势，既为重点又是难点。相关服务课程之间多学科跨专业整合，有理论讨论的必要，更需通

过实际操作去践行。

五、特殊教育相关服务课程在行动

我国特殊教育相关服务课程近年发展快、辐射广，具体情况如下所述。

1. 学习借鉴与成长

近年我国特殊教育向发达国家和地区学习，引进了语言治疗、动作治疗、作业治疗、艺术治疗，以及科技辅具等相关服务，且进行大量学习、培训，培养了一批专业人员，形成了自己的队伍，目前正在各自的岗位上提供服务。

2. 特殊教育一线学校开展相关服务

我国部分地区特殊教育学校已有专门教师开展了聋儿语训，这是较为成熟、较早开展的相关服务。近年语言训练、动作训练，在一些特殊教育学校已开展，且有掌握相应技术的教师队伍形成，部分特殊教育学校已有特殊儿童心理辅导、游戏治疗和艺术调理，以及科技辅具的运用。

3. 高等特殊教育专业开设相关课程情况

目前我国高校特殊教育专业，如华东师范大学、北京联合大学、南京特殊教育师范学院、天津体育学院、重庆师范大学等均已开设言语听力学、动作训练、教育康复等专业。国内其他高校特殊教育专业也部分开设相关服务课程，意在培养服务特殊教育学校、机构的专业人员，让特殊教育教师获得一些多学科跨专业的新专业知识，其势蔚然。国家教育部已批准建立教育康复新专业。

4. 相关服务课程教师培养定位

相关服务课程教师培养通过相关专业人员到学校，或将教师送至各专业或作职前培训。但与专门的康复师或辅具制作师等培养有区别的是：相关服务课程教师以学校环境为背景，以特殊学校机构的特殊学生为对象，不是学习普遍性康复知识，而是针对性强地以特殊学生需要为引导的专门技能学习，比如脑瘫儿童动作训练、语言障碍儿童语言训练及相关辅助技术运用及开发，且在学生用于一对一的相应训练的同时还要将所学纳入日常的教育教学情境，进入日常的教学和课堂。相关服务课程教师还需有将教育与各专业作整合，即多学科整合的特殊教育运用能力。

我国相关服务课程多处在引入学习阶段，课程内容和课程体系均在形成过程中。相关服务课程教师经验不足，教练级、骨干级教师欠缺，相关服务课程教师数量缺口大。处于起始阶段的相关服务课程目前很稚嫩、不成熟，因而每门课程的专门教师引入、骨干教师培训成为当务之急，同时形成每门课程的教育教学系统、推进新课程专业化建设，也是非常重要的工作。

当然相关服务课程的启动意味着每门课程均存在发展的空间和潜能，有众多宝藏等待我们去发掘。

六、以教育为核心的相关课程探究

这里的"相关服务课程"又可称为"新专业整合课程"，是以教育为核心开展的，在学前教育、学龄教育、成人教育中主要通过学校背景，由学校领导学校教师团队，以学校在校学生和部分校外特殊儿童为对象，整合校内具特殊教育专业知能，具第二专业知能的教师或聘请相关领域专业人员组成联动团队，称为"多学科跨专业团队"提供的整合性相关服务。

（一）组建相关服务团队

由学校决定开展哪些相关服务项目：是开展动作教育？语言教育？还是全面开展相关服务等？一所学校和机构要做到相关服务全面开展，目前存在一定困难。可就学校实际情况，拟出可以提供的服务内容。

确定服务团队成员：相关服务团队的组成人员有负责人、执行人，还有分工，即谁做语言教育？谁做动作教育？

服务模式选取：相关服务以个别服务、团体服务、还是小组服务形式？以全日服务，还是半日？以抽离式，还是融入日常生活当中？以单项服务还是整合服务？

服务场地和资源配置：要提供服务需有相应的场地，同时需有相关资源配置。这里有场地落实、场地建设、资源的规划配置等方面的问题。

（二）相关服务团队的共同工作

参加学生的个别化教育研讨会。各类相关服务人员在个案研讨会上报告有关个案在本专业上的测评情况，同时了解个案的家庭、学校、社会生活环境及个案在其他方面的全面整体成长情况。从而明确本专业与其他专业的相互关系，促进该个案成长的方向和核心关键问题及内容。

参加个案的个别化教育计划及个别化支持计划会议。相关服务人员在个案的个别化教育计划会议上可以从本专业角度发表意见，并去执行和完成本专业角度的相关支持且与其他专业主动配合相互沟通、相互学习借鉴，将相关服务落到实处，包括个别化教育计划拟订执行与终评均需参与。

遵循相关服务的流程。各类相关服务的执行流程都可整理为：诊断、评估→拟订个别化教育计划（含支持计划）→设计活动实施（通过一对一单训单教或通过集体教学活动设计）→再评量→修正。

（三）相关服务课程如何进行"以教育为核心的专业整合"

相关服务课程进入学生个别化教育计划拟订，是与个别化教育计划匹配的个别化支持的重要构成，且从人、物、环境、资源等角度给予协助与服务，对教学内容、步骤、策略等方面进行系统规划。

1. 相关服务课程进入学生一日活动

相关服务课程伴随学生个别化教育计划进入学生一日活动，含家庭、学校、社区活动。此处着重谈相关课程进入学校的一日活动当中，既包括一日的各项显性课程活动（如，语文、数学、音乐、体育、美术等），也包括一日日常生活活动（如，进餐、如厕、就寝等），还含一些隐性课程活动（如，课间休息、班务活动、娱乐休闲等），丰富教学活动、拓展多元方法、增强教学能力、收获教学效果，这是在相关服务介入后课程实施的追求。

2. 特殊儿童全人教育中教育与相关服务整合

教育中引入相关支持服务，使相关服务有了更多的教育思考。在全人教育观念统领下，康复领悟到治疗本身也是一种教育，比如动作的教育和语言的教育。物理治疗师叶仓甫认为，若能明白各项神经发展能力的顺序，能掌握学习的重点，设立恰当的要求与支持的标准，运用愉快轻松的学习情境，就能在诱导与激励的个别化教育下达成教育目标，尽力架构高效且稳定的教学模式。教育本身也领悟到全人教育并非在各领域平均用力，而是依据学生的个别化需求，从学生整体发展中处理某阶段成长中的关键点，且充分借相关服务之力，调动学生自身能力进而达致全人发展。

3. 相关服务课程不只是简单的个别补救教学活动

在学校活动中相关服务课程有时通过个别补救教学活动进行，或强化式密集训练进行，但并不止于此。相关服务课程更应该是在与一般教学活动相配合中完成，在多种丰富的轻松、快乐的学习情境中，甚至是在生活情境中进行。这一点也是我们要努力达成的。

4. 教育与训练、教育与康复的异同以及相互作用

教育与康复的相同之处是两者均为介入式的影响，是特殊儿童成长的外部支持，目的在于增加特殊儿童的内在能力。教育与康复往往面对同一个案的共

同问题。

教育与康复、训练的不同是，教育是长期的、养成性的、对全人格的影响，是渐进、持续的过程，见效较为缓慢。康复主要是针对技能、能力而做的较为集中的强化练习，能在一定时间内见到有效、具功能性的结果。教育是针对人的贯通式的教化，无处不在，有如时雨春风。训练针对技术、能力，依循程式、不断重复，通过内容、步骤、方法而形成稳定的习惯及行为。在教育系统多用教育，医疗康复系统多用训练，也有综合使用的时候。

教育与康复是特殊儿童成长发展的要求。特殊儿童是生理的人，也是心理的人，是身心整合在社会生活中成长的人，往往因为身心的障碍使其对康复对教育支持尤为期待。

对过往的反思可发现，在智力障碍儿童分类上曾有"可教育、可训练、需监护"之说，随着特殊教育的发展，此种说法已被"不让一个孩子掉队"，依需求提供教育、康复服务，建立多学科跨专业支持服务等行为所替代。

教康整合性支持服务模式是各专业人员针对学生个案的整合性服务，让学生在一天不同时空进行教育和康复的转换且在集体、小组、个别活动中进行教育、训练的融合。

5. 相关服务课程的教育探索

当特殊教育在成长当中遇到瓶颈、需有突破的时候，周边学科的成果呈现于我们眼前，他山之石可以攻玉的想法自然而生。当教育与各学科单边作战、互不接触时，大家是各自为政的单个"1"；如果各学科显示专业傲慢，形成专业壁垒时做的是减法；如果各专业开放胸怀用专业智慧相互渗透融合时做的是加法，而且是"1+1 ＞ 2"的加法。

第二节　教康整合的相关服务教育教学实例

本节通过江津向阳儿童发展中心脑瘫儿童个案看教育为核心与康复与多学科整合的相关服务。

一、个案概况

在向阳中心的二班有一个这样的孩子，小林，10岁，5岁开始就读向阳中心，医院诊断为脑瘫。他是一个学习热情很高，对凡事都充满好奇的孩子，有自己的语言，但语音不清晰，主要是声音很小、气息不够。他记忆力好，模仿能力强。现阶段可以自己吃饭，可以在穿着矫正鞋的情况下走几步。

经过两年的戏剧教学，小林在认知和语言表达上有很大的进步，但在动作、生活自理方面没有突破。正好在2007年的时候，中心请来了语言治疗师、作业治疗师以及感觉统合专业人员为我们讲解了理论技术，中心的老师也依据自己的兴趣选择了开始学习自己的第二专长。用了两年时间各位老师进行了基本功的练习，2009年中心开始以专业团队整合的形式，围绕学生的主要问题来开始制订IEP，小林就成了我们"新专业整合课程"的案例，现在以此案例来介绍一下脑瘫孩子的教育过程。

二、以专业团队整合，找出主要问题，制订IEP

小林IEP会议时间是2009年7月4日，地点在中心会议室，与会人员有班主任、物理治疗师、作业治疗师、语言治疗师、相关科目老师、家长。

（一）评量结果报告

1. 上学期IEP评量

由班主任老师报告其基本资料以及上学期的目标执行情况：小林，现年10岁，出生时因为缺氧，1岁多医院诊断为脑瘫。上学期的学习情况：（略）

班主任意见：本学期目标比较多，整个完成的情况也不是太好，很多目标都受到动作的影响，所以下学期如果能提高动作能力，对学习其他目标会有帮助。

2. 动作评量结果报告
（1）粗大动作

项目	内容
主要问题	1. 髂腰肌肌力不足，影响交替半跪稳定控制 2. 骨盆倾斜造成长短腿（右长左短） 3. 左腿膝反张
训练计划	1. 反坐三角垫仰卧起坐练习髂腰肌（10分钟160个） 2. 左半跪姿推拉梯臂架（10分钟120个） 3. 左脚半跪姿的跪坐跪起训练左腿弯曲伸直控制（10分钟200个） 4. 左脚绑三斤沙包单手扶物交替半跪（10分钟150个） 平时摆位：坐侧坐，一天训练2至3次，每天牵拉2次外展肌纠正长短腿 平时移行：跪走
训练目标	长期目标：半跪站立起（一学期） 短期目标：独立交替半跪50下（三个月）

（2）精细动作

主要问题	评估结果	训练计划	目　标
拿物品时，操作东西时不能伸直举高上肢	双上肢屈曲张力高	被动牵拉双上肢屈曲肌肉 高跪姿势取物置物 举高上肢击物 配合物理训练做上肢运动	能够上肢伸直操作3分钟
操作物品时惯用左手，右手很少用	双手协调能力弱 双手跨中线能力弱	拿一些高处需要跨中线的物品 暖身活动中做跨中线的活动 配合动作训练做双上肢协调的动作	能左手为主手，右手为副手操作物品

建议：每天可排半小时的作业训练课。

3. 语言评量结果报告

现有能力	问题分析	训练目标建议
1. 口腔部分：偶尔会流口水，能做合唇至张唇、张唇到合唇动作，舌头能前后伸缩，但伸出唇部能做却做不好，用唇衔物可维持瞬间，嘟嘴也是，舌头从中线到两侧或越过中线及舌头提升都不会	口腔周围触觉比较迟钝 受肌张力影响	1. 增强口腔刺激使感觉正常化 2. 增强唇部的活动力
2. 大多数时候都用电报句来表达，在说话时，姿势比以前正确了很多，但仍然说得很吃力，说的句子品质有所提高（多数时候说的句子长度比上期多了一两字，说的话），报告事情时会在开始用完整句，说话的声音虽然还是小，但也在改进	受肌张力影响	1. 反复说部分内容学会控制（姿势＋音量） 2. 同样的内容以不同的句型来表达 3. 平时应多吸收知识以增加说的内容

建议：语言训练可一周排上两节课。

4. 学业评量

本学期学习了语文第一册，对于所教过的字母和生字大多数能掌握，儿歌掌握情况比较好，笔画比较混乱（详见语文能力统计卡）。数学也是继续学习小学第一册的内容，对于数的比较还不清晰（详见数学能力统计卡）。

建议：小林对学习的兴趣很浓，学习速度不算慢，抽象概念的知识难以掌握，如数学学起来就比语文难，需要的时间稍微多一点。

5. 家长期望

希望孩子加强生活自理训练，如刷牙、洗脸、喝饮料、穿脱衣裤、好好吃饭、自己走路。

（二）评量分析和讨论

通过各专业人员的分析讨论得知各领域关系图如图10.1所示。

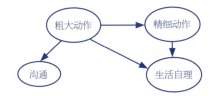

图 10-1　各领域关系图

（三）相关问题目标

小林的主要问题是粗大动作异常、肌张力异常，相关问题是由于粗大动作影响其手部操作，从而影响生活自理的教育要求。

1. 主要领域与目标

粗大动作：增进髂腰肌肌力，纠正骨盆倾斜，加强左腿的弯曲力量。

2. 相关领域与目标

精细动作：加强上肢的伸直力量，加强双手合作的能力；

生活自理：加强洗脸的能力，加强刷牙的能力；

沟通：增强口腔刺激，增强唇部的活动力，加强说话的控制能力；

认知：增加知识量。

3. 教学策略与相关服务

增加做训练的时间，安排个别课。

此外，其他建议可以附加在最后，与会人员对讨论的结果无异议，则在记录上签名。

（四）根据所讨论的内容制订出 IEP

领　域	目　标
1. 粗大动作	1.1　增进髂腰肌肌力
	1.1.1　能独立交替半跪 50 次
1. 粗大动作	1.2　纠正骨盆倾斜
	1.2.1　左右腿一样长
	1.3　加强左腿的弯曲力量
	1.3.1　左腿膝反张消失
2. 精细动作	2.1　加强上肢的伸直力量
	2.1.1　能在高跪姿势下上肢伸直操作物品 3 分钟
	2.2　加强双手合作的能力
	2.2.1　能双手合作使用乐器
3. 生活自理	3.1　加强洗脸的能力
	3.1.1　能用右手抓住条形桌，左手洗脸（协助头摆正）
	3.2　加强刷牙的能力
	3.2.1　能用右手抓住条形桌，左手拿牙刷刷牙（协助头摆正）
4. 沟通	4.1　增强口腔功能
	4.1.1　增强唇部的活动力
	4.1.2　能在提示之下闭唇吞口水
	4.2　加强说话的控制能力
	4.2.1　能一口气说 7 个字以上的内容
	4.2.2　能在说话时保持双手自然下垂
	4.3　加强说话内容的丰富性
	4.3.1　能在提示下复述阅读课上听到的内容
	4.3.2　能将同样的内容用把字句或是被字句表示

领　域	目　标
5. 认知学科	5.1　加强学习一年级语文数学的能力
	5.1.1　能认识所有学过的声母及单韵母
	5.1.2　能认识所学过的生字 20 个
	5.1.3　能目数 10 以内的物品
	5.1.4　能计算 10 以内的加法
	5.1.5　能计算 10 以内的减法

三、专业团队合作进行教学

（一）整合班级共同目标，拟订功课表

根据各专业人员的整合讨论，小林本学期以加强动作训练为核心，在加强动作训练的同时让生活自理能力得到提高，多吸收知识增加说话内容，自如控制气息与音量。

各专业人员依照自己的专业评估认为可以开展哪些课程？

物理治疗老师认为：因为每天需要牵拉外展肌，早上应当作一次牵拉和放松。为保证动作训练有效，每天至少有 2 次完整的训练时间。平时一定要注意到学生的摆位，以免做了训练，摆位姿势不正确又事倍功半了。

作业治疗老师认为：因为上肢张力很高，每天应该专门排上半小时训练上肢的个别课，以加强生活自理训练。

语言治疗老师认为：小林现阶段说话意愿非常强，且认知好，可以每天布置家庭作业自己做口腔操，每天可有一点时间在老师的指导下练习控制气息与音量。

班主任老师认为：因为小林认知好，又在学龄阶段，要加强其对拼音、文字、数学方面的学习，配合语言训练需要累积丰富知识，所以每天要有学习语文、数学的时间，或是增加其阅读的时间。因为脑瘫学生的推理、想象力也很欠缺，所以也应该开设此类科目。

上学期相关科目老师认为：下午可以排一些手工课或是音乐课，既可以加强学生的休闲娱乐，也可以在这节课上加强手功能和语言能力。

综合以上各专业人员的意见，拟订出功课表（班级功课表会综合班级其他同学的目标进行拟订）。

时　间	作　息				
8：30—8：50	动作训练一				
8：50—9：10	暖身活动				
9：10—10：20	主题活动				
10：20—11：00	个别课　　动作训练二				
11：00—11：30	W1	W2	W3	W4	W5
	语文	数学	语文	数学	阅读
11：30—12：30	午餐　　盥洗				
12：30—14：00	午休				
14：00—14：20	清醒活动				
14：20—15：00	美术	音乐	动作训练	阅读	戏剧活动
15：00—17：30	放学活动　　动作训练三				

（二）实施

将小林的 IEP 目标融入到教学活动与日常生活中。具体实施依照功课表安排教学活动如下。

动作训练一：由家长为小林做牵拉，主要是牵拉右腿外展肌。

暖身活动：主要是放松活动和发音练习。以引导式教育的方式，让小林自己学会控制身体，主要以上肢的伸直、举高，下肢的弯曲为主。发音练习是仰躺在三角垫，在最放松的时候发非常容易发的几个音，帮助其控制气息及音量。

主题活动：以动作为核心，以一个故事中的一个人物，在音乐的带动下完成物理训练老师制订的最需要加强的四个动作计划：

①反坐三角垫仰卧起坐练习髂腰肌（10 分钟 160 个）；

②左半跪姿推拉梯臂架（10 分钟 120 个）；

③左脚半跪姿的跪坐跪起训练，左腿弯曲伸直控制（10 分钟 200 个）；

④左脚绑 1.5 kg 沙包单手扶物交替半跪（10 分钟 150 个）。

个别课：每隔一天安排一节作业训练课，主要以加强双上肢伸直力量和双手合作为主。活动为投掷、拉简易扩胸器、串大串珠、高跪姿势伸直、双上肢完成粘贴画等。没上个别课时由家长继续加强动作训练。

语数课：按小学一年级课本进行学习，在回答问题时使用麦克风控制音量，要求一口气说完并且用完整句表达。指认黑板上的内容时，用双手握住圆形（帮助虎口的打开）木棍进行指认。

午餐：右手抓住条形桌，左手用汤匙吃饭，用汤匙舀饭时由老师帮助固定住头部（因为有非对称性颈部张力反射）。

盥洗：老师协助拧好毛巾，小林以右手抓住条形桌，左手拿毛巾上下洗六下，老师帮忙固定头部，刷牙时双手拿住牙刷接住老师挤的牙膏，以右手抓住条形桌，左手拿牙刷左右刷牙，老师帮助固定头部，其余程序也有老师代劳，以免出现异常张力。

午休：坐侧睡，纠正其长短腿。

清醒活动：和同学玩跪走运物的游戏。

美术课：主要设计以高跪姿势为主的，双上肢需要伸直操作完成的作品。例如，用手蘸上颜料伸直在画架上作画，粘贴画，还有固定双手用嘴巴吹画。

音乐课：在垫子上侧坐，声势节奏以拍手为主，手势以双上肢伸直举高为主，乐器使用沙锤，双手握在中线位置上下运动。

阅读课：在垫子上侧坐，大量吸收丰富的知识，回答逻辑推理的一些问题，复述简单的内容。

戏剧课：主要促进逻辑推理能力，解决问题，想办法的能力。表演时需要移动用跪走的方式。

以上内容会因再次评估而随时进行调整，但依然需要所有专业人员参与。

（三）成果

此种以专业整合的形式讨论而拟订的 IEP、功课表，教学活动设计，我们也通过专业评估表、学习记录表、家长问卷等形式了解学生的学习进展情形。期末时会评鉴整个 IEP 执行的情况。

1.物理治疗评估记录表

项目	内容
主要问题	腰肌肌力不足影响交替半跪稳定控制
训练计划	1.反坐三角垫仰卧起坐练习髂腰肌（10分钟220个） 2.三角垫上倒退爬，穿上矫正鞋（10分钟120个） 3.左脚绑三斤沙包单手扶物交替半跪（10分钟200个） 4.扶物半跪站立起（10分钟150个） 平时摆位：坐侧坐（预防张力分布再次变成下右）　　训练一天2至3次 平时移行：跪走
训练目标	长期目标：半跪站立起（一学期） 短期目标：独立交替半跪50下（三个月）

从物理治疗评估表可以看出：主要问题的骨盆倾斜问题已经得以解决，现在左右腿一样长。左膝反张也已经消失。整套计划的动作难度增加了。在单位时间里相同动作的个数增加了。

2. 学习记录表（摘取）

目　标	2009年9月12日	2009年10月14日	2009年11月2日
能在高跪姿势下上肢伸直操作物品3分钟。	能稳定地高跪，但当上肢有动作时则会出现身体左右摇晃，双上肢在操作物品时处于弯曲状态。	能稳定地高跪，上肢举高动作没有超过耳朵时，伸直角度没达到120°，左右都可以保持身体稳定，操作物品时需要有人固定住双手肘才可以完全打直。在口头提示下，可以出现瞬间的伸直操作物品。	能稳定地高跪，上肢举高动作没有超过耳朵时，伸直角度没达到120°，左右都可以保持身体稳定，操作物品时需要有人固定住双手肘才可以完全打直，在口头提示下可以有大约1分钟的双上肢伸直操作。
能一口气说7个字以上的内容。	说话声音很大，整个上肢处于屈曲状态，每次最多说3个字就得大大地换一口气。	在提示下可以把声音说得小声一些，提示下可以双手抓住自己的裤子说话，姿势较正确；可以一口气说："爸爸上班去了。"最后会大大地换一口气。	每次在要说话时会先把双手找一个东西固定住再说，姿势比较正确了。对同学说了一句："我没当上国王。"但最后还是会大大地换一口气。
能用右手抓住条形桌，左手洗脸(协助头摆正)。	非常紧张，整个头都转向左边，洗脸时左手只能拿着毛巾原地动一动。	在老师帮忙控制住头部的时候不会紧张，但开始有动作时，头还是会想往左边转，右手可以拿着毛巾上下动2下。	老师帮忙固定住头部，右手拿着毛巾可以上下动五六下。

由学习记录表得知，学生的进步还是比较明显。

3. 家长问卷

（1）你觉得你孩子这一个月有进步吗？哪些方面？

有进步。动作方面做以前的动作都轻松多了，并且可以自己做2个交替半跪了。说话的时候不像以前那样非要很大的声音才说得出来，和我说话的内容也比较多了，爱说话。他还知道每节课自己的摆位。

（2）你觉得现在这样上课的形式怎么样？

比较好，现在更多的时间可以做训练，因为孩子动作问题是一个大问题嘛，更重要的是，在课堂上加入动作训练，孩子的积极性大大地提高了，不觉得训练有多苦了。

4. IEP达成目标及分析

从IEP达成的目标来看：本学期共有目标18个，比上学期的目标少了一些，但能够自己独立完成的目标有16个，占到了总目标的89%，比上学期通过的百分比明显提高。在动作、生活自理这些一直很难突破的目标上有明显的改善。虽然增加了动作训练时间，减少了上文化课、认知课的时间，但小林的学习目标依然可以完成得比较好。只是在精细动作领域有些许需要协助，主要是因为小林是一个徐动型（脑瘫）的个案，远端的张力相当高，所以稳定度不够也影响其操作。

以"围绕学生主要问题"、在专业团队合作的情况下讨论制订出来的IEP，以及教学设计对学生来说，现阶段是可以看出明显的进步，但这样一种模式是否能够一直走下去呢？我们老师还需要哪些专业呢？是否还有另外的模式让我们的学生能够更快更好地前进呢？让我们一起思考，一起期待吧！

思考与实践

1. 谈谈你对教康整合相关服务课程在特殊教育课程中的地位与作用的认识与理解。

2. 动作训练课程、语言训练课程、科技辅具课程各指什么？主要内容是什么？

3. 你所在学校（班）在教康整合服务上有何举措？

4. 请设计一堂教康整合的教学活动并实施（可以是集体活动，也可是小组个别活动）。

第十一章
个别化教育在学校、家庭、社会中的实施

> **本章摘要：** 本章介绍学校、班级为主导，家庭、社会等不同环境中的个别化教育实施，以及在不同环境下个别化教育支持服务的特点、方法和策略的运用及实作案例。

第一节 特殊教育学校、班级与融合教育学校的个别化教育管理

一、特殊儿童学校管理中的个别化教育

班级管理中的个别化教育实施由教师，主要是班主任教师主导，与班级其他教师合作并获得家长支持，带领全班同学共同完成。班级管理计划中，纳入学生个别化教育计划，均有学生个别化教育计划目标进入。班级的各项活动设计和活动实施中，应将个别化教育目标整合于各活动并配备相关的策略与方法。

学生的个别化支持计划，学校、班级是执行的关键，学校班级要做的主要工作有：

①决定实施个别化教育与教学，形成全校领导的共识，而建设既各负其责又团队合作的校领导集体。

②建立管理服务个别化教育教学的各部门支持系统。

③学校负责新生入学、班级编排、教师选任。

④班级负责特殊儿童个别化教育计划的拟订和执行。

⑤收集并保存学生个别化教育教学所有资料。

⑥班级负责特殊儿童在学校学习时间与空间的管理及调整工作（教学模式选

择、全班功课表安排、各类小组编组、满足学生个别化教育需求的个人功课表拟订及执行），报学校教务处落实并执行。

⑦班级人际关系的协调，班级环境要求安全、卫生，充分发挥功能（适用、无障碍、美观、有独处的空间），积极主动进行空间的环境运用与建设。

⑧班级资源、班级教育教学相关的所有物资、信息，如课桌椅、图书资料、教具、玩具、测评工具、教材、作业练习材料、活动设施、网络设备、康复设备等的使用及管理。

⑨班级气氛的营造。特殊教育班营造公正、公平、热情、合作互助、自由、快乐、上进的班级气氛，有利于学生成长。

二、融合教育学校、班级的特殊儿童个别化教育

在融合教育学校、班级实施特殊儿童个别化教育，其流程、内容与特殊教育学校、班级并无大异，但融合学校班级容量大，学生多，实施个别化教育教学难度大，复杂度高。

（一）全校参与的融合学校个别化教育

融合学校虽然只有个别特殊儿童，但是发生在这里的个别化教育需举全校之力，全校参与，是全校的人、事、物的整合性参与。

1. 校长对个别化教育的理解、实施、推行

融合教育学校特殊学生个别化教育，学校的校长更要有清醒的认识和理解，并能纳入工作计划当中，有学校执行的思考和行动。

2. 校领导的共识

校长有对个别化教育的理解的同时更有与校领导班子共同讨论，达成共识，并共同行动，在学校启动个别化教育服务。

3. 学校各行政部门

教务、科研、德育、总务、后勤、财务等部门需全部进入，各年级、各班级进入。比如教务处要做融合生依个别化教育计划的功课表安排，做教室、教学时间、教师等的调整，总务、后勤依特殊学生需求而有教室环境、饮食的融合。

4. 建立资源教室后备资源教师

融合教育需要有配套设施才能让特殊儿童真正融入，资源教室是实施融合教育的保证，而资源教师是资源教室的主导者。

（二）融合中个别化教育实施关键是处理共性与个性，全体与个别的关系

在学校通过集体教学、小组教学、个别教学实施完成个别化教学，其间最重要的是在集体和小组中的个别化教学，使所有学生含全班同学和特殊需求学生均获得进步。

融合教育中的个别化教育实施提倡教师协同教学、学生合作学习。融合教育实施个别化教育服务同伴教学被广泛采用。人与人之间的沟通、合作、教育教学调整、改变、成果，此五要素是融合教育学校班级个别化教育有效性的保证。

（三）融合学校、班级的个别化教育教学管理

①形成融合校园气氛，营建融合班级。

②融合教育成为常规（校规、班规）的重要构成。

③融合教育学校可开展相关教育活动、残障认识、残障体验活动（角色互换），开展社会调查、积极主动有预案的社会服务、社会实践、依日常社会生活和自然生活变化作相应实践引导，进行评议。

④进行适合学生需求的学校、班级无障碍环境建设。

第二节　家庭、社区的个别化教育

一、家庭个别化教育

个别化教育计划进入家庭教育是实施个别化教育的重要一环。

广义的家庭教育指在家庭中每个成员自始至终接受教育活动，不仅是父母对于子女的教育，也包括子女对家长的影响，这一教育过程贯穿整个人生。

特殊儿童家庭教育目的在于补偿缺陷、发展潜能，为孩子提供良好的养育环境，打好早期基础，做好义务教育成长支持和职业教育成人生活关照，努力地与学校、医院、社会合作，获得尽可能多的资源与支持，促进孩子身心发展。

特殊儿童家庭教育具有启蒙性、随机性、感染性、权威性、针对性、全面性、终身性、责任与伦常性等特点，针对特殊儿童的家庭教育秉持正确导向、理性施爱、培养孩子生活常规等基本原则。

（一）特殊儿童家庭教育特点

1. 提供个别化家庭服务计划

特殊儿童家庭教育可通过个别化家庭服务计划实施。个别化家庭服务计划的基本原则是：儿童的生存和照护全赖其家庭。个别化服务应让家庭获得成长，也让社区环境促进特殊儿童与家庭的融入。

2. 自然性和生态化

家庭教育主张特殊儿童在日常的自然状态下，与同龄普通儿童一样的环境中进行生活、学习、劳动，关注自然支持系统的形成与运作，应对该儿童生活的小环境、中环境、大环境对其影响及对环境的建设倍加重视。培养儿童对环境的适应能力是家庭教育的主要目标。

3. 家庭与专业人员合作的服务传递

家庭教育是家庭与专业人员合作描绘的图画，双方共享知识、见识与资源，家长与专业人员间形成合作关系，发挥集体智慧，组建跨学科专业整合的团队。合作品质包含沟通、专业能力、尊重、负责、平等、拥护与信任合作。合作使家庭有了选择权，而不仅是专业人员说了算。合作使家庭成员均在服务体系内，并使知识技能进行了转移，形成服务传递系统，而有家庭和孩子可以掌控的家庭教育气氛、环境、主动性、内容、成果。

家庭、家长服务因提供服务者多为专业人员（教师、康复人员、医生、社会工作者等），容易形成专业人员对家长的权威而忽视家长的参与及意见，没有达到专业人员与家长的合作并进。现提倡"以家庭为中心的支持模式"，主张理解尊重家长，维护家长的权利与义务，以及家长对教育、康复的抉择，倡导推进、强调家长自觉、主动和独立尊严，最终家长、家庭成为自己的支持者。

（二）特殊儿童个别化教育计划进入家庭教育的流程

特殊儿童的个别化教育计划进入家庭教育的流程是：家庭参与自己孩子的个别化教育计划拟订——家长与教师和相关人员共同讨论并落实个别化家庭支持计划——家长坚持实施个别化教育计划和家庭支持计划——家长在与孩子互动中形成家庭教育目标。

特殊儿童家庭教育原则可从以下几个方面进行思考。

实施个别化教育与教学是特殊儿童教育的原则、方法。家庭是实施个别化教育的最佳场地。

1. 正确导向

遵循育人规律，依据青少年儿童身心发展特点以及个性、品德形成规律，以培养目标和儿童个别化教育计划为依据，总结家庭教育经验，收家庭教育实效。家庭导向需点点滴滴积累，循循善诱。

2. 理性施爱

特殊儿童教育需要情感和理智相结合，对孩子的教育宽严相济，有关心、有耐心，同时又有要求、有引导。

3. 尊重、公正

特殊儿童在家庭应获得作为家庭成员的地位，并享有公正、公平的对待，不因其子女的身份而失去独立性或过分娇惯。要将孩子自我成长放在家庭教育首位，只有获得尊重的孩子才能形成自尊、自立、自强的良好个性。

4. 要求适度

特殊儿童家庭教育在度的把握上随时要有较为准确的拿捏，具体在对孩子的期望要适度，教育目标定得适度，家庭教育时间、空间、环境适度，家庭协助支持适度。

5. 教育一致性原则

特殊儿童家庭教育一致性原则表现在家庭与学校教育的一致性，家庭成员对孩子教育态度、方式、要求的一致性，家庭教育基本原则保持一致性。

6. 家庭教育的坚持及一贯性

特殊儿童的家庭教育伴随其一生。家庭教育有阶段性任务，在不同的年龄、不同的生长阶段有各自的教育特点和重点，同时各阶段又有首尾相连的贯通性特点。家庭教育是连续不断的，在孩子成长各转接点上予以关照，坚持不懈地守护。

（三）特殊儿童家庭教育态度

特殊儿童家庭教育态度直接影响教育品质，是儿童成长的关键因素。

1. 家庭价值观和家长的品德修养

家庭的价值观是家庭教育态度的核心，主要指家庭对社会、生活与工作的基本观念和价值取向，以及基本的行动宗旨及行为规范。大处讲家庭的民主、科学的精神态度，对社会基本道德、法律、法规的依循，对自己及孩子的权利的维护，保持文明礼貌行为和良好的生活信念与习惯。小处讲关心家人，和睦相处，互帮互助，关心孩子的成长，担负家庭的责任。

2. 特殊儿童家长与孩子的关系

特殊儿童家长与孩子一般存在着权威、民主、放纵等不同的关系，也存在着溺爱、严苛、忽视、虐待、理智等不同的教育类型，由于教养类别的不同而影响到孩子的性格、行为的形成。

（四）特殊儿童家庭教育策略与方法

1. 情境教学

特殊儿童家庭教育大部分在生活情境里进行，生活情境中的人、事、物都很自然、生动、不刻意，有充分的时间与空间。

2. 小步子、多反复

对特殊儿童的教育要分小步进行，比如孩子洗手中的搓手要分步教，搓手分为搓手心、搓手背、搓手指缝，多循环、多反复。

3. 尊重孩子的需求

家庭教育要了解孩子的起点、水平、兴趣和孩子的需求，给孩子选择的机会，依孩子实际情况施以教育，教育要适时、适量、适度。

4. 温柔坚持

将孩子日常生活中的良好习惯培养放在重要位置，在教育中本着坚持、不破例的原则，在温柔中坚持，并保持教育的一致性。

5. 让孩子成功

家庭要给孩子成功的机会，不要只是指责、批评、否定，为孩子创造成功的可能，多付出关心、鼓励和肯定。成功的取得不可太容易也不宜过于困难，在战胜困难后的成功较具推动力。

（五）特殊儿童家庭支持的具体服务内容

1. 家庭访谈

教师到儿童家中与家长交谈、沟通，了解儿童情况，讨论教育计划。家访分为学生入学前、就学中和离校后三种。家访要有计划、有目的和安排，也要守时守信，大方、自然、诚恳，建立家长的信心，尊重家长、理解家长、帮助和支持家长解决一定的问题。

2. 家长咨询

家长希望向学校教师征求问题的解决方案。要做好家长咨询工作，教师需有一定的修养和较为广博的知识，准确掌握班级情况，并累积咨询服务经验。还要对学生、家长、家庭的隐私保密，学习咨询技能，创设咨询环境。

3. 家长培训

特殊儿童家长培训重要且迫切，应有培训计划、内容、时间、形式的安排。

应广泛吸纳多学科培训师资，满足家长成长需求，提供家长相互的交流合作。家长培训是经常性的工作，应追求实效性，考虑到家长培训的量大面宽，编写家长培训手册和家长成长手册是一项事半功倍的工作。

4. 家长会

指教师或学校召集学生家长参加的会议，目的是增进家校的联系，沟通信息，为儿童成长发展进行交流和抉择。

5. 家长组织

家长组织又称为家长团体，是家长联合起来为孩子的权利和发展而形成的集体，可能由校方组织，也可能由家长自己组建。我国现有残联组织的智力障碍儿童亲友会，也有各地家长自己组织的，如自闭症儿童家长会、脑瘫儿童家长会等团体。各类家长组织日益成熟，表达着特殊儿童及家庭的利益及诉求，也提供着社会服务。

6. 到宅服务

到宅服务指专业人员到特殊儿童家里进行的教育和康复服务。主要针对年龄较小的儿童或障碍较重的儿童。家庭有特殊需要的也可提供到宅服务。

到宅服务专业人员直接进入家庭指导，将技术教授给家长，协助家庭成员了解儿童的成长情况及需求，提供家长参与团体和亲子活动的机会，协助家长寻求特殊教育资源与支持，并整合资源。到宅服务以特殊儿童真实生活环境为主，在教导儿童的同时做好技术教授工作，注意结合儿童家庭生活作息，与家长成为合作伙伴。其服务流程为：接案→家访→评量→个案会→拟订个别化家庭服务计划（IFSP）→示范并执行计划→评估计划→结案并追踪。到宅服务应注意与家长关系的融洽，相互尊重，以服务为目的，避免陷入纯金钱买卖关系，做到守时、守信，提供优质服务。

7. 转衔教育

特殊儿童的转衔教育指儿童入学前转至学校阶段的服务，以及由学校转入就业等过渡期的教育。环境改变带来诸多适应问题，因而受到关注。转衔的服务模式有生活中心生涯教育模式、社区适应模式、全方位无接缝转衔模式。转衔要素主要有转衔时间、与家长合作、转衔方案、多学科专业团队合作。

二、社会（区）生活中的个别化教育

（一）个别化教育计划社区实施途径

个别化教育计划进入社区生活，主要由学校教师，学生作为推进者，进入社会，学习并使用社会（区）。个别化教育计划的社会（区）生活实施还会由家长带领自己的孩子进行社会学习而完成。个别化教育计划为学生社会学习提供主动学习内容和支持系统建设蓝图。

（二）特殊儿童个别化社会（区）学习的特点

1. 社会（区）学习的生活化、广泛性

社会生活有多丰富、广泛，特殊儿童的社区学习就有多丰富、广泛。学习与生活紧密联系，教学多在生活情境中进行。社会学习的广泛性，主要表现在学习内容的广泛，学习情境场地的广泛，学习中教学人员的广泛（除教师家长外，社会场所的相关工作人员都可能成为教学人员），教学时间的广泛（即教学可随时、随地，也可预先设定进行），教学形式广泛等。

2. 社会性学习随机性与选择性

特殊儿童社会性学习在生活中进行，处处皆有生活，生活处处也可教学。生活为特殊教育提供了丰厚的素材，但是具体教学中则需依个别化教育计划与生活环境联系，寻找儿童目前最需要的，针对某一或某些问题而决定教学内容。

3. 社会性学习的渐进性

特殊儿童社会性学习是从简单到复杂、由零散到整合的学习过程。比如使用银行，应从认识其功能、看大人存款，到自己在柜台存取，再到在柜机存取款，其间注意存取安全，后有多种存取业务选取，等等。坚持社会（区）学习中的生态教育观，教学中安全放在第一位。

（三）个别化教育计划的教育流程

特殊儿童社会（区）学习主要内容含认识社会（区）和使用社会（区）两大部分。个别化教育计划的社会（区）学习中，学校、家庭教育的流程如下：

①教育者熟悉并确定个别化教育计划中社会（区）学习目标，在社会（区）教育中明确教学目标。

②进行教学设计。

③到实施场地进行现场考察（含人、时、地的落实，进行教学前的资源、环境准备，与现场人员交流，说明意图，获得支持帮助）。

④对现场进行教育教学的安排设计。

⑤实施教学、评量、修正。

社会（区）支持特殊儿童个别化教育表现了社会（区）的主动性，是现代社会，是美好和谐社会（区）建设的指标。社区对特殊儿童个别化教育的支持包括：全社会对特殊人群的支持，法律法规支持，行政支持，相关医疗机构，专门服务残障者和特殊需求人群的部门机构的支持,基金会(如中国红十字会、慈善基金会、宋庆龄基金会)的支持,民间康复教育机构的支持,社会工作者的服务,义工团队服务,家长团体的支持,社区委员会、街道居委会的支持,社区康复员、协调员、职业辅导员,以及专业人员培养培训的支持,国际支持及相关项目的支持等。

(四)残疾人联合会的工作

中国残疾人联合会是专门为残疾人及其家庭服务,进行社会宣传服务的机构。我国在中国残疾人联合会下各省、市、县均有残疾人联合会的设立。各级残疾人联合会分为康复部、人事部、教育就业部等。各级残联的各部设有残疾人康复中心、聋儿语训、盲人培训、智力障碍儿童康复、脑瘫儿童康复、自闭症儿童康复等中心。同时设就业指导中心、辅具中心。培训中心主要培训康复员、康复协调员和残疾人康复协会,含聋、盲、肢体障碍者协会和智力障碍者亲友会、基金会主管财务、国际助残等。

(五)特殊儿童社会学习需注意的问题

学校、家庭联手与社会(区)建立亲密合作关系:学校、家庭主动走向社会,寻求社会资源,获得社会的知晓、理解、接纳,得到社会活动机会和帮助、支持。同时,学校、家庭密切合作互通信息,相互学习配合工作,并且形成学校、家庭、社会三者的合作关系,其中,学校、家庭是组织推进者。

社会主动提供为特殊人群的服务:社会的各种各类机构、组织和人员为特殊人群提供的学习、生活、工作等各类服务,社会以支持协助态度和行动表现社会的主动性,社会呈现的是推动者、服务者角色。

形成学校、家庭、社会的多学科整合服务:当学校、家庭、社会在学生的个别化教育教学的过程当中与各种专业的服务整合在一起时,其服务能力、支持力度将形成合力,取得更好的效果。

第三节　学校、社区整合的一日个别化教学实例

这是一份根据学生的个别化教育计划进入班级教学总计划,设计并实施的学校与社区教学整合的综合性一日教学活动。由重庆江津向阳儿童发展中心老师设计。

本教学活动依一日生活的自然时间表,从 8:10 至 15:40,反映了该班一天完

整的教学活动。该班学生共 4 人，属职业教育阶段的智力障碍学生。这一天完整的教学活动参与者有教师、厨房的阿姨、家长、学生、菜摊主等。教学场景涉及学校生活实景：厨房、教室、校外社区、菜市场等。教学活动注意了全班、全天各时段的集体活动内容。特别关注了每个学生在集体活动中的个别化教学目标的配入。

一日活动走出了单一学科教学的模式，多以生活为导向的综合活动呈现。这一天融汇了语文、数学、沟通，听、说、写、算，计量、购物、蒸煮、清洗、整理，自我选择、休闲、计划、讨论、班级服务、金钱管理等。教学设计流畅、内容丰富、有兴趣、有创意。做到了集体教学与个别教学活动结合，知识、技能、态度学习相结合，动态活动与静态活动相结合。充分发挥学生自我选择、自我决定的能力，追求教学活动的实效性。

表 11-1　一日教学活动

日期: 2000 年 9/10 月
学生: 黎、畅、珍、王

时间	作息	活动内容		教具
		团体活动	个别活动	
8:10 — 8:30	今日计划	一、计划买菜 1. 检查联络簿、作业 看学生是否完成老师交代的需在家里完成的工作。 2. 拟出一天的作息安排 3. 拿出昨日同学勾选过的菜单，找出勾选最多的菜名，每人在计划单上写出菜谱名称。 4. 学生与老师一起做购物计划。（前天下午给全校师生勾选过），如: "三鲜米线" 需要哪些物品，写下物品名称，斤数。 　　　肉，5 斤 　　　米线，8 斤 　　　猪肝，2 斤 　　　葱，半斤 让学生选择他要买什么菜，并要求学生记住菜名和斤数。 黎、畅（无口语能力）: 老师将菜名、斤数写在其手心上或沟通本上。 王（有一点口语能力）: 自己用笔写在手心上。 珍（口语能力较好）: 默记。 5. 要求学生准备买菜用品。 　（1）钱包（装钱） 　（2）采购员证（上面有学校电话、预防走丢） 　（3）沟通本（用于无口语能力或口齿不清的学生与人别人沟通） 　（4）篮子、背篓（装菜） 6. 出门前要求学生对着镜子梳头、整理衣着干净整齐后才出去买菜。 （注: 下雨天要求学生带伞）	（黎） 能看闹钟，决定外出买菜的时间（8:30）； 会做购物前的准备工作。 （珍） 拟出一天的作息计划； 拟出买菜的计划单； 会写菜谱； 能计划外出买菜的时间，几时出发，几时回来。 （畅） 能用图片、照片、沟通本表达需求。	（王）

第十一章　个别化教育在学校、家庭、社会中的实施　◀ 267

时间	作息	活动内容		教具
		团体活动	个别活动	
8:30 — 9:20	社区活动	二、买菜 依学生能力简化买菜程序。 1. 在熟悉的摊位上找到菜（全体）。 2. 问价、还价（珍）。 3. 交流： (1) 出示沟通本或将手心上的买几斤菜给老板看（黎、畅）。 (2) 用口语说出买几斤菜（王、珍）。 4. 选菜并放入口袋（黎、王、老板）。 5. 称重（摊主、老板）。 6. 付钱 (1) 在菜名上记下单价、斤数，并听令选择付接近的钱给老板（黎、珍）。 (2) 将老师给的钱付给老板或选择1元或2元的钱给老板（王、畅）。 7. 将菜提走。 能力差的只需步骤1、3、6、7四个步骤即可。	（黎） 会依购物的需要去不同购物场所； 会安排每天买菜的时间（8:30）； 能订出买菜的活动程序； 在情境中，会用手势/表情/声音沟通，会与人沟通； 能听令指认季节上的常见菜2种。 （珍） 出门前会简单地化妆； 天冷时会加衣服； 天热气冷热加减衣服； 会与老板讨价还价； 买东西时，与店老板的视觉交流、买东西时，与店老板应答； 每天会独立买一样菜； 会购买日常用的佐料； 会依购买商品的新鲜度购买物； 能执行买菜的计划。 （畅） 会梳头整齐； 能对着镜子整理衣着； 依天气冷热加减衣服； 能指出衣服的脏乱； 指认环境中常见的视觉字（10个以内）； 指认环境中的危险符号（3个以内）； 能用图+文字的沟通本买回一件物品； 钱买自己喜欢的物品：吃的……； 能用钱买必要必需品（如卫生巾……）； 能用钱参与自己喜欢的活动如：旅游； 能指认钱币（1元、2元、5角）。 （王） 看到太阳会说出是晴天；看到下雨会说出是雨天； 会说出明天； 在街上与人互动时，能用口语+手势+沟通本与人沟通； 会用字条买日常用品； 购物遇到困难时会用语言、手势求助； 天冷四时，能用口语+沟通本与人沟通。	
9:20 — 10:00	厨房活动	三、厨房活动 1. 择菜。学生选择出要选择的菜如葱、藤菜……。 (1) 学生选择出要选择的菜如葱、藤菜……。 (2) 选择不同的容器来装相应的菜。 (3) 老师先示范，然后分别教他们择菜。 (4) 择完后，将菜端回厨房。 (5) 学生分工收拾、整理场地。 2. 洗菜。 依菜的不同教学生不同的洗菜方法。 3. 用电锅煮饭。 4. 用电锅蒸蛋。 5. 用电锅下面条。 6. 用电锅热剩饭菜。	（黎） 会洗菜； 会使用电锅煮饭（大人淘米、掺水）； 会使用电锅蒸蛋； 会使用电锅热剩饭菜。 （珍） 会择菜； 会洗菜； 会下面条； 手被烫痛时，会格其； 浸泡在冷水里； 受伤后会告诉大人； 会热剩饭菜。	（王） 会择菜； 会洗菜。

时间	作息	活动内容						教具
		团体活动	个别活动					
			(黎)	(珍)	(畅)	(王)		
10:00—10:50	记账	四、做计划、算账、休闲时间 1. 布置客厅，在教室的一个角落布置出休闲区，像家的感觉。 (1) 老师与学生一起讨论位置。 (2) 讨论如何布置打垫子、铺桌子、买壁画等。 (3) 订出购物的时间和布置教室的时间。 2. 每周一选出一名主人，负责采用较自由的聊天方式、买零食等一系列工作，然后聊本周的外出计划、星期四外出，包括购物、喝茶、在小食店里吃东西、学习点菜等，用自己在学校或家里工作时的工资钱支付。 3. 算菜账。 (1) 将当日所买的菜记在沟通本上，王指认图片、实物，并与词配对）。力记在沟通本上（畅、王能 (2) 算账、记账。 ①认钱，听令指认5角、1元、5元的钱（畅、王）； ②听令拿相应面额的钱，如1元、5角、2元给老板、单价用计算器算账。 ③在记账本上用自己的方式记账。（黎、珍） 4. 利用主题的不同选择不同的谈话内容，如去做客则讨论做客礼仪。 5. 休闲时间。 可以利用这段时间教学生休闲技能，如画画、剪纸、下棋、看书、打扑克等。	会对别人用友好的方式交友；会以将自己的物品与人分享的方式交友；会用礼貌的行为举止与人交友；会听令或看着计算器出应付出的钱；会填写来的斤数、会记账（学生经手、学生写）；做客时，会有礼貌地坐好，不乱翻东西，在主人允许下，会拿桌上食物吃。	愿意找朋友聊天；会依所买的物品种类选择商店；愿意与朋友一起逛街；会检查物品的保质期；会用计算器算来买一样东西的钱；会用计算器算出总的菜钱；会记账；能与老师、亲近的人以聊天的方式表达情绪。	本学期能增加10个手语与人沟通。	会以画画作为休闲；会以写字作为休闲；会折飞机来玩；在学校与人互动时，会用语言＋手势与人沟通。		
10:50—11:30	工作	五、工作时间 1. 学生签到。 2. 找到并拿出当天为学生准备各的工作自己做，老师巡回指导。 3. 做好后交给老师检查，并登记数量。 4. 发给学生适当的工资，要求学生收好物品和工资，下课。			能完成两、三个步骤的工作如：装清洁用具；能够将薪资存起来；能积极做工作以获取工资。	能保管好自己的薪资；会主动认真地做大人安排的工作。		

时间	作息	活动内容					教具
		团体活动	个别活动				
			（黎）	（珍）	（畅）	（王）	
11:30—12:30	午餐	六、午餐 1. 饭前准备工作。 黎：擦桌子、扫地。 珍：折卫生纸，拿抹布。 畅：端椅子排好。 王：拿报纸。 老师念报纸给学生听。 2. 洗手端菜。 每位学生端自己买的那一样菜，并向同学介绍。 3. 围坐桌子旁，以家庭的方式用餐，训练学生用餐礼仪。 4. 放音乐，让学生在音乐声中用餐。 5. 吃完后，轮流让学生收拾餐桌，老师指导。	会做饭前准备工作；会独立扫地、擦桌子。	会主动做饭前准备工作；会独立清扫地面。	饭前会摆碗筷；会依老师出示的图片，照片行事；饭后会洗碗。	会用香皂洗手；会做饭后收拾工作。	
12:30—14:00	午休	七、午休 依学生的特质选择不同的午休方式。 1. 中午选择看书、看报本、听音乐、画画等休闲活动（黎）。 2. 中午做一些手工和休闲活动（珍）。 3. 睡午觉（畅、王）。		以养小动物为休闲。			
14:00—15:00	整理活动	八、兴趣活动 由学生自由选择可以参加舞蹈队、合唱团或乐队等。					
15:00—15:10	整理活动	九、讨论菜谱 1. 老师发联络簿给学生，并且要求学生回忆今天发生过的事情（口语、手语）给学生讲作业。 2. 老师带全体学生一起讨论明日菜谱内容（学生每人有一张活动式菜单，由学生在自己的菜单上选出喜欢吃的菜名，并贴在另一张大人纸上，形成新的菜单）。 3. 每周选出一名记者，由这位记者在每日放学前拿到各班去让同学们选择，让同学们用自己的方式在所选的菜名后画画圈，打钩、按手印等。					

时间	作息	活动内容				教具
		团体活动	个别活动 (黎)	(珍)	(畅)	
15:10—15:40	清扫活动	十、整理教室 1. 黎：擦窗户、扫地、拖地。 2. 畅：擦桌子、倒垃圾。 3. 王：擦工作台、椅子、绿色阶梯、种豆芽。 4. 珍：洗杯子、播音、喂鱼、整理物品。 畅、黎：王开始由家长带着做，最后达到独立做。 珍：独立做。 经老师检查合格后，要求学生依能力填写工资表，老师发给学生工资，学生装入存钱罐后与家长一起回家。			(王)擦家里的写字台 2次／周	

思考与实践

1. 谈谈你对个别化教育在学校、班级、家庭、社会实施的看法。

2. 你做了哪些在学校、班级、家庭、社会实施个别化教育的实践工作？请记录下来并做分析说明。

参考文献

［1］博伊德，金合.西方教育史［M］.任宝祥，吴元训，译.北京：人民教育出版社，
　　 1985.

［2］杨荣春、周德昌、王越.中国古代教育史［M］.长春：吉林教育出版社，1988.

［3］陈景磐.中国近代教育史［M］.北京：人民教育出版社，1979.

［4］孙培青.中国教育史［M］.上海：华东师范大学出版社，2000.

［5］张福娟，马红英，杜晓新.特殊教育史［M］.上海：华东师范大学出版社，2000.

［6］任代文.蒙台梭利幼儿教育科学方法［M］.北京：人民教育出版社，1993.

［7］余振球.维果茨基教育论著选［M］.北京：人民教育出版社.1994.

［8］华中师范学院教育科学所.陶行知全集［M］.长沙：湖南教育出版社，1985.

［9］全国残疾人抽样调查办公室.中国残疾人手册［M］.北京：地震出版社，1988.

［10］许家成，张文京.弱智儿童教育［M］.贵阳：贵州教育出版社，1990.

［11］何华国.特殊儿童心理与教育［M］.台北：心理出版社，1988.

［12］刘全礼.个别化教育计划的理论与实践［M］.北京：中国妇女出版社，1999.

［13］国家教委基础教育司.国外特殊教育资料选编［M］.北京：华夏出版社，1992.

［14］林如美.个别化教学的基本理念与运用［M］.台北：台湾师范大学特殊教育中心，
　　 1988.

［15］潘菽.心理学简札［M］.北京：人民教育出版社，1984.

［16］朱智贤.儿童心理学［M］.北京：人民教育出版社，1979.

［17］卢梭.爱弥儿［M］.李平沤，译.北京：商务印书馆，1978.

［18］洛克.教育漫话［M］.傅任敢，译.北京：人民教育出版社，1985.

［19］杜威.学校与社会——明日之学校［M］.赵祥麟，译.北京：人民教育出版社，1994.

［20］新美一成，卢美贵.开放式的个别化教学［M］.台北：台湾师大书苑有限公司，1995.

［21］福禄贝尔.人的教育［M］.孙祖复，译.北京：人民教育出版社，1991.

［22］杨元亨.来自启智教育的断想［M］.新北：双溪启智文教基金会，1993.

［23］魏国栋，吕达.新课程设计的变革［M］.北京：人民教育出版社，2003.

［24］赵中建.教育的使命——面向二十一世纪的教育宣言和行动纲领［M］.北京：教育科
　　 学出版社，2000.

［25］联合国教科文组织国际教育发展委员会.学会生存——教育世界的今天和明天［A］.
　　 北京：教育科学出版社，1998.

［26］袁振国.教育新理念［M］.北京：教育科学出版社，2002.

［27］朱慕菊.走进新课程——与课程实施者对话［M］.北京：北京师范大学出版社，2002.

［28］钟启泉.现代课程论［M］.台北：五南图书出版公司，1997.

［29］小威廉姆·E.多尔.后现代课程观［M］.王红宇，译.北京：教育科学出版社，2001.

［30］汤盛钦.特殊教育概论——普通班级中有特殊教育需求的学生［M］.上海：上海教育
　　 出版社，1998.

［31］林宏炽.身心障碍者生涯规划与专线教育［M］.台北：五南图书出版公司，2000.

［32］中华人民共和国教育部.全日制义务教育语文、数学、美术、音乐等课程标准［M］.

北京：北京师范大学出版社，2001.

［33］张文京.环境生态课程编制［J］.中国特殊教育，2000（3）.

［34］张文京，许家成.学前儿童家庭教育训练手册［M］.重庆：重庆出版社，2000.

［35］张文京，许家成.弱智儿童适应性功能教育课程与实践［M］.重庆：重庆出版社，
      2002.

［36］智能障碍协会.智能障碍［M］.杨梅芝，倪志琳，译.新北：财团法人双溪启智文教基金会，
      1998.

［37］方武，李宝珍.心智障碍儿童个别化教育课程［Z］.新北：双溪启智文教基金会，
      1998.

［38］廖信达.幼儿行为观察与记录［M］.新北：启英文化事业有限公司，1997.

［39］张新仁，邱上真，等.学习与教学新趋势［M］.台北：心理出版社，2003.

［40］Charlotte Danielson，Leslye Abrutyn.档案教学［M］.台北：心理出版社，2001.

［41］叶重新.教育研究法［M］.台北：心理出版社，2001.

［42］Charles Jackson.了解心理测验过程［M］.北京：北京大学出版社，2000.

［43］B.S.Bloom.教学评量［M］.台北：五南图书出版公司，1991.

［44］J.H.费拉维尔，P.H.米勒，S.A.米勒.认知发展［M］.上海：华东师范大学出版社，
      2002.

［45］新津县融合教育行动研究组.普通学校特殊儿童支持系统建立与运作［A］，2004.

［46］吴淑美.学前融合班的个别化教育方案之拟订与执行［M］.台北：心理出版社，1998.

［47］吴淑美.融合办的理念与实务［M］.台北：心理出版社，1998.

［48］邱上真.特殊教育导论——带好班上每位学生［M］.台北：心理出版社，2002.

［49］重庆师范大学特殊教育学院.全纳教育与资源教室建设资料汇编［Z］.2005（5）.

［50］王振德.资源教室的理念与实施［J］.中国特殊教育，1997（3）.

［51］台北第一儿童发展基金会.工作分析教学法——在启智教学上运用［Z］.台北：财团
      法人第一福利基金会，1993.

［52］林宝山.个别化教学之理论与实际——凯勒教学模式之研究［M］.台北：五南图书出
      版公司，1992.

［53］Katheleen Teague Holowach.中重度障碍者有效教学法［M］.台北：心理出版社，
      1997.

［54］李宝珍，戴玉敏.生态之旅——创意教学向前走［Z］.重庆：江津向阳儿童发展中心，
      2003.

［55］李宝珍.特教之美［Z］.重庆：江津向阳儿童发展中心，1999.

［56］Diane Briker.为出生至三岁 AEPS 课程［M］.台北：瑞复益智中心，1998.

［57］施良方.学习论：学习心理学的理论与原理［M］.北京：人民教育出版社，1992.

［58］徐英俊.教学设计［M］.北京：教育科学出版社，2001.

［59］盛群力，李志强.现代教学设计论［M］.杭州：浙江教育出版社，1998.

［60］金洪源.学习行为障碍诊断与辅导［M］.上海：上海教育出版社，2004.

［61］黄瑞珍，杨孟珠，徐淑芬，等.优质 IEP——以特教学生需求为本位的设计与目标管理
      ［M］.台北：心理出版社，2007.

［62］刘春玲，江琴娣.特殊教育概论［M］.上海：华东师范大学出版社，2008.

［63］安·特恩布尔，宋·史密斯，路得·特恩布尔，等.今日学校中的特殊教育［M］.上海：

华东师范大学出版社，2004.

[64] 张世彗，蓝玮琛.特殊教育学生评量 [M].7 版.台北：心理出版社，2013.

[65] 司琦.课程导论 [M].台北：五南图书出版社，1993.

[66] 布卢姆.掌握学习论文集 [M].福州：福建教育出版社，1986.

[67] 林坤灿.智能障碍者职业教育与训练 [M].台北：五南图书出版公司，1998.

[68] 中国残疾人联合会.智力残疾儿童系统化康复训练 [M].北京：华夏出版社，1997.

[69] 金洪源.学习行为障碍的诊断与辅导 [M].上海：上海教育出版社，2004.

[70] 刘金花.儿童发展心理学 [M].3 版.上海：华东师范大学出版社，2013.

[71] 傅秀媚.特殊幼儿教育诊断 [M].台北：五南图书出版公司，1998.

[72] 戴忠恒.心理教育测量 [M].上海：华东师范大学出版社，1987.

[73] 蔡清田.教育行动研究 [M].台北：五南图书出版公司，2000.

[74] 凌文铨，滨治世.心理测量法 [M].北京：科学出版社，1998.

[75] 华国栋，彭霞光.残疾儿童测查指南 [M].北京：中国妇女出版社，2001.

[76] 黄政杰，林佩璇.合作学习 [M].台北：五南图书出版公司，1996.

[77] 艾森克.心理学——一条整合的途径 [M].阎巩固，译.上海：华东师范大学出版社，2000.

[78] 姜伏莲，张义泉.少年儿童心理异常与矫治 [M].合肥：安徽教育出版社，1998.

[79] 董奇.心理与教育研究方法 [M].北京：北京师范大学出版社，2004.

[80] 黄意舒.儿童行为观察法与应用 [M].台北：心理出版社，1996.

[81] 刘克兰.现代教学论 [M].重庆：西南师范大学出版社，1993.

[82] 张文京.特殊教育课程理论与实践 [M].重庆：重庆出版集团，2014.

[83] Weishaar, Mary Konya. (2001) The Regular Educator's Role in the Individual Education Plan Process.Clearing House.75 (2), 96-98.

[84] Cooper, Paul. (1996) Are Individual Education Plans a Waste of Paper? British Journal of Special Education.23 (3), 115-119.

[85] Rodger, Sylvia. (1995) Individual Education Plans Revisited：A Review of the Literature.International Journal of Disability, Development and Education.42 (3).

[86] Sally Hewitt. (2005) Specialist Support Approaches to Autism Spectrum Disorders Students in Mainstream Settings.Philadelphia, PA：Jesscia Kingsley Publishers.

[87] Sonali Shah. (2005) Career Success of Disabled high-flyers.Philadelphia. J.Kingsley.

[88] Brenda Oswald. (1998) Parent-student Special Education Handbook：With a Focus on the Reauthorization of IDEA and Transistions：The Council.

[89] William L. Heward.特殊需要儿童教育导论[M].肖非，等，译.北京：中国轻工业出版社，2007.

特殊儿童个别化教学云平台

使用说明

　　本书可配套"特殊儿童个别化教学云平台"（以下简称"云平台"）使用。书中介绍的个别化教育计划拟订和实施的主要流程，主要是"收集学生信息→进行教育诊断→拟订个别化教育计划→实施教学→进行再评量"，这些环节都可以在云平台上操作。并且，按照本书的指引，在云平台上正确操作后，能够获取各个环节相应的结果报告，包括各种统计图表。

　　"云平台"不用下载软件，可直接从浏览器键入网址 http://spedu.dipub.cn，注册成功后，输入用户名与密码即可进入云平台使用界面。

图1　云平台不同账号流程示意图

　　云平台有两种功能不同的账户，一种为教师账号，一种为管理员账号。两种账号对应的功能有所区别。下面分别从两种账号各自的功能展开介绍。

一、教师账号

　　进入云平台主页，找到左边栏，点开【教学活动】按键，在此后的教学过程中，都可以按照【我的学生】→【教育评量】→【IEP管理】→【教案编写】的顺序进行。

1.我的学生

　　这个环节主要是搜集学生信息，其中标★的内容为必填项，是为了更好地统计学生情况，提醒教师在教学活动中注意，也便于学校统计学生的信息。这里的学生信息都会进行脱敏处理，除了学生所在学校，其他人员在未经允许的情况下，都无法获得。

2. 教育评量

该环节是对学生的各项能力和 / 或学业指标进行评估，主要评估内容是各种非标准化量表，包括基于国家课标的各种课程本位评量。使用学校也可根据自己学校的需求，自行制订量表，上传使用。该环节的结果将直接关联到【IEP 制订】环节，成为制订 IEP 的直接依据。

3. IEP 管理

IEP 管理包括制订与调整。这里 IEP 是以一个学期为计划的，教师先选定执行的学期，然后才可进入正式制订环节。在【添加目标】栏选择学科，在【评量报告参考】栏选择参考的评量报告。在【教育评量】环节做过的量表结果，就会在这里显示，系统会根据评量的分值自动分组，教师可以自行根据自己的标准，选择适合分值的选项，作为长短期目标。

长短期目标可以从【评量报告参考】栏里面选取设置，同时，其中的文字是可以编辑的，是为了在给教师提供便利的同时，也保留教师自主发挥的权利。

4. 教案编写

该环节允许两种模式的教案上传功能，第一种是教师已经生成的教案，可以直接上传；第二种是根据云平台的模板，分模块填写教案上传。第一种比较适合资深特教老师，已有较多教案的积累，第二种模式适合新手老师。第二种教案的模块包括"目标及重难点分析""学情分析""教学内容及过程""教学环境及资源""课后反思和总结"等几个部分。

其中，"学情分析"模块需要添加学生，添加之后就会出现前面环节对于这个学生的评量结果，同样，也是允许教师自行编辑的，就会提醒教师"因材施教"，也帮助教师提取了信息，减少了输入文字的工作量，不仅仅起到督促的作用，更体现了辅助功能。

此外，还有与之相关的辅助功能，分为前端的【学生审核】，以及后端的【资源管理】。【学生审核】就是由教师搜集学生的资料，然后上传，如果有变动，及时修改并提交管理员审核。

【资源管理】是由教师上传制作好的资源，便于教学时使用。资源形式包括但不限于：图片、课件、音视频等。

二、管理员账号

管理员可以使用教师账号的所有功能。但是为了方便学校进行管理，以下功能仅开放给学校管理员使用。

1. 系统管理

用于增加量表作为评量工具。如果使用学校已有评量工具，或者即将编制评量工具，都可以通过这个界面进行操作。

2. 学校管理

包括【教师管理】【学期管理】【班级管理】【学生管理】【数据统计】等5个部分，一方面是从学校的层面，统一做安排的工作，比如审核教师、制订学期、分班、审核学生信息等；另一方面，是综合分析学校的数据，比如各种障碍类别的学生人数，学生的各项能力发展数据等。